―― 現代のフィヒテ主義は可能か ――

超越論的語用論の再検討

嘉目道人 著

大阪大学出版会

目次

凡例

一

引用は原則としてハーバード方式で行い、巻末に文献一覧を付す。邦訳を参照した場合はそのページ数を括弧内に併記する。ただし、全集等からの引用法が確立している哲学者の著作については例外とし、なるべく慣例に従った。いずれについても、同じ著作からの引用が連続する場合、二箇所目以降はページ数のみを記す。また、筆者の判断で訳文の表現に変更を加えている場合がある。

カントからの引用は、『純粋理性批判』については第一版・第二版をそれぞれA、Bで表し、ページ数を記す。それ以外の著作についてはアカデミー版全集をAAと表記し、著作名の略号、巻数、ページ数を記す。訳文については、『純粋理性批判』のみ以文社版を、その他の著作については岩波書店版カント全集を参照した。略号の一覧は下の通りである。なおここには著書・論文のほか、遺稿・（聴講者による）講義録も含まれているが、後者については執筆ないし講義がなされた年数を記す。また本文中において著作名に言及する際は、いずれも二重鉤括弧を用いることにする（以下同様）。

フィヒテからの引用は、アカデミー版全集をGAと表記し、著作名の略号、系列数・巻数、ページ数を記す。訳文は哲書房版フィヒテ全集を参照した。

パースからの引用は、ハーバード大学出版局版論文集（巻末の文献一覧参照）をCPと表記し、巻数とパラグラフ数を記す。

アリストテレスからの引用はベッカー版全集のページ数・左右（a、b）・行数を記す。訳文は岩波書店版全集を参照した。

ヴィトゲンシュタインからの引用はハーバード方式で行うが、パラグラフ数と邦訳の該当ページ数を記す。

カントの著作略号一覧

GMS = Grundlegung zur Metaphysik der Sitten, 1785（『人倫の形而上学の基礎づけ』、岩波書店版全集第七巻）
KpV = *Kritik der praktischen Vernunft*, 1788（『実践理性批判』、第七巻）
KrV = *Kritik der reinen Vernunft*, 1781/1787（『純粋理性批判』）
ÖE = *Öffentliche Erklärungen*, 1790-1801（『七つの公開声明』、第一三巻）
P = *Prolegomena zu einer jeden künftigen Metaphysik, die als Wissenschaft wird auftreten können*, 1783（『プロレゴーメナ』、第六巻）

フィヒテの著作略号一覧

BG = *Einige Vorlesungen über die Bestimmung des Gelehrten*, 1794（『学者の使命に関する数回の講義』、哲書房版全集第二二巻）
BWL = *Ueber den Begriff der Wissenschaftslehre*, 1794/1798（『知識学の概念』、第四巻）
EEWL = *Erste Einleitung in die Wissenschaftslehre*, 1797（『知識学への第一序論』、第七巻）
GEWL = *Grundriss des Eigenthümlichen der Wissenschaftslehre in Rucksicht auf das theoretische Vermögen*, 1795/1802（『知識学の特性綱要―理論的能力に関する―』、第四巻）
GNR = *Grundlage des Naturrechts*, 1796（『自然法の基礎』、第六巻）

GWL = Fichte, *Grundlage der gesammten Wissenschaftslehre*, 1794/1802（『全知識学の基礎』、第四巻）

SS = *System der Sittenlehre*, 1798（『道徳論の体系』、第九巻）

TL = *Vom Unterschiede zwischen der Logik und der Philosophie selbst, als Grundriss der Logik und Einleitung in die Philosophie*, 1812（『超越論的論理学』、第一八巻、ただし底本はＳＷ版・マイナー版の *Ueber das Verhältnis der Logik zur Philosophie der transzendentale Logik*, 1812）

TB = *Die Thatsachen des Bewußtseyns*, 1810（『意識の事実』、第一九巻）

WLnm = *Wissenschaftslehre nova method*, 1796–1799（『新たな方法による知識学』、第七巻）

WL1801/02 = *Darstellung der Wissenschaftslehre. Aus den Jahren 1801/02*, 1801-1802（『一八〇一／〇二年の知識学の叙述』、第一二巻）

WL1812 = *Die Wissenschaftslehre [aus dem Jahre 1812]*, 1812（『知識学（一八一二年）』、第一九巻）

WM = *Ueber die Würde des Menschen*, 1794（『人間の尊厳について』、第四巻）

ZEWL = *Zweite Einleitung in die Wissenschaftslehre*, 1797（『知識学への第二序論』、第七巻）

二

本文中の（　）は主に補足の意味で用いているが、引用箇所内に関してのみ（　）は原著者による補足等であり、引用者による日本語の補足は〔　〕、欧文の補足は［　］で表す。また、特に断りのない限り、引用箇所内の傍点は原著者によるイタリック等を用いた強調である。

三　本書では、煩雑さを避けるため頻出単語について以下の要領で略号を用いることとする。ただし目次、各章節の見出し、序論、結論、図表、引用箇所等は除く。

ＩＫＧ＝（無限界の）理想的コミュニケーション共同体（die（unbegrenzte）ideale Kommunikationsgemeinschaft）
ＬＢ＝究極的根拠付け（Letztbegründung）
ＰＳＷ＝遂行的（自己）矛盾（performativer（Selbst-）Widerspruch）
ＴＡ＝超越論的論証（Transzendentale Argumente/ transcendental arguments）
ＴＣ＝超越論的主張（transcendental claim）
ＴＰ＝超越論的語用論（Transzendentalpragmatik/ transzendentale Sprachpragmatik）
ＴＳＳ＝超越論的言語ゲーム（das transzendentale Sprachspiel）

序論

現代ドイツを代表する哲学者の一人であるカール＝オットー・アーペル[1]（Apel, Karl-Otto, 1922-）が主著『哲学の変換』（Apel 1973a, 1973b）において提唱した超越論的語用論は、イマヌエル・カント（Kant, Immanuel, 1724-1804）の超越論哲学の言語哲学的変換を標榜している。だが、その論証戦略や目標設定には多くの疑問や批判が寄せられてきた。アーペル自身はもちろん、ヴォルフガン

（1）アーペルの略歴や主要業績については、日本においてもいくつかの文献で紹介されているが、特に『超越論的語用論とは何か？　ハーバーマスと共にハーバーマスに反対して考える三つの試み』（アーペル著、舟場保之・久高将晃訳、梓出版社、二〇一三年）の「訳者あとがき」が簡明かつ情報量も豊富である。また、超越論的語用論の全体的構想を把握する上では、Apel（1970）, Apel（1979）といった論文の邦訳が簡便であるほか、木下（一九八三）、北川（一九八三）、宮原（一九九三）などでも解説されている。なお二〇一六年現在、アーペルの全著作のリストは、本人のホームページ（http://www.karl-otto-apel.de/）で公開されている。

グ・クールマン（Kuhlmann, Wolfgang, 1939–）をはじめとする彼の後継者たちも議論の精緻化を試みてきたが、理解と支持を得られているとは到底言えない。一九八〇年代以降、超越論的語用論をめぐる一連の論争は平行線を辿り、停滞したままである。

そこで、従来とは別の視点から超越論的語用論を再検討しようというのが本書のねらいである。本書は超越論的語用論を擁護する立場から書かれているが、超越論的語用論を、カントの批判哲学よりもむしろヨハン・ゴットリープ・フィヒテ（Fichte, Johann Gottlieb, 1762–1814）の知識学と包括的に関連付けることを試みる。それによって、超越論的語用論に向けられた疑問や批判への新たな応答を用意しつつ、現代の哲学的議論においてこの立場が持つ意義を、より鮮明にすることが本書の目的である。

しかしながら、そもそもなぜ、このような遠回りとも取れる課題を設定しなくてはならないのか、また、この目的を達成することによって何が得られるのか、についてはいささか説明を要するだろう。

超越論的語用論は、古典的な（カントの意味での）超越論哲学を言語哲学的に変換したものであるとされ、それはまた、現代の言語哲学が欠いている超越論哲学的なアプローチを補完しようという試みでもある。この構想の画期的な点は、古典的超越論哲学と現代の言語哲学という二つの分野を架橋し、それによって双方が持つ弱点を同時に補強しようとする点にある。

古典的超越論哲学に関しては、単独の思惟者を想定した意識哲学的な分析手法からして、「方法的独我論」であるとの批判を避けられないという問題があった。これに対して超越論的語用論は、主観の問題を記号ないし言語の使用者の問題として扱い、認識の根拠付けを、単独の思惟者ではなくコミュニケーション共同体による討議の次元で扱う。このアプローチの転換によって方法的独我論は克服され、公共性・社会性ないし「間主観性」が適切なかたちで主題化され得るようになるのである。

他方で、言語哲学に関しては、超越論哲学の手法を持ち込むことによって、従来の統語論（構文論）・意味論だけでなく、言語行為論や言語ゲーム論といった経験的語用論においてもなお欠けていた、言語使用の超越論的主観という問題圏への反省を可能にするのである。

超越論的な語用論というアプローチは、現代の哲学全般に大きな影響力を持つ英語圏の哲学の状況からしても、注目に値するものであるように思える。なぜなら、（一）現代においてカントやG・W・F・ヘーゲル（Hegel, Georg Wilhelm Friedrich, 1770–1831）は単なる批判や克服の対象ではなく、重要な哲学的源泉でもあると認められており、また、（二）長く意味論研究が活況を呈してきた言語哲学において、近年、語用論の重要性が見直されつつあるからだ。英語圏を代表する哲学者の一人であるロバート・ブランダム（Brandom, Robert B., 1950–）が近年、ヘーゲルの影響の下で「規範的語用論」を展開しているのはその象徴と言える。

これら二点について、もう少し詳しく述べることによう。

（一）確かに、最初期の分析哲学にとって、カントや「ドイツ観念論」[2]は重要な仮想敵であった。分析哲学の原点ともいえるゴットロープ・フレーゲ（Frege, Friedrich Ludwig Gottlob, 1848–1925）の数学基礎論は、算術をア・プリオリな綜合的学問と見なすカントとの対決を通じて展開されたものである（cf. Reed 2007, 13）。また、G・E・M・ムーアによる一九〇三年の論文「観念論論駁」は、カントやヘーゲルに影響を受けたイギリス観念論が急速に影響力を失う原因となった（cf. Rockmore 2006, 130–133(216–221)）。ルートヴィヒ・ヴィトゲンシュタイン（Wittgenstein, Ludwig J. J., 1889–1951）が『論理哲学論考』において哲学を「ナンセンス」（Wittgenstein 1921, §4.003(45)）としたとき、彼が念頭に置いていたものの内にはドイツ観念論が含まれていたと考えるのが妥当であろう[3]。彼に大きな影響を受けた論理実証主義の代表的論者ルドルフ・カルナップ（Carnap, Rudolf, 1891–1970）は、形而上学的単語を含む文は経験的に検証できないため無意味であるとした。そしてこのときカルナップが挙げた形而上学的単語の例は、「観念」「絶対者」「物自体」「絶対精神」「即自存在」「即かつ向自存在」「自我」「非我」などであり、いずれもドイツ観念論においてキーワードとなっていたものだったのである（vgl. Carnap 1931/32, 227(17–18)）。

しかし、分析哲学の確立からおよそ一世紀を経たいま、状況は大きく変わった。周知の通り、英語圏において大きな影響力を持つ哲学者であるブランダムやジョン・マクダウェル（McDowell, John H., 1942–）はもう二〇年来、ヘーゲルの思想を積極的に、しかも公然と受容しているのである。言語の論理的分析による形而上学の克服に端を発した哲学的潮流が、一回りしてドイツ観念論の受容へと至ったことになる。

一見不可解なこの回帰は、必ずしも突発的な気まぐれや偶然に起因するものではない。ブランダムの指導教員であり、二〇世紀後半の分析哲学（および「ポスト分析哲学」）を主導した哲学者の一人、リチャード・ローティ（Rorty, Richard, 1931–2007）は、ウィルフリド・セラーズ（Sellars, Wilfrid S.,

1912–1989）の『経験論と心の哲学』に寄せた序文の中で、論理実証主義をイギリス経験論と比較し、

（2） 大河内泰樹は、「カントの「批判」によって先鞭をつけられた超越論的観念論は、その継承者フィヒテによって主観的観念論として発展せられ、それに対しシェリングは客観的観念論を対置し、これらを統一することでヘーゲルの絶対的観念論が完成する」というドイツ観念論の通俗的理解、さらには「ドイツ観念論」という呼称そのものに、少なくとも三つの問題があると指摘している。（一）この理解においては、ラインホルト、マイモン、シュルツェ、ヤコービを始めとする同時代の哲学者や文筆家たちの貢献が無視されている。（二）「ヘーゲルによるドイツ観念論の完成」という神話は、後期フィヒテおよび後期シェリング研究の発展によって、すでに解体されている。（三）「ドイツ観念論」という呼称は、ドイツ・ナショナリズムと結び付き、利用されてきた過去がある。大河内（二〇一五、一一―一三）参照。

なお本書では、こうした問題を踏まえつつも、便宜上、ドイツ観念論という呼称をそのまま用いることにする。代案としては「ドイツ古典哲学」という呼称が近年提案されているが、未だ十分な認知を得ておらず、また、少なくとも第三の問題を解消できそうもないと思えるため、更なる工夫が待たれるところである。

（3） ヴィトゲンシュタインは同書において、哲学の伝統的な問題の一つであり、ドイツ観念論において徹底的に探求された問題でもある（超越論的）主観に関して、彼らに批判的な立場を取っている。「思考し表象する主体は存在しない」「主体は世界には属さない。それは世界の限界である」「世界の中のどこに形而上学的な主体が認められうるのか。ここでの事情は眼と視野との場合と全く同じである、と君は語るであろう。しかし現実には君は〔自らの〕眼を見ないのである」（§5.631ff.（96–97））。

これはまさに、フィヒテがカントに不満を抱き、自らの知識学の出発点とした論点に他ならない。「いま述べたことのうちに、カントの体系すらも含めた、他の哲学的体系のすべての誤謬の根拠がある。そうした諸体系は自我を、そのなかに像が映し出される鏡と見なしている。ところが、それらの体系にあっては、鏡は自分自身を見ないのである。……これに対し、知識学における自我は鏡ではなく、目である。それは自分自身を映し出す鏡であり、自己についての像である。目（知性）はそれ固有の見る働きによって、自分自身に対して像となるのである」（*WLnm*, GA, IV/2, 49）。

ヴィトゲンシュタインがフィヒテを含むドイツ観念論の著作を精読したとは考え難いが、少なくとも、当時までの哲学において主観の問題がどのように論じられていたのかを把握し、それに対して批判的であったことが伺える。

その上で次のように述べている。

ロバート・ブランダムの最近の著作 *Making It Explicit* はセラーズの思想を受け継ぎつつ展開させる最初の体系的で包括的な試みである。……ブランダムの仕事は有益な仕方で、分析哲学をそのカントの段階からヘーゲルの段階へと導く試み……として理解できる（Rorty 1997, 8–9(xi)）。

ローティは、セラーズのカント的な認識論の重要性を強調し、分析哲学の内部に周知させた一人である。そのローティの見立てによれば、セラーズの仕事の重要性は、分析哲学をデイヴィッド・ヒューム（Hume, David, 1711–1776）の段階からカントの段階にもたらした点にあり（cf. Ibid. 3–4(vii–viii)）、それをさらに発展させてヘーゲルにまで進めたのがブランダムだということになる。分析哲学は、言わばその内部において近代哲学史を反復ないし再構成しつつ発展してきたのである。

初期の分析哲学においては、言語の論理的分析としての統語論と意味論に研究が集中していた。だが、その手法が確立された後では、さまざまな分野への応用が進み、かつてヒュームやカント、そしてドイツ観念論が取り組んでいた問題も新たに問い直されることになった。もしも論理実証主義が、ローティの言うように、イギリス経験論的な認識論を「心理に関わる用語ではなく言語に関わる用語で言い直したもの」（Ibid. 1(v)）であるならば、それへの回答として、セラーズのようなアプローチが生じるのは自然な成り行きだと言える。なぜなら、カントの認識論は、ルネ・デカルト（Descartes, René, 1596–1650）やクリスティアン・ヴォルフ（Wolff, Christian, 1679–1754）らの大陸合理論への回答であるとともに、イギリス経験論への回答でもあったからだ。カントの「言い直し」を実際に試みたのがセラーズの『経験論と心の哲学』であり、またそれに続くように出版されたP・F・ストローソン（Strawson, P. F., 1919–2006）の『個体』（Strawson 1959）なのである。セラーズもストローソンも、それぞれ初期分析哲学ではおよそ考えられなかったほど積極的にカントを受容し、後続の哲学者たちに大きな影響を与えた。そして今、分析哲学史はブランダムとマクダウェルの主導の下、ヘーゲルの段階にまで進み、完成を見ようとしているかのようである。(4)

（二）初期の分析哲学を担ったバートランド・ラッセル（Russell, Bertrand A. W., 1872–1970）や初期ヴィトゲンシュタインの仕事は、言語の使用・解釈という側面を捨象した形式的意味論であった。もっとも、これは後の理解である。つまり、言語学および言語哲学は「統語論（構文論）」「意味論」「語用論」の三領域に大別できる、という現在主流となっている考え方に基づいた理解である。言語学・言語哲学が十全な学問であるためには、記号間の関係を扱う統語論、記号と指示対象の関係を扱う意味論に加えて、記号とその使用者・解釈者の関係を扱う語用論が必要である、と指摘したのはチャールズ・モリス（Morris, Charles W., 1903–1979）であり（cf. Morris 1938）、カルナップも同様の分類を行っている。言語記号についてのこうした三次元的な発想の源流は、少なくともチャールズ・パース（Peirce, Charles Sanders, 1839–1914）の三相的な記号論にまで遡ることができる。とは言え、

（4）一九七〇年代以降の政治哲学において、カントとヘーゲルからそれぞれ影響された、リベラリストとコミュニタリアンの論争が大きなトピックとなっていたことにも注意すべきであろう。

語用論が具体的な展開を見たのは一九五〇年代以降、即ちジョン・オースティン（Austin, John L., 1911–1960）の言語行為論やヴィトゲンシュタインの「言語ゲーム」論の登場以後である。そして、それ以降も言語哲学において中心的な地位を占めていたのは意味論の研究であった。[5] 語用論的とされる問題も意味論の枠内で扱うW・V・O・クワイン（Quine, Willard v. O., 1908–2000）や、自然言語にも形式的な意味論が与えられ得るとしたドナルド・デイヴィドソン（Davidson, Donald H., 1917–2003）の影響が大きかったと考えられる。

それだけに一層、「適切な語用論の理論は、推論主義的な意味論の理論を基礎づける（！）ことができる」（Brandom 1994, 134, ただし訳文は Habermas（1999）の邦訳、一七六頁を参照した）というブランダムの見解は、「推論主義」という用語が彼自身のオリジナルな意味論を指すことを差し引いても、英語圏の言語哲学において異彩を放つものである。無論、語用論という研究分野そのものは二〇世紀後半を通じて存在してきたし、関連性理論など、独自の発展を遂げた理論も存在している。しかしながら、一世紀以上にわたる分析哲学の伝統の到達点として提示されたものが、ある種の語用論であったという事実は、モリス的な言語観のみならず、哲学史的な観点からしても特筆に値する。

こうした背景を鑑みれば、カント哲学の言語哲学的変換という超越論的語用論のプログラムは、大いに注目されてしかるべきであるように思える。それは（一）の観点からも、（二）の観点からも、ブランダムに代表される英語圏の新たな潮流と比較可能なプログラムであるように思えるからだ。

ところが、実際には、超越論的語用論の議論はほとんど支持も注目も得られていないのが現状なのである。

その主な理由は、超越論的語用論が強く主張する、討議倫理の「究極的根拠付け」という哲学的課題にある。アーペルによれば、科学技術の発展した現代における喫緊の哲学的課題は、全人類に妥当する間主観的で普遍的な倫理の確立と根拠付けである。なぜなら今日、科学の諸技術成果によって人間の諸活動とその影響の範囲は地球規模にわたっており、個々の小集団は規制するが集団間の関係はダーウィン流の生存競争に委ねてしまうような道徳的規範では、もはや現状に対処できないからだ（vgl. Apel 1973b, 359(222)）。他方で、現代の科学論では、科学的諸理論が検証されるのは裸の事実ではなく基礎的な観察命題によってであるとされるが、しかしこの観察命題そのものは科学者のコミュニティーにおける合意を前提としている（vgl. Apel 1973b, 159(62)）。したがって、科学の時代における普遍的倫理は合意形成に向けた討議一般の倫理、即ち討議倫理でなくてはならず、その究極的根拠付けこそが喫緊の課題である。

ところが、二〇世紀の「言語論的転回」は「哲学の自然化」ないし「脱超越論化」と一体である、もしくはそうあるべきだと考える多くの哲学者にとって、このような根拠付けは不可能なだけでなく不要なものでしかない。そうした哲学者たちは、なぜアーペルやクールマンがこの根拠付けに固執するのか理解に苦しむことになり、超越論的語用論はそもそも検討するに値しないと考えるよう

（5） クワインについてのこの理解は、永井（一九七四、二一六）に従った。

になるのである。

超越論的語用論への主な批判者としては、カール・ポパー（Popper, Karl R., 1902–1994）の科学論を支持する批判的合理主義者や、ローティやヒラリー・パトナム（Putnam, Hilary W., 1926–2016）に代表されるネオ・プラグマティストなどが挙げられる。同時代のカント研究者たちからも、好意的にばかり受け入れられてきたわけではない(6)。だが、何よりも特筆すべきは、現代のカント主義者でありアーペルと共に討議倫理学を展開してきた盟友でもあるハーバーマス（Habermas, Jürgen, 1929–）が、究極的根拠付けについては超越論的語用論を批判していることであろう。というのも、ハーバーマスは普遍的倫理としての討議倫理の根拠付けをアーペルとは異なった仕方で実行しているが、それはカントの定言命法を、ディスクルスを拘束する「普遍化原則」として読み替えるという、正しくカント主義的な方法だからだ（vgl. Habermas 1983, 73ff.（104–109））。

つまり、カント的な古典的超越論哲学の言語哲学的ないし語用論的な変換は、すでにハーバーマスによって、脱超越論化されたかたちで（それゆえ、分析哲学における諸理論とも親和性の高い方法で）果たされているとも言えるのである。カント自身、道徳法則の意識を「理性の事実」（KpV, AA. V, 31）と位置付けることにより、事実上その根拠付けを放棄していた。それだけに、究極的根拠付けに固執する超越論的語用論の立場は一層不可解なものに映るのであり、その理解し難さが議論の停滞を招いていると言える。『哲学の変換』においてその構想が示されて以降、一九七〇年代および八〇年代には批判的合理主義との激しい論争やハーバーマスとの決裂などがあったが、その後、議論は平行線を辿ったまま散発的なものとなり、現在に至るまで目立った進展が無い。クールマンなど、依然として論争に対して積極的な超越論的語用論者はいるのだが、論敵からの反応が鈍化していることは否めない。

このような現状を打破するためには、超越論的語用論の根本的な動機とその論証戦略を貫く諸前提とを明示化し、誤解と無理解の種を除いていく必要があるように思われる。これは実際、重要な課題である。アーペルは、カントやドイツ観念論の哲学者たちとは違って、自らの理論を体系的ないし演繹的に展開してはいない。むしろ、その都度の論敵と対峙することを通して、討議倫理の究極的根拠付けの必要性や、その方法論としての超越論的語用論の優位性を結論付ける、という論証スタイルを採っている。それゆえ、彼の議論において前提とされている事柄は必ずしも明確でなく、皮相的な理解に基づく見当違いの批判に悩まされることも多いのである。

そもそも、アーペルやクールマン自身からして、自らの思想を正確に把握してはいないように筆者には思われる。それは即ち、超越論的語用論が展開している議論は、厳密には「カントの意味での古典的超越論哲学の言語哲学的変換」とは言えないということだ。ハーバーマスを含む複数の論者が指摘していることだが、それはむしろフィヒテの意味での超越論哲学の変換と見なすべきなのである。哲学的な究極的根拠付けという課題も、そのために用いられる自己関係性に依拠した論証戦略も、フィヒテの知識学にその源泉を見出すことができる。だがフィヒテへの言及は、アーペル

(6) 例えば、カント研究者のクリングス（Krings, Hermann, 1913–2004）やバウムガルトナー（Baumgartner, Hans M., 1933–1999）、ヘッフェ（Höffe, Otfried, 1943–）からの批判がある。その内容については宮原（一九九三）で紹介されている。

の著作群のごく一部に、ついでのように見出される程度であり、指摘を受けた後もフィヒテ知識学を詳細に検討した形跡はない。

つまり、超越論的語用論がフィヒテ主義的であるとしたら、それは恐らく無意識的な、本人たちにとって不本意ですらある接近なのである。とは言え、全くの偶然というわけでもないだろう。なぜならフィヒテ知識学は、フィヒテ自身の弁によれば、カント哲学と同一の精神を持ちつつそれを完成ないし徹底するものとして出発したのであり、特にカントによる哲学的根拠付けの不十分さを克服することが最初の動機の一つだったからだ。

したがって、超越論的語用論の議論をフィヒテ知識学と関連付けて整理することは、その根本的諸前提の理解を大いに助けるだろう。これにより、停滞していた議論が動き出すことも期待できる。また、フィヒテがカントの何を不十分と見なしていたのかを参照することは、超越論的語用論が例えばハーバーマスと対決する上でも重要なヒントを与えてくれるだろう。

他方で、超越論的語用論のフィヒテ主義的性格を鮮明にすることは、現代の言語哲学および認識論に対する貢献でもあると言える。なぜなら、ブランダムやマクダウェル、あるいはパトナムといった代表的論者を見てもわかるように、カントやヘーゲルが重要な哲学的源泉になり得ることは現在の英語圏の哲学における共通認識となっているが、しかしフィヒテはほとんど顧みられないまま置き去りにされているのが実情だからだ(7)。また、超越論的語用論はフィヒテ的であるという従来の指摘がそもそも、言外に批判的なニュアンスを含んでいた。それは、フィヒテ哲学は現代ではもはや通用しない独我論的な意識哲学である、という一般的なイメージから来るものであろう。

しかし、ヘーゲルとも違う独自のアプローチでカント哲学の補完ないし徹底を目指したのがフィヒテである、という点は見逃されるべきではない。その思想のアクチュアリティを示し、現代の議論に導入することができれば、カント主義とヘーゲル主義の二極化という状況に対して別の選択肢を示すことになるだろう。ところが、分析哲学の系譜の中にはもちろん、ドイツにおいて現代の諸論争に積極的に関わろうとする哲学者たちの著作の中にも、フィヒテを再評価し、その現代的意義を追究するような言説は、ほとんど見出せないのである。[8] 興隆しつつある英語圏のフィヒテ研究——これはトム・ロックモア（Rockmore, Tom, 1942-）とダニエル・ブレジール（Breazeale, Daniel, 1945-）の尽力によるところが大きい——の成果が波及すれば事情は変わってくるかも知れないが、現時点では、フィヒテは未だ不当な低評価と、そして何よりも無関心に甘んじていると言わざるを得ない。したがって、フィヒテ哲学の言語哲学的変換の可能性を示し、その実例を紹介することの意義は、現代の哲学的議論の状況に照らしてみても、またフィヒテの再評価という観点からしても、決して小さくない。

本書が、従来各論的に指摘されるにとどまっていた超越論的語用論のフィヒテ主義的性格を包括

（7）フリードリヒ・シェリング（Schelling, Friedrich W. J. v., 1775-1854）についても同様であると思われるが、ドイツの新世代の哲学者であるマルクス・ガブリエル（Gabriel, Markus, 1980-）は、シェリングの重要性を強調する英語の著作を発表している。残念ながら、本書ではシェリングについて詳しく扱えない。

（8）少数の例外としては、Lütterfelds（1989）などを挙げられる。日本においてなされた、フィヒテを分析哲学に対峙させる試みとしては、入江（二〇一〇）などがある。

的に扱い、鮮明にすることを目標とするのは、以上のような見通しによるのである。その見通しに従って、本書はまた、ハーバーマスによる超越論的語用論の批判に対しても、部分的ではあるものの新たな回答を与えることを試みる。

本書の議論は次のような手順で進行していく。

第一章では、超越論的語用論の概要とその成立史を紹介し、超越論的語用論に対して向けられてきた主要な批判をクールマンに従い三点に整理する。そして、その中でも特にハーバーマスによる批判が強力であることを説明する。

続く二つの章において、超越論的語用論に見出される二つのフィヒテ主義的特徴を明らかにする。いずれの章においても、議論の鍵となるのはカントとフィヒテのアプローチの差異、そしてハーバーマスとアーペルのアプローチの差異である。

まず第二章では、自己関係性ないし自己還帰性の徹底という特徴を扱う。これはカント哲学において要請されながら具現化されなかったが、フィヒテの知識学はこれを第一の根本原則とし、ここから出発する。他方、現代の哲学的議論において、言語哲学的に自己関係性を再び徹底しようとしているのが超越論的語用論である。

第三章では、二つ目のフィヒテ的特徴として「下降」を扱う。カントの理論哲学は表象の多様から統覚の統一へと「上昇」するが、フィヒテは絶対的自我から個々の表象へと「下降」する。このようなアプローチの差異は、討議倫理をめぐるアーペルとハーバーマスの論争においても「出発点の違い」として顕在化しており、この点からもアーペルをフィヒテ主義者と見なし得る。

第四章では、超越論的語用論が掲げる「無限界の理想的コミュニケーション共同体」の理念をどう理解すべきか、という問題を扱う。フィヒテ知識学、特に前期のそれと対比するなら、これは「絶対我」に対応する審級であるように思われる。ただし「共同体」と言う以上、超越論的語用論はこのような絶対的審級の「方法的独我論」的性格に一石を投じていることになる。他方、第一章で紹介するハーバーマスからの批判に答えるためには、クールマンが提唱した「行為知」の概念を再検討することが必要である。

これらの問題を解決するために、本章ではまずカントやフィヒテにおける類似の概念と比較しつつ理想的コミュニケーション共同体についての考察を深め、アーペルの言う「主観―間主観的」という語の意味を理想的コミュニケーション共同体に即しつつ考察する。また、行為知についてのクールマンの見解を修正し、論証的討議の行為知は実在的コミュニケーション共同体において共有されており、個人の知には還元され得ないという議論を展開する。行為知に含まれる内容についても、それが理想的コミュニケーション共同体ないし超越論的言語ゲームの規則を含んでいることを説明する。本書はアーペルやクールマンを擁護する立場を取りつつも、本人たちの議論の拡張を試みており、それが特に顕著であるのはこの第四章である。

結論では、本書の内容を主に動機の面から再度総括し、未解決に終わった問題について言及する。

第一章　超越論的語用論とは何か

本書の主題は、超越論的語用論（ＴＰ）をフィヒテとの関連に重点を置いて再検討することである。フィヒテはいわゆるドイツ観念論に属する哲学者であり、「（絶対的）自我」（前期）ないし「絶対者」（後期）を中心に据えた「知識学」や、講演『ドイツ国民に告ぐ』などで広く知られている。しかし、ＴＰに関しては残念ながらそこまでの知名度はない。そこで、本章ではまずその概要や成立史について説明しつつ、後続する章への導入的な説明を行っておきたい。なお、本書を通じてアーペルやクールマンの著作は時期的な前後を問わず横断的に参照されるが、これは、彼らの立場が一貫しており、年代が下るにつれて議論内容の改良はあるものの、基本的な構想には変更がないからである。

第一節　超越論的語用論は何を扱うのか

アーペルによって提唱されたＴＰは、我々のその都度の言語コミュニケーションに先行し、コミュニケーションを可能にする条件、即ち「超越論的」条件の解明を課題とする。オースティンやヴィトゲンシュタインらによる従来の語用論は、経験的に観察されるコミュニケーション活動とその規則の記述を主な課題としていた。そこに、カントに始まる超越論哲学のアプローチを導入したことがアーペルの理論の画期的な部分である。見方を変えれば、それは古典的な超越論哲学の「言語哲学的変換」と再評価への可能性をも拓くものだとも言える。

アーペルは『哲学の変換』において、我々のその都度の経験的な言語コミュニケーションは、常に無限界の「理想的コミュニケーション共同体」（ＩＫＧ）による「超越論的言語ゲーム」（ＴＳＳ）を想定し、そのゲーム規則である相互承認を規範として受け入れることで成立していると主張する。その想定は「背後遡行不可能（nichthintergehbar/ unhintergehbar）」であり、この背後遡行不可能性は討議倫理の「究極的根拠付け」（ＬＢ）の可能性を表しているという。このような思想は現代哲学の多くの立場と対立するものであり、とりわけポパーとその支持者たちによる批判的合理主義とは一見して全く相容れない。なぜなら、批判的合理主義の眼目は首尾一貫した「可謬主義（Fallibilismus）」、つまり、あらゆる命題、あらゆる主張、あらゆる理論は原則的に誤りであり得るものだ、という思想にあるからだ。「究極的根拠付け」や「背後遡行不可能性」という用語の意味するところが何であれ、それがある種の不可謬性を示唆しているということから、すでに批判的合理主義はＴＰに批判的なまなざしを向けざるを得ないのである。この対立は、ドイツの批判的合理主義者アルバート（Albert, Hans, 1921-）と、アーペルおよびクールマンの間で激しい論争として顕在化し、先鋭化していった。これについては第五節で詳しく述べることにする。

なぜアーペルはこのような独特な思想に至ったのだろうか。「超越論的」という術語が即座に連想させるのはカントの認識論、あるいはその系譜に連なる哲学だろう。だが意外なことに、アーペルはそれらの哲学の専門的研究から出発したわけではなく、また「語用論」が属している言語学ないし言語哲学を当初から専門としていたわけでもない。

むしろ彼の哲学的な出発点は解釈学であった。アーペルの博士論文は『現存在と認識――マルティン・ハイデッガーの哲学の認識論的解釈――（Dasein und Erkennen. Eine erkenntnistheoretische

Interpretation der Philosophie Martin Heideggers）』（未公刊）というものである。彼の指導教員ロータッカー（Rothacker, Erich, 1888–1965）は、ディルタイ（Dilthey, Wilhelm C. L., 1833–1911）の流れを汲む哲学者であり、精神科学や哲学的人間学への寄与で知られた。こうした事情から、特にアーペルの初期の著作では、解釈学的な術語や議論が多く見られる。『哲学の変換』でも、解釈学との対決にかなりの紙数が割かれている。

アーペルの構想は、哲学史についての該博な学識に支えられた領域横断的なものであり、どのような哲学が必要なのかを当時の哲学の状況に鑑みて熟慮した結果、超越論哲学と言語哲学の架橋というアイデアに帰着した、と表現するのが妥当であろう。TPは、文字通り超越論的な語用論であ る。その成立過程や動機を理解する上で有効な方法は、「超越論的」と「語用論」という二つの単語を分けて考えてみることだと思われる。アーペルは一方で古典的超越論哲学の意識哲学的手法を批判し、言語哲学、特に語用論への転回は必須であると論じる。また他方では、統語論と意味論を偏重した二〇世紀前半の言語分析哲学はもちろんのこと、新たに登場した経験的語用論もまた、言語の超越論的主観への反省を欠いていると指摘する。この二つの批判が言わば縦糸と横糸のように織り合わさり、超越論的な語用論の必要性という構想を形成しているのである。以下で少し詳しく見てみよう。

第二節　方法的独我論、および抽象の誤謬という問題

本節では、アーペルが従来の意識哲学的な認識論に見出した問題点について説明する。ここで言う意識哲学的な認識論とは、概ねデカルトに始まり、広義にはフッサール（Husserl, Edmund, G. A. H., 1859-1938）までを含む、哲学上の一大潮流のことであり、意識の分析を通じて我々の認識活動を説明しようとする哲学上の方法論を指している。アーペルは、二〇世紀に入って哲学の主要なテーマが意識から言語へと変わったという事実に早くから注目し、言語分析哲学の研究に着手していた。このことは、中近世の人文主義における言語観を扱った概念史的な研究である教授資格論文（Apel 1963）の序論において、すでに見て取れる。意識から言語へという哲学的主題の変容は、一九六七年に出版されたローティ編集の論文集によって「言語論的転回」という名で広く知られることになったが、アーペルもまた時期を同じくして言語への転回の必要性を洞察していたのである[9]。しかも、それは当時の英米圏には見られなかった言語への独自の観点を携えてのことであった。

アーペルによれば、二〇世紀において「言語はもはや哲学の単なる「対象」としては扱われず、何よりもまず哲学の「可能性の条件」として真剣に注目される」（Apel 1963, 22）。これは現在に至るまで、変わることなく超越論的語用論の基礎を成している思想の一つである。アーペルは次のように述べている。

言語哲学はもはや「自然-哲学」や「法-哲学」、「社会-哲学」等々のような「ハイフンの哲学」ではない。……言語哲学は、今日では――それがいかなる権原によるのかは、ここでは未決のままにしておくが――一般に、「第一哲学［prima philosophia］」として扱われる。つまり言語哲学は、カントの登場以後は認識批判がそうであったように、言わば認識批判の言語批判への先鋭化として、〔かつての第一哲学である〕「存在論」を代替させられているのである。存在するものとしての存在、すでにアリストテレスによってさまざまな意味で語られる（πολλαχῶς λέγεται）(10) とされていた存在について議論を開始するその前に、言語の内にある、有意味な文を形成するための可能性の諸条件が問われるのであり、その限りで、事実上［de facto］言語はカントの意味で超越論的な権威を持つもの［Größe］として扱われる。（ebd.）

このように、アーペルは二〇世紀における言語哲学の隆盛を、第一哲学の変遷という文脈で理解している。古代および中世哲学において第一哲学の座にあったのは、存在論であった。しかしカント以降は認識批判がそれにとって代わり、そして二〇世紀以降は言語批判がその座についている、

（9）ドイツにおいてはすでにカントやドイツ観念論の時代からハーマン（Hamann, Johann. G., 1730–1788）、ヘルダー（Herder, Johann. G., 1744–1803）、フンボルト（Humboldt, F. Wilhelm. C. K. F. F., 1767–1835）らの言語思想がそれぞれ影響力を持っており、二〇世紀においてもカッシーラー（Cassirer, Ernst, 1874–1945）やガーダマー（Gadamer, Hans-Georg, 1900–2002）といった大哲学者が言語や「シンボル」に着目していたことは周知の通りである。とは言え、ドイツの大陸哲学的伝統に根差しつつ英語圏の記号論および言語哲学に着目した哲学者として、アーペルは先駆的存在と言える。

（10）アリストテレス自身の記述は「さて、「存在」というのにも多くの意味がある〔物事はさまざまな意味で「ある」と言われる〕［Τὸ δὲ ὂν λέγεται μὲν πολλαχῶς］」（1003a34）というものである。

というのがアーペルの思い描く構図である。存在論を（あるいは認識論を）展開しようとするならば、まずその媒体となる言語について反省しなければならない。言語は哲学そのものを可能にする、ある意味で「最終的なもの（das Letzte）」（23）なのである。このような意味で言語を「超越論的」と位置付けることは、カントの用語法からそれほどかけ離れているわけではない。カントは経験的認識に先行しそれを可能にするア・プリオリな条件を「超越論的」と呼んでいるからだ（vgl. z. B. *KrV*, A107; P, AA, IV, 373, Anm.）。アーペルはまた、初期ヴィトゲンシュタインが、論理は世界を満たし世界を限界付けるという意味で「超越論的」だ、としていることをも、これと並行的に理解している（vgl. Wittgenstein 1921, §5. 6, §5.61, §6.13; Apel 1963, 23）。

では、このような観点からすれば古典的超越論哲学の問題はどこにあったと言えるのか。それは、単独の思惟者を想定した意識分析という手法であり、「方法的独我論」と特徴付けることができる。

> 方法的独我論とは、自己があらかじめコミュニケーション共同体の中で社会化されているということを――原理的に――前提しないで、「自我」としての自己の理解も含め、自己の意識のうちに与えられた所与の理解に到達することができるという信念である。（Apel 1975, 91(18)）

カントやドイツ観念論といった古典的超越論哲学がこうした信念に依拠していたことは否定できないだろう。しかし言語論的転回後の哲学においては、もはや真理はデカルト的な「明証」や「確実性」、あるいはカントの意味での「意識一般にとっての客観的妥当性」の問題とは見なされ得ない（vgl. Apel 1970, 312(307)）。方法的独我論の誤りは、「認識批判すらも含めた全ての認識の可能性と間主観的妥当性の条件としての言語を反省していなかったこと」（Apel 1975, 92(20)）にあったと言える。

しかしその一方で、アーペルの考える言語への転回ないし哲学の変換は、他の言語哲学者たちの考えるそれとは異なっている。というのも、英米圏を中心に隆盛を見せつつあった言語分析哲学は、言語を哲学の客観的対象としてしか見ていなかったからだ。言い換えるなら、アーペルは、二〇世紀前半の言語分析哲学は第一哲学の役割を十分に果たしていないという不満を持っていたのである。そこでは確かに言語が客観的な現象として「記述ないし説明され、あるいはまた「意味論的枠組」として構成されて」（Apel 1970, 312(308)）いる。それゆえ哲学的分析の主題として言語が扱われるのだが、しかしアーペルの考えでは、それだけでは不十分なのである。なぜなら、言語は哲学的反省の主題（対象）であると同時に、その反省自体の媒体でもあるからだ。一九七〇年の論文「超越論的反省の主題と媒体としての言語」は、この点を強調したものである。

言語が哲学の可能性の条件であり、しかもその主題であると同時に媒体でもあることが明らかである以上、「有意味な言説としての哲学の可能性は、言語をその同じ言語の中で反省することが可能であるということにかかっている」（318(314)）。なぜなら、単に言語を対象として客観視した上で、それを第三者的な視点から分析するだけでは、その分析そのものの媒体としての言語は、分析の埒外に置かれることになるからだ。それは、第一哲学としての言語哲学が、結局のところ無反省なものに基づいているということを意味するのである。

ところが周知のように、言語分析哲学においては、「嘘つきのパラドックス」をはじめとした悪循環を防ぐために、構成された形式言語にタイプや階層の差異を設定し、自己言及を認めない方向で研究が進められていた。論理学ではラッセルの階型理論が、真理論ではタルスキ（Tarski, Alfred, 1901–1983）の言語階層説がその代表例である。しかしこのようなやり方は無論、あらゆる有意味な命題を扱う全称的な理論として満足のいくものではない。一般に哲学が可能であり、かつ言語哲学が従来の存在論・認識論に代わって第一哲学の役割を引き受けるべきならば、言語哲学は、言語が持つ哲学の媒体としての側面をも反省的に（つまり自己関係的に）扱わなくてはならない。こうした反省的次元を扱う理論的枠組を構築することが難しいという理由だけでその次元そのものを捨象することは不適切であり、「抽象の誤謬」（Apel 1973b, 409(277)）に他ならない。そのようなアプローチのみに固執すればアポリアを招くということは、ヴィトゲンシュタインの『論理哲学論考』が示している（vgl. Apel 1970, 318(314)）。即ち、『論考』においてヴィトゲンシュタインは、哲学は有意味には語り得ないと言う結論に達したが、しかし当の『論考』そのものが、語り得ないはずの哲学的理論であることは認めざるを得なかった。それゆえ、次のように述べることになったのである。

私の命題は、私を理解する人がそれを通り、それの上に立ち、それをのり越えていく時に、最後にそれがナンセンスであると認識することによって、解明の役割を果たすのである。（彼は梯子をのり越えてしまった後には、それをいわば投げ棄てねばならない。）（Wittgenstein 1921, §6.54(119–120)）

しかし、本当に哲学が語り得ず、『論考』の諸命題がナンセンスなのであれば、この一節もナンセンスである。ヴィトゲンシュタインはこのようなことを書かずに、ただ読者の判断に任せることもできただろう。しかし結果的にヴィトゲンシュタインはこれを書いた。つまり、単に哲学の主題としての言語だけでなく、媒体としての言語という次元についても反省する必要を感じ、それを自らの理論的枠組では処理しきれないと承知していながら、それでも、語り得るものの限界を明確にすることによって、その外にある語り得ないもの（アーペルの言う、哲学の媒体としての言語）の姿を示そうとしたのである。このことは、当時の統語論・意味論研究の枠組が、言語についての全称的理論としては扱える領域が狭すぎるとヴィトゲンシュタインが感じていたことを、まさに示している。

この問題を根本的に克服するためにはどうすればよいのだろうか。アーペルの考えでは、哲学的反省の媒体としての言語についての反省は、まさにその反省を行う超越論的主観への自己関係的な洞察を必要とする。しかしそのためには、言語哲学は一段階の変換を遂げなければならない。まず、言わば二次元的な言語観を脱し、三次元的に言語を捉えなければならない。つまり、言語の使用、そしてその使用者（ないし解釈者）というアスペクトを考慮に入れることが必要であり、統語論・意味論を補完するものとして語用論が要請されるということである。このことを、アーペルはパースの記号論から援用された次のような図（図1）で説明する。

Ⅰは記号、Ⅱは記号解釈者（あるいは記号使用者）、Ⅲは記号の指示対象を意味している。記号間の関係が問題となるのが統語論の次元であり、記号とその指示対象の関係が問題となるのが意味

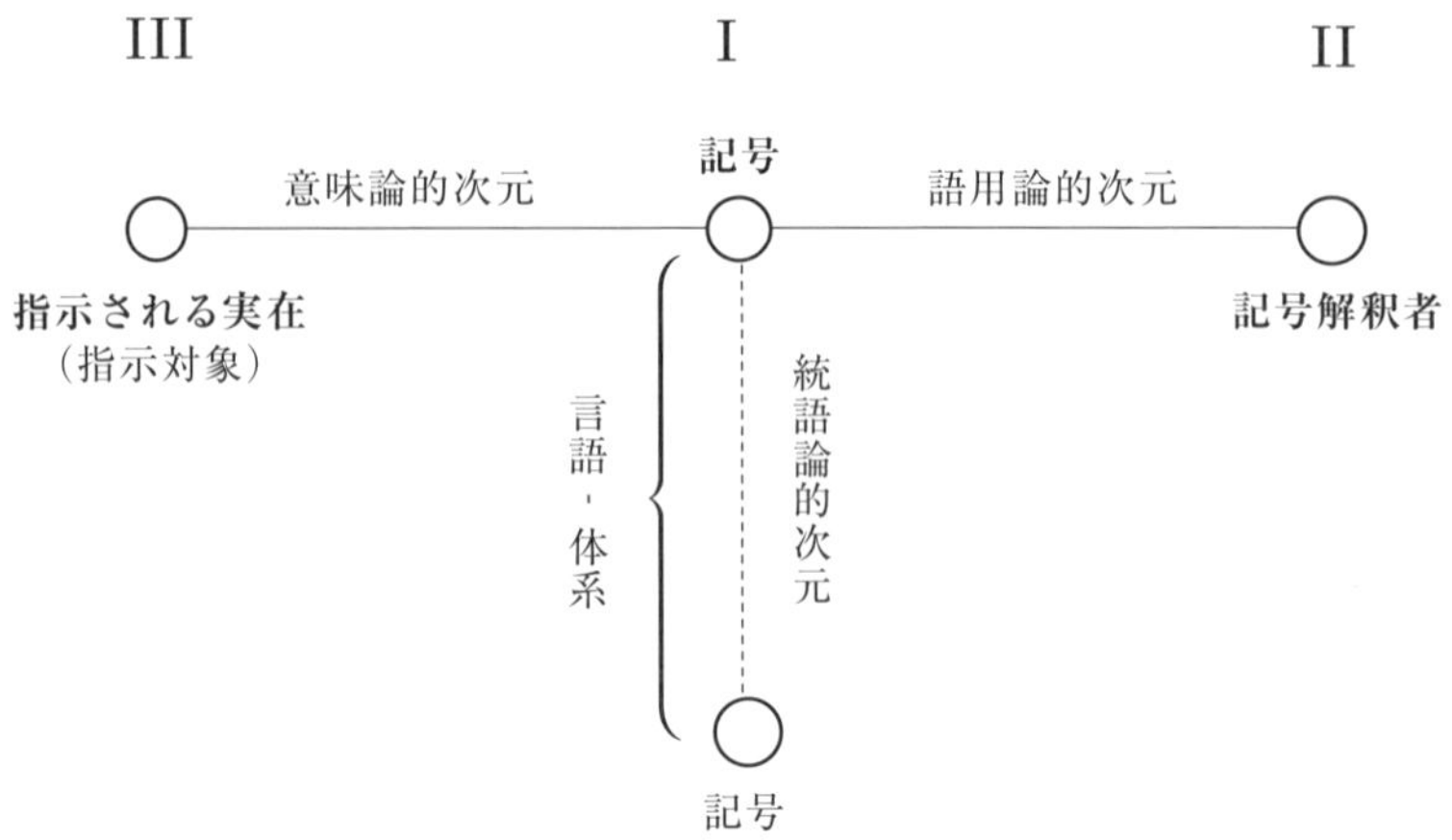

図1（Apel 1974, 23f; 宮原 1993; 318 頁参照）

論の次元であり、記号とその解釈者（使用者）の関係が問題となるのが語用論的次元である。

この図を基に、アーペルはさまざまな「抽象の誤謬」のパターンを挙げている。即ち、

（1）ⅠとⅢのない、Ⅱだけの立場＝意識の観念論

（2）Ⅲのない、ⅡとⅠだけの立場＝記号論的観念論

（3）ⅠとⅡのない、Ⅲだけの立場＝実在論・唯物論

（4）Ⅰのない、ⅢとⅡだけの立場＝触発実在論（Affektionsrealismus）

（5）Ⅱのない、ⅢとⅠだけの立場＝存在意味論的実在論（Ontosemantischer Realismus）

（6）ⅡとⅢのない、Ⅰだけの立場＝言語モデルのプラトニズム

この図式を用いれば、多くの立場が抽象の誤謬を犯していることになる。例えばデカルトからフッサールまでの（広義の）近代認識論は（1）であり、カント

の「経験的実在論」は（4）に該当する（vgl. Apel 1974, 28）。初期の分析哲学も（5）、（6）でしかない、というわけである（vgl. ebd.）。そこにⅡを追加し、語用論的次元までをカヴァーしなければ言語哲学が十全な第一哲学となることはできない。ＴＰの「語用論」の部分は、このような道程を辿って導き出されたものなのである。

しかしながら、これだけでは未だ言語の超越論的主観という次元を捉えたことにはならない。もう一段階の変換については節を改めて説明する。

第三節　なぜ超越論的な語用論なのか

第一哲学としての言語哲学において語用論的アプローチが要請されるに至り、アーペルはオースティンやサール（Searle, John R., 1932–）の言語行為論や後期ヴィトゲンシュタインの「言語ゲーム」論に着目し、それらの思想の内容をある程度受容する。これらはいずれも、言語の使用という側面を扱う理論である。

例えば言語行為論からは、ハーバーマスによる拡張を通して「言説の遂行的―命題的「二重構造」」（Apel 1979, 200（200））という概念を受け継いでいる。即ち、我々の発話は常に、命題内容を表現する発語行為と、その発話によって遂行される発語内行為から成る、という二重構造である（cf. Austion 1962, 94–99（164–172）; Habermas 1971, 104（127–128））。

また後期ヴィトゲンシュタインからは、我々の言語活動は、規則に従って言語を使用する「言語ゲーム」（Wittgenstein 1953, §7(20)）である、という発想はもちろんのこと、方法的独我論への決定的な批判として私的言語批判（vgl. §202ff.（163以下））をも受容している。即ち、ある一人だけが「私的に」規則に従うことは、規則に従っていることと、単に従っていると思っていることを区別できなくなる以上、不可能であるという批判である。

しかしながら、これら経験的語用論の発想ではなお、媒体としての言語への反省という課題を果たすことができない。なぜなら、これらの理論は個々の発話ないし言語ゲームの構造や規則を観察し記述することで満足するため、記号の解釈者を客観的な対象に（つまりⅡをⅢに）還元しており、結局のところ抽象の誤謬から逃れてはいないからだ。

ここで第一哲学としての言語哲学に要請されていることは、哲学的反省の媒体としての言語への反省である。それは即ち、その都度の記号解釈ないし記号使用の超越論的主観について反省するということなのであり、経験的に観察可能な対象としての主観ではない。しかし、経験的語用論を含めた従来の分析哲学には、これに該当する議論がそっくり欠落している、とアーペルは指摘する。

〔初期ヴィトゲンシュタインによれば〕主観と言語とは「世界の限界」、まさにそれゆえに何も語り得ないような「世界の限界」なのである。それ以来、分析哲学においては、言語の、つまり定式化可能な認識の超越論的主観に関しては事実上もはや何も語られていない。……換言すれば、コミュニケーションを、そしてその限りでまた言語をも可能にする主観的－間主観的諸条件としての言表活動および了解活動、そういった諸活動に関する超越論的語用論は（いまだに）一つも存在していないのである。（Apel

1970, 313f.（308-309））

では、記号使用ないし記号解釈の超越論的主観について反省し得るような超越論的語用論とは、具体的にどのようなものであるべきなのか。ここにおいてアーペルは、科学と記号解釈についてのパースの思想を援用する。パースによれば、科学者の共同体、それも特定の共同体ではなく、原理的に無限界の共同体が最終的に下す結論が真理であり、実在に他ならない（cf. CP 5.407）。アーペルは、この無限界の共同体という理念を、科学以外の領域にも妥当する無限界の理想的コミュニケーション共同体（ＩＫＧ）として読み替え、言語の超越論的主観と位置付けるのである。

アーペルは、科学的理論を基礎的観察命題によって検証する、という論理実証主義的な発想の問題点に関して、次のように述べている。

現代の科学論の言語分析的形式は、検証されるべき科学の諸理論が直面し得るのは裸の事実ではなくていわゆる基礎〔観察〕諸命題だけである、という帰結を伴っている。ところが、この基礎諸命題そのものを妥当させるためには、科学の語用論的解釈者である科学専門家たちの、即ち原理的に経験科学の客観へと還元され得ない限りでの科学の諸主観である科学専門家たちの意思疎通が必要なのである。（Apel 1973b, 159（62））

このとき重要なことは、科学の超越論的主観は科学の客観的対象に還元されてはならない、ということである。なぜなら、ヴィトゲンシュタイン的な表現を用いるなら、その共同体は科学の限界だからだ。それゆえ、図1に即して言うならば、論理実証主義的な検証の理論においてはⅢを裸の事実としてそのまま受け入れていることだけが問題なのではなく、ⅡをⅢに還元することにも問題がある。基礎命題の妥当性への反省は、記号解釈者の共同体として拡張されたⅡの手に委ねられなければならないが、その反省を行うⅡはⅢに還元され得ない超越論的主観だからだ。このようなパース的な視点を導入することにより、図1はアーペルの手によって次のような大幅な拡張を余儀なくされることになる（図2）。

新たに加わった線のうち、実線は分析哲学的な科学の論理において主題化されている領域を表すが、点線はそこでは主題化されていない、つまり不当に抽象されている領域を表す。

統語論は記号と記号の関係のみを扱い、意味論は客観（指示対象）と記号の関係のみを扱うという点で変わってはいないが、重要なことは経験的語用論によって左上方向への還元がなされるということである。つまり、経験的語用論は図1における認識主観を分析対象としての客観に還元する（実線の大きな円弧）。記号そのものもまた、図1における客観と認識主観を架橋するものから、客観と（還元された主観としての）客観を媒介するものになるのである（実線の小さな円弧）（vgl. Apel 1974, 40f.）。

一方で、記号を解釈する主観の問題を『論考』におけるような意味で言語の論理形式に統合してしまう普遍的な存在意味論は、記号体系におけるア・プリオリなものとして規約の介在が認められなければならない以上、もはや可能でない。見逃せないのは、規約のア・プリオリということに

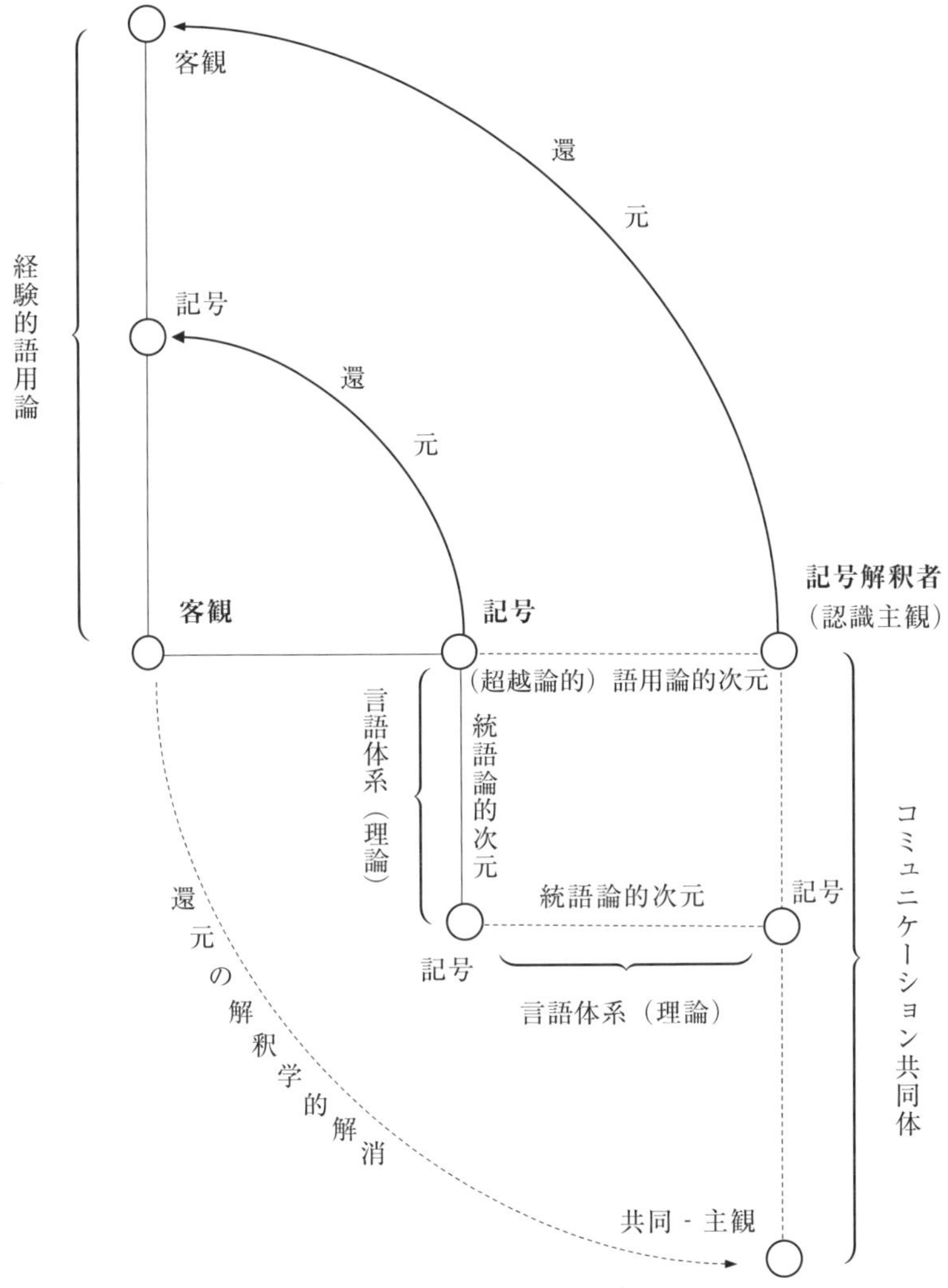

図２　(Apel 1974, 41; 宮原 1993, 319 頁参照)

よって、規約についての合意を形成するコミュニケーション共同体の超越論的語用論的ア・プリオリが予見されているということである。それは、言語に媒介された新たな超越論哲学における主観のア・プリオリである（vgl. 42）。この超越論的語用論的な次元は、図2において右下方向を志向することになる。そこでは記号使用者が認識主観として取り戻されるだけでなく、経験的語用論によって一元的に客観へと還元された記号使用者が認識主観に対する共同主観として取り戻され（点線の大きな円弧）、両者は記号解釈者としての主観的—間主観的なコミュニケーション共同体を形成する（vgl. 42ff.）。

さて、このようにして要請され、導入される超越論的な語用論、そして言語の超越論的主観としてのＩＫＧは、いかなる意味で古典的超越論哲学、例えばカント哲学から、超越論的主観の問題を継承しているのだろうか。

アーペルは、パースが実在や真理を研究者の無限界な共同体の最終的な意見と位置付けたことを高く評価し、これはカントの言う統覚の超越論的統一を、世界解釈の合意による間主観的統一へと変換するものであると理解する（vgl. 161（63）; 173（80）; Apel 1974, 34）。即ち、今や記号使用・記号解釈の超越論的主観は無限界のコミュニケーション共同体である、ということになる。カントは超越論的主観を、単なる個人が持つその都度の主観的意識ではなく、「意識一般」（*KrV*, B143）のレベルで考えていたのだから、このパース流の解釈は必ずしも突飛に過ぎるわけではない。

とは言え、このような解釈に対しては、解釈者の共同体の最終的な意見というものは単なる理想であり、経験的認識が成立する上で常に必要となる統覚の統一とは質が異なるのではないか、という疑問が出ることが考えられる[11]。これについては、アーペルはあらかじめ次のように述べている。

ここではカントの言う経験の「構成的原理」の代わりに、言わば「統制的原理」が置かれていると言えよう。だが、その際には、この統制的原理は長期的には（in the long run）構成的であったと判明するのでなければならない、ということが前提されている。（Apel 1973b, 174(81)）

これは確かに、カント本人の立場よりも一歩踏み込んだ見解、あるいは、単なる読み替えに留まらない拡張的なカント解釈だと言える（このことの帰結については後の章に譲る）。だがここで何より重要なことは、こうして語用論が抽象の誤謬を解消され、超越論的な反省の次元へともたらされる、ということである。ＴＰの「超越論的」という部分は以上のような経緯で導入されたものなのである。

ここまでの説明からわかるように、ＴＰは言わば時代の要請としてまず全体像がその詳細な内容に先んじて構想されたのである。それゆえ理論の内容は、さまざまな他の思想と対峙することによってより充実し、彫琢されていく必要があるし、実際そのようにして発展してきた。アーペルやクールマンの著作は、カントやヘーゲルのように体系的ないし演繹的に理論を展開するようなものではなく、その都度の論敵と対峙する中でＴＰの優位を示してゆく手法が通例となっている。とは

（11）　実例としては、vgl. Baumgartner (1982), 48f.

言え基本的なモチーフは変わることがない。それは、本章冒頭でも述べた通り、言語コミュニケーションの超越論的条件の解明であり、その条件は、無限界のＩＫＧというパースに由来する理念から引き出されるのである。

第四節　究極的根拠付けの論証とはどのようなものか

ＴＰの最も有名な議論は討議倫理のＬＢである。それは、具体的には論証的討議が可能であるための（道徳的規則を含む）諸条件のＬＢという形をとる。アーペルによれば、論証的討議の諸規則は究極的に根拠付けられ得る。それは以下のような理由による。

まず、論証的討議の諸規則の妥当性を否定しようとしている人がいるとしよう。もし論証的討議の諸規則を否定するような内容の文を、他の人々が賛成したり反対したりできるような命題内容を持つ発話として、論証的討議に提出しようとしているのであれば、それは論証的討議に参加しようとしているのであり、論証的討議の諸規則を遂行的に承認しているのである。したがって、発話される命題内容を自分で否定していることになる。かと言って、論証的討議の規則に従わないのであれば、それはそもそも論証的討議に参加していないことを意味するのであり、その人が発話する内容が討議において賛成や反対の対象として真剣に吟味されることはない。それゆえ、論証的討議の諸規則は決して有意味には否定され得ない。この状態を「究極的に根拠付けられている」と呼ぶのである。

アーペルは有名な論文「超越論的語用論の観点に照らした哲学的な究極的根拠付けの問題」（Apel 1976: 以下「究極的根拠付けの問題」）において、ＬＢの基準を以下のように定式化している。

> 私があるものについて、現に自己矛盾に陥ることなくそれを否定することができず、また形式論理学的な意味で論点先取に陥ることなくそれを演繹的に根拠付けることができない場合、このあるものとは、論証という言語ゲームがその意味を失わずに存在することを望むならば必ず受け入れていなければならない、論証の超越論的語用論的な諸条件である。（Apel 1976, 69(237)）

この定式は、後にアーペル自身やクールマンをはじめとする彼の支持者たちによって洗練され、前半部分で述べられている自己矛盾が決定的な基準とされるに至っている。それは即ち、ある発話行為における命題内容と行為遂行部分の間の「遂行的（自己）矛盾」（ＰＳＷ）であり（vgl. 71(240)；Kuhlmann 1985, 82-91）、例えば「私は現実に存在しない」といった主張（より直接的に「私は何も主張しない」という主張を挙げることもできるだろう）において生じる。そのような主張は発話行為として適切でない。ＬＢとは、当該の諸条件が、決して有意味に否定できないという意味で背後遡行不可能であることの露呈に他ならない。

このような議論は一体どこから生じてきたのだろうか。アーペルがＴＰの哲学的課題を言語の超越論的主観への反省と考えていたことはすでに述べた。アーペルはこの反省を、超越論的反省と呼ぶ。「究極的根拠付け」もまたこの超越論的反省からの帰結として成立するものだが、しかしこの表現そのものは、どちらかと言えば外から持ち込まれたものである。例えば、「哲学的反省の主題と媒体としての言語」においては、自分の考える「超越論的反省」は、ポパーが退ける類の「究極的根拠付け」とは違うと明言している（Apel 1970, 326(323)）。

もっとも、それは用語法の問題であって、『哲学の変換』では、アーペルは自分の言う「超越論的反省」もある意味で「究極的根拠付け」だと認めており、その後は「究極的根拠付け」という呼称を優先的に使用している。ただし、いずれの段階においてもアーペルが強調するのは、自分の言う「超越論的反省」や「究極的根拠付け」は、ある命題を他の命題によって正統化する演繹的根拠付けとは全く違うものだ、ということである。例えば、もし「あらゆる人間は死ぬ」「ソクラテスは人間である」という二つの命題が真であることがあらかじめわかっているならば、それら二つの命題に訴えることによって「ソクラテスは死ぬ」という命題を根拠付けることができる。前提が二つあることが不満であれば、「あらゆる人間は死ぬ、かつソクラテスは人間である」のように強引に一つにしても良い。LBを、このようなモデルで考えることはできない、とアーペルは述べているのである。つまり、命題を前提となる他の命題によって根拠付けるという根拠付けの形しかあり得ないという思想は、初期分析哲学および当時の経験的自然科学が陥っていた客観主義を反映した、歴史の産物に過ぎないのである。

もし哲学における究極的根拠付けが公理体系の枠内での演繹のことだと解されなければならないとすれば、この論拠は「倫理の根拠付け」というわれわれの企図を実際挫折させることは容易にわかる。

……「究極的根拠付け」に関する現代の議論において、とくに哲学的方法としての超越論的反省の独自性と発見法的価値がほとんど注目されていないということは、分析哲学の特徴となっている論証の語用論的次元の捨象のために「究極的根拠付け」の問題が文ないし命題の論理的（統語論・意味論的）諸前提の問題としてしか考えられないようになっている、ということと関連しているように思われる。（Apel 1973b, 405f.（273–274））

このように、アーペルにとってLBは必ずしも最初から中心的なテーマだったわけではなく、それを正面から否定する批判的合理主義を批判する中で言及する機会が増えていったというのが実情だろう。実際、LBについての最も詳細な議論は、「究極的根拠付けの問題」において批判的合理主義への長大な批判というかたちで展開されている。以下ではその批判を再構成した上で、なぜ先述のような定式が採用されるのかを明らかにすることを試みたい。

第五節　批判的合理主義に対するアーペルの批判

哲学史的に見るなら、アーペルら超越論的語用論者とアルバートの論争は、一九六〇年代のいわゆる「実証主義論争」に後続するものである。実証主義論争では、社会科学の方法をめぐってポパーとフランクフルト学派のアドルノ（Adorno-Wiesengrund, Theodor L., 1903–1969）が対立し、その後、論争はアルバートとハーバーマスに引き継がれて続いた。ハーバーマスの主張は微妙に変化しているが、現在の文脈に引き付けて簡潔に述べるなら次のようになる。社会科学は社会的な生活連関を対象とするが、当の研究者自身がその生活連関の一部であるという点で自然科学とは異なるので、自然科学の客観主義的な実証（ないし反証）の論理を、そのまま社会科学に持ち込むことはできない（vgl. 中岡　一九九六、五六）。文脈こそ違えど、アーペルが重要視する言語の超越論的主観の問題と類似していることが認められるだろう。ハーバーマスに近い立場であった[12]アーペルが、アルバートと対立関係に入っていくことは当然だったと言える。

アルバートは一九七五年に、『超越論的夢想――カール＝オットー・アーペルの言語ゲーム[13]と彼の解釈学的神――』（Albert 1975：以下『超越論的夢想』）という挑発的なタイトルの著書を発表し、アーペルを批判した。「究極的根拠付けの問題」は、それとほぼ時を同じくして発表されたものである。その後、アーペル側にクールマンも加わり、論争は激しさを増していった。

ポパーの提唱した批判的合理主義に対するアルバートの最大の功績は、一九六八年の主著『批判的理性論考』において、基礎付け主義を批判するための装置として「ミュンヒハウゼンのトリレンマ」と呼ばれる論理的なアポリアを定式化したことである。

アルバートによれば、近代認識論の特徴は、充足理由律に基づき認識の「アルキメデスの点」を探そうとする哲学的基礎付け主義にある。それはつまり、論理的推論によって「確固たる――そして疑念の余地のない――根拠へと還元することで、ある確信を――ならびに命題群ないし命題体系を――根拠付けようとする考えである」（Albert 1968, 14(19)）。デカルトの言う「明証」はその典型と言える。ところが、このような方法はある種の論理的なトリレンマに陥ってしまう。即ち、ある命題は別の命題で根拠付けられることによって真であることが保証されるとすると、その別の命題もまたさらに別の命題によって根拠付けられる必要がある。そうすると、

（1）無限遡行
（2）循環論法
（3）根拠付けの恣意的中断

のいずれかに帰着せざるを得ない。これがミュンヒハウゼンのトリレンマである。これが示しているのは、近代認識論の基礎付け主義的な方法は、結局のところ上手くいかないということである（vgl. 15（19–21）; Apel 1976, 35f.（186–187）; Kuhlmann 1985, 63）[14]。そしてこの議論は単に近代哲学にのみ妥当するのではなく、現代においても原理的にあらゆる理論に妥当するものである。そうすると、根拠付けが不可能である以上、あらゆる認識、あらゆる命題はことごとく可謬的である、という「首尾一貫した可謬主義」（Albert 1968, 43（56））が帰結する。こうした可謬主義こそが、批判的合理主義

（12）実際アーペルは、ヴィトゲンシュタインの影響を受けた反実証主義者のウィンチ（Winch, Peter G., 1926–1997）の社会科学論に対し、未だＴＰ的な次元への反省を欠くと指摘しつつも高い評価を与えている（vgl. Apel 1965）。
（13）この „Sprachspiel“ には「言葉遊び」という含意もあるように思われる。
（14）同様の議論は古代ギリシアの懐疑論の中にすでに見られ、例えばヘーゲルによっても紹介されていた（vgl. Hegel 1802）。この点については加藤（一九八五）、一五五―一六〇頁も参照。

の基本的な思想である。哲学の伝統においては、さまざまな根本原理が設定され、それは確実なのでもはや根拠付けは必要ないとされてきた。今やそうした体系は全て、根拠付けを恣意的に中断した独断論に他ならないと見なされる。

しかしながら、批判的合理主義は単なる懐疑論ではない。上のような洞察に基づいて、アルバートは次のような積極的な主張をも展開しているのである。この主張はまた、ポパーの反証主義と合致するものでもある。

根拠付けの理念の代わりに、批判的吟味の理念、即ち合理的な論証を用いて問題となっているすべての命題を批判的に議論してゆこうとする理念を対置してみると、確かに自分自身が作り出したような確実性など断念されることになる。だが、試行錯誤によって、……確かに一度たりとも確実性に到達することはないとは言え、真理に近づいてゆく展望は開けるのである。（42（54–55））

以上のように、批判的合理主義の主張は（a）根拠付けの不可能性、（b）首尾一貫した可謬主義の原理、（c）批判的吟味の理念、の三点にまとめることができる。これらのそれぞれに対してアーペルは異論を唱えているので、順を追って見てみよう。

まず（a）に対しては、先に引用したように、ＴＰによるＬＢは統語論・意味論のレベルに還元できるものではなく、それゆえミュンヒハウゼンのトリレンマの適用外だ、というのがアーペルの反論である（vgl. Apel 1976, 45f.（205–206））[15]。既に述べた通り、分析哲学の問題は、哲学的反省の媒体としての言語使用を、客観的対象へと還元してしまうことであった。批判的合理主義もまた、この潮流に身を置いていると言える。ポパーがタルスキの真理論を援用して理論の自己言及を避けようとしていることにもそれが伺える（cf. Popper 1972, cap. 9）。

しかし、上で見たように、それでは全称的な哲学理論として、つまり第一哲学として不十分である。この場合は、批判的合理主義自体が批判の対象になるか否か（ポパーの表現を用いるなら、合理的な態度に則っているかそれとも独断論的か）について、批判的合理主義の枠内では語れないことになってしまう。ポパー自身、批判的合理主義を採用すること自体は批判的吟味の結果ではなく、一種の「道徳的決断」（Popper 1945, 437（下 214 頁）; vgl. Albert 1968, 49(62)）であると認めている。一般的に言えば、決断に基づく理論は独断論の一種であろう。だが他方で、ポパーは学問における独断論的態度に対して、至る所で攻撃を加えてきたのである。それゆえ、ここでは「道徳的決断」がいかなる意味で通常の決断と区別されるのか、その特権的な地位はどこから生じるのか、ということが説明されなければならない。ところが、ポパーはそれ以上の説明を行っていないし、論理的に言って、そもそも説明できないのである。

このような問題が生じる根本原因は、自己言及の排除である。つまり、自己言及を排除しながら、同時に科学的理論一般が満たすべき基準（ポパーの場合は反証可能性）を提示する、という方法を

(15)　同様にクールマンも、他のものへの遡行のみが根拠付けと見なされ得るということは自明でないと指摘している（vgl. Kuhlmann 1985, 64）。

採る限り、構築された理論そのものは科学的でないことになってしまうのである。すでに述べた通り、こうしたアポリアは初期分析哲学に典型的なものであり、それは統語論・意味論を偏重する姿勢と密接に関わっている。このアポリアを自覚していたのが初期ヴィトゲンシュタインだが、しかし彼も結局それを解決することはできなかった。自己関係性にまつわるこの根深い問題を、語用論的次元を加えた三次元的な言語観によって解決しようとするのがＴＰなのである。

　また、この三次元的な言語観からすれば、根拠付けを単なる命題間の真理値の受け渡しに還元することもまた抽象の誤謬に他ならない。記号の使用者としての主観というアスペクトが加わることによって、主観的明証という近代哲学的な概念もまた、語用論的に再考されるべきものとなるのである。

　しかしながら、ここで特に注意すべきことがある。それは、明証のみに依拠する方法的独我論はＴＰにとっても克服されるべき立場であり、ＴＰは明証をそのまま特権的な審級として復活させようとしているわけではない、ということである。明証を捨象することも、それのみに依拠することも不適切だとすれば、根拠付けの概念はどのように説明されるべきなのだろうか。アーペルは次のように主張する。

　むしろ、認識の妥当性の根拠付けとしての根拠付けは常に、認識―主観としての能力を持つ（超越論的な認識―主観一般の自律的な代弁者としての）諸個人のありうべき[16]意識―明証と、そのコンテクストの中で客観的妥当性についての主観的証言としての認識―明証が間主観的妥当性へともたらされなければならない論証的討議のア・プリオリな間主観的規則、これらの双方に依拠しなくてはならない。（Apel 1976, 51(209)、〔傍点は引用者〕）。

しかし主観的な明証も、論証的討議の間主観的規則も、記号の使用者・解釈者に関わるものであり、ミュンヒハウゼンのトリレンマという統語論・意味論的な枠組で処理しきれるものではない。それゆえ、あらゆる根拠付けは不可能だという批判的合理主義の主張は性急、あるいは誇大なものであるということになる。

（b）に対する反論は、批判的合理主義が掲げる首尾一貫した可謬主義の原理をそれ自身に適用すると、明らかに嘘つきのパラドックスに類似したパラドックスに帰着する、というものである（vgl. 65(230)）。確かに、「「あらゆる命題は誤りであり得る」という命題は誤りであり得る」という命題が真であるか偽であるかという問題は、直観的には、可謬主義にとってありがたくないものであるような印象を与える。

しかし、これは見た目ほど（少なくとも、「明らかに」の一言で論証を省略できるほど）単純な問題ではない。可能性という様相が入り込むことの影響は小さくないのだ。例えば、上の命題に

（16）　原語は möglich（英語の著作では possible）であり、アーペルが頻繁に用いる言い回しの一つである。フィヒテの文章にも多く見られる。直訳なら「可能的（な）」とするところだが、それでは意味が分かり難い。「潜在的」「潜勢的」という訳語を当てた例もあるが、意味を狭めてしまうきらいもある。本書では平易さを重視して、この表現を優先的に使用することにした。ただし文脈に合わせて「可能的」とした箇所もある。

は、「可謬主義の原理は誤りでもあり得たが、偶然にも真であった」という解釈を与えることができるし、この命題が真であることはさほど不合理な話ではないように思える。無論これについても批判は可能だろうし、それ以外にも、上の命題については論理的操作次第でさまざまな議論を展開することが可能である。実際、この点をめぐっては現在でもテクニカルな議論が交わされており、容易に結論は見えてこない状況である（vgl. z. B. Albert 1975, 122f.; Kuhlmann 1985, 68ff.; Kudaka 2005; Rähme 2010, 140ff.）。本書では、この点については扱わないことにする。

三つめの、そして恐らくもっとも重要な反論は、（c）の批判的吟味はすでに批判的討議の範型としてＩＫＧによる哲学的な言語ゲームと、そこで範型として機能している明証を前提している、というものである。

アーペルはまず、可謬主義の先駆者とも言えるパースがデカルトの方法的懐疑を批判して、懐疑が内容的に空虚な「紙切れの懐疑」になってしまってはならないとすれば、あらゆるものを疑い得るというわけにはいかない、と主張したことを指摘する。パースによると、科学においては全てが疑われるのではない。むしろ、何を疑うべきかについての基準や原理的に可能なはずの新たな明証といった、確実と見なされるものから出発することで初めて懐疑は有意味であり得る（vgl. Apel 1975, 53(212-213)）。後期ヴィトゲンシュタインも、これに似た議論を展開している。したがって、「有意味な言語ゲームとして、懐疑は――そしてまたポパーとアルバートの意味での批判も――原理的にいって同時に疑うことができないような確実性を前提することなしには、説明不可能である」（54(213)）。

それゆえ、明証への訴えは必ずしも批判的合理主義が主張するように、独断や恣意的決断への訴えと同一視されるものではない。むしろ、有意味な批判というもの自体が、少なくとも潜在的には根拠づけられていなくてはならず、原理的には明証に遡及し得るのでなければならないのである（vgl. 55(214)）。

だがそうすると、首尾一貫した可謬主義の原理と、明証による批判の根拠付けという二つの側面はいかにして両立し得るのか、という疑問が生じてくる。これについては、「前科学的および科学的な言語ゲームという反省のレベル」と「言語ゲーム一般の構造への超越論的語用論的な反省レベル」（57(217)）とを区別することによってのみ解決可能である、とアーペルは主張する。これは、批判の審級とその対象との「超越論的差異」（Apel 1979, 203(203)）である。また、批判的吟味の理念が超越論的なレベルの反省を代替できない理由は、次のようなものである。

……（メタ科学的な）哲学の反省レベルにおいて批判が最終的な発言権を持ち続けるという事態は、明らかに、哲学的言語ゲームのようなものが存在し、その枠組みの中ではあらゆる言語ゲームについてあらかじめ普遍妥当性要求をもって語られ得る、ということに基づいている。（Apel 1976, 63(226–227)）

それゆえ、批判的合理主義者の考える批判的討議の理念はすでに、ある批判的討議の哲学的言語ゲームを雛形として想定しており、しかもこのゲームは他のあらゆる言語ゲームに対して特別な地位を占めるということをも前提にしているのである。このような差異を設定しなければ、批判的吟味の理念は基準の無い単なる言語ゲームの相対主義に陥ってしまう。ポパーの教え子の一人であるポール・ファイヤアーベント（Feyerabend, Paul K., 1924–1994）はその域にまで自身の科学論を貫徹し、「何でもあり」という知のアナーキズムに陥ってしまった。逆に、同じくポパー門下のW・W・バートリー三世（Bartley, III, Wiliam W., 1938–1990）は、論理は批判的に吟味される部分ではあり得ないと主張し、TPと同じではないにしろ、ある種のレベル間の差異を設けようとしたが、これによって彼は批判的合理主義の主流派とは距離を置くことになり、「汎批判的合理主義」を名乗るに至っている。

　先述した通り、ポパー本人は対象理論とメタ理論の階層ないしタイプを区別し、自己言及を逃れることでこの問題を処理しようとした。しかしその結果、「道徳的」という形容詞が付くとは言え、ある種の決断主義を採用せざるを得なくなったのである。これに関してアーペルは、個人による道徳的決断が妥当なものであるという前提は、方法的独我論に陥るものであると指摘している（vgl. Apel 1970, 328(325)）。それゆえ、批判的討議という哲学的言語ゲームの枠組を選択すること自体も また、原理的には合理的に、つまり哲学的言語ゲームの中で、（超越論的に）反省され得るということになる。アーペルは『哲学の変換』において次のように指摘している。

> 「批判主義者の枠組」を選択することの合理的根拠付け……を放棄することが納得いくのはただ、ポパーのように、哲学的根拠付けの可能性を〔論理的〕演繹の可能性と同一視し、超越論的反省ないし熟慮……を用いない場合だけである。しかし、この反省を行うなら、哲学的な基礎―討議の参加者たち

……は、すでに陰伏的に「批判主義者の枠組」のゲーム規則を受け入れていたということが明らかになる。（Apel 1973b, 412f.（281））

したがって、我々は批判主義者の枠組を選択することを、単なる決断に還元するのではなく、超越論的反省によって根拠付けることができるのである。アーペルはここで、批判的合理主義の枠組を全面的に否定しているのではなく、むしろ、それが可能になる条件を提示しているのである。その条件とは、批判主義者の枠組としての哲学的基礎討議ないし哲学的言語ゲームへの超越論的反省という、一種の自己言及が許容され、さらには要請されることである。哲学的言語ゲームは、ポパーの言うように私的な道徳的決断によって選択されるものではなく、むしろカント的に言えば「理性の事実」として、常にすでに選択されている（vgl. 416f.（285–286））。その意味では、このような哲学的言語ゲーム自体がすでに超越論的なのである。言わば第一哲学として、哲学的言語ゲームの存在が承認されるのであれば、その下で経験的自然科学に、それどころか経験的社会科学にさえ、批判的吟味という方法を導入することは全く問題ないのである。

私の目的は、「批判的吟味」という原理を問題視することではあり得ない。（そもそも今日、誰がこの意味での「批判的合理主義」を批判しようと考えるだろうか。）そうではなく、私が行いたいことは、間主観的に妥当な批判を可能にする条件、つまり科学的認識の「批判的吟味」や、道徳的規範に対する批判を可能にする条件を問題にすることである。（Apel 1976, 38f.（191–192））

このような超越論的なレベルの哲学的言語ゲームを、アーペルは（ヴィトゲンシュタインが聞けば拒否反応を示しただろうが）「超越論的言語ゲーム」（TSS）と名付ける。もし知のアナーキズムや方法的独我論が受け入れ難い帰結であると言うのであれば、「単に「諸言語ゲーム」が存在するだけではなく、全ての諸言語ゲームの内に無限界のコミュニケーション共同体による超越論的言語ゲームが存在する」（52, Anm. 39(256)）という考えから出発しなくてはならない(17)。

以上が批判的合理主義に対するアーペルの反論の概要である。これを踏まえた上で、なぜPSWがLBの基準となるのかを検討したい。しかし、そもそも遂行的矛盾とはどのような矛盾なのだろうか。それは論理的な矛盾とは違うのだろうか。これらの問いに答えることが最初の課題となる。

第六節　遂行的矛盾はいかなる意味で矛盾なのか

第四節で見たように、LB論証における決め手はPSWである。だがそもそもPSWとはどのような矛盾なのだろうか。最も一般的な説明は、一つの発話における文ないし命題の内容と発語内行為の間の矛盾、というシンプルなものであり、アーペルもこれを採用しているように思われる（vgl. Apel 1976, 71(239–240)）。

しかしこの定義は曖昧である。討議倫理学者のケットナー（Kettner, Matthias, 1955–）によれば、「遂行的（自己）矛盾」という表現の使われ方は必ずしも一義的でなく、本来は区別されるべきさまざまな不整合がひと括りにそう呼ばれている。彼の論文「遂行的矛盾の分類学への試論」（Kettner

1993）ではそれらの分類が試みられているが、その際ケットナーが念頭に置いている課題は、PSWが「矛盾」と呼ぶに値する概念であると示すこと、そしてそれにもにもかかわらずPSWは形式論理的矛盾に還元され得ないと示すこと、この二点である。以下ではまず、前者の課題に焦点を当ててケットナーの考えをまとめよう。

ケットナーの考えでは、形式論理的矛盾に加えてPSWの概念がことさらに導入される背景には、合理性[18]の理論におけるある重要な直観が働いている。それは、もし理性的であること（Vernünftigsein）が、普遍的な妥当性要求に関してその妥当性要求の諸根拠を志向することにあるのだとすれば[19]、そのような志向性を失う可能性を避けなければならない、という直観であり、この直観からPSWの説明についての「適切性条件」が導かれる。その適切性条件はまた、ある「十分否定条件」に言及している。

〔適切性条件〕
遂行的自己矛盾概念のための有力な説明は、普遍的妥当性要求について議論するための十分否定条件

(17)　IKGとTSSの関係については第四章で扱うことになる。
(18)　以下では原則的に、rational/ Rationalität を合理的・合理性、vernünftig/ Vernunft を理性的・理性と訳すことにする。
(19)　TPにおいて理性や合理性は、間主観的妥当性への志向である限り本質的に討議に関わるものとして理解され、主観的思惟としての「熟考」も、それが寄与する討議を前提している場合にのみ理解可能だとされる（vgl. z. B. Apel 1973b, 399(267)）。

〔hinreichende negative Bedingungen〕の内容を含んでいることが求められる（Kettner 1993, 189）。

〔十分否定条件〕

それ（遂行的自己矛盾）を犯す者は、その限りでこれ（何かについての妥当な理解を巡って真剣に議論ないし熟考すること）をなし得ず、またこれ〔真剣な議論〕をなす者は、その限りでそれ〔遂行的自己矛盾〕を犯してはならない（189, Anm. 1.）。

ＰＳＷを避けなくてはならないという原則は、理性的であることについての上で述べられた直観に基づいて、今や十分否定条件のかたちで表現されている。ＰＳＷがいかなる矛盾かは、この十分否定条件を用いて説明されるべきであり、そのような説明が可能であるような種類のＰＳＷのみが合理性の理論にとって重要だと言える。つまり、ケットナーのねらいは単にＰＳＷの多義性を分析し、その意味を列挙することにあるのではなく、「重要でない概念変種から重要なそれらをより上手く分けられるように」（Kettner 1993, 187）することにある。また、それらが重要であるか否かは、我々の理性的な在り方に反するか否かに基づいている。

このような前提の下で、ケットナーは（1）形式論理的矛盾、（2）オースティンの言う「言語行為の不発」、（3）自己忘却、（4）「論議風のお喋り」という状況、そして（5）遂行的な論理的自己矛盾、という五つのカテゴリーを区別する。これらのカテゴリーのうち、一般にＰＳＷの候補となり得るのは（3）、（4）、（5）だけだが、しかしより詳しく分析すると、その中でも適切性条件を満たすのは（5）だけだということが明らかになる。

（3）から（5）のカテゴリーは、次のような問題状況に基づいて分類される。超越論的主張を否定する懐疑論者がPSWを犯しているのではないかと疑われるとき、その人の言語行為の命題内容については提題者（TP論者）と反対者（懐疑論者）の間で共通理解が得られているとしても、もう一方の項である行為遂行については理解が食い違っているかも知れない。その食い違い方によって、以下の三通りの場合が考えられる。

（3）反対者が、自分の（実際の）言語行為に気付いていない場合。これは単なる不注意であり、「自己忘却（Selbstvergessenheit）」と呼ばれる。これはオースティンの言う不発として理解することも可能なものであり、適切性条件を満たさない（vgl. 196ff.）。

（4）反対者が、自分の言語行為を提題者が理解しているものとは似て非なるものとして理解している場合。例えば、互いに「論議（Argumentation）」をしているつもりなのだが、実は反対者にとっての「論議」が提題者のものとは規則が違う、言わば「論議風のお喋り（Blargumentation）」であったような場合。このような状況では、反対者がPSWを犯していることを露呈させる前に、まず互いの理解の違いを埋める作業が必要になる。その作業がなされるまでは、適切性条件が満たされることはない（vgl. 202ff.）。

（5）反対者が、自らの行為遂行についての理解を提題者と共有していながら、なおも真剣に命題内容と矛盾するような行為を遂行しようとする場合。これは非常に深刻で不合理な振る舞いだと言える。

ケットナーはこれを「遂行的な論理的自己矛盾」と名付ける（vgl. 206ff.）。

これらのうち（5）は特に複雑なので説明を加えておこう。例えば反対者が「私が論証していないということを私は論証する」と発話するとき、もしこの発話が正常に成立し、かつその命題内容が間主観的に承認されるならば、そのとき反対者は自らについて次のように理解することになる。「私は論証しており、かつ論証していない」。もちろんこの自己理解は論理的矛盾に還元できる。

しかし注意しなくてはならないのは、ここでは命題内容と発語内行為の間の矛盾がそのまま論理的矛盾に還元されたわけではないということである。つまり、ここで論理的に矛盾しているものは、論証を行おうとする発語内的な意図が達成された場合に予想される帰結としての自己理解の内容であり、論証を行おうとする意図と、それが含意する自己理解の間のＰＳＷは依然として論理的矛盾に還元されないまま残ることになる。この矛盾を図で表現するなら、次のようになるだろう。

この矛盾はようやく適切性条件を満たす。したがってこのＰＳＷこそが、理性に反するという意味で最も重要な、あるいは最も深刻な概念変種だと判明する。

本節の課題はＰＳＷの矛盾性の内実を明らかにすることだったが、この問いはケットナーの十分否定条件によってすでに答えられている。即ち、一つの発話において相互に無効化し合う関係にあるような命題内容と発語内行為を両立させようと意図することは討議的理性のあり方に反する。そしてこの不合理ないし不条理な状況を、我々は独自の位置価を持つ一つの矛盾と見なし、ＰＳＷという名で呼ぶのである。

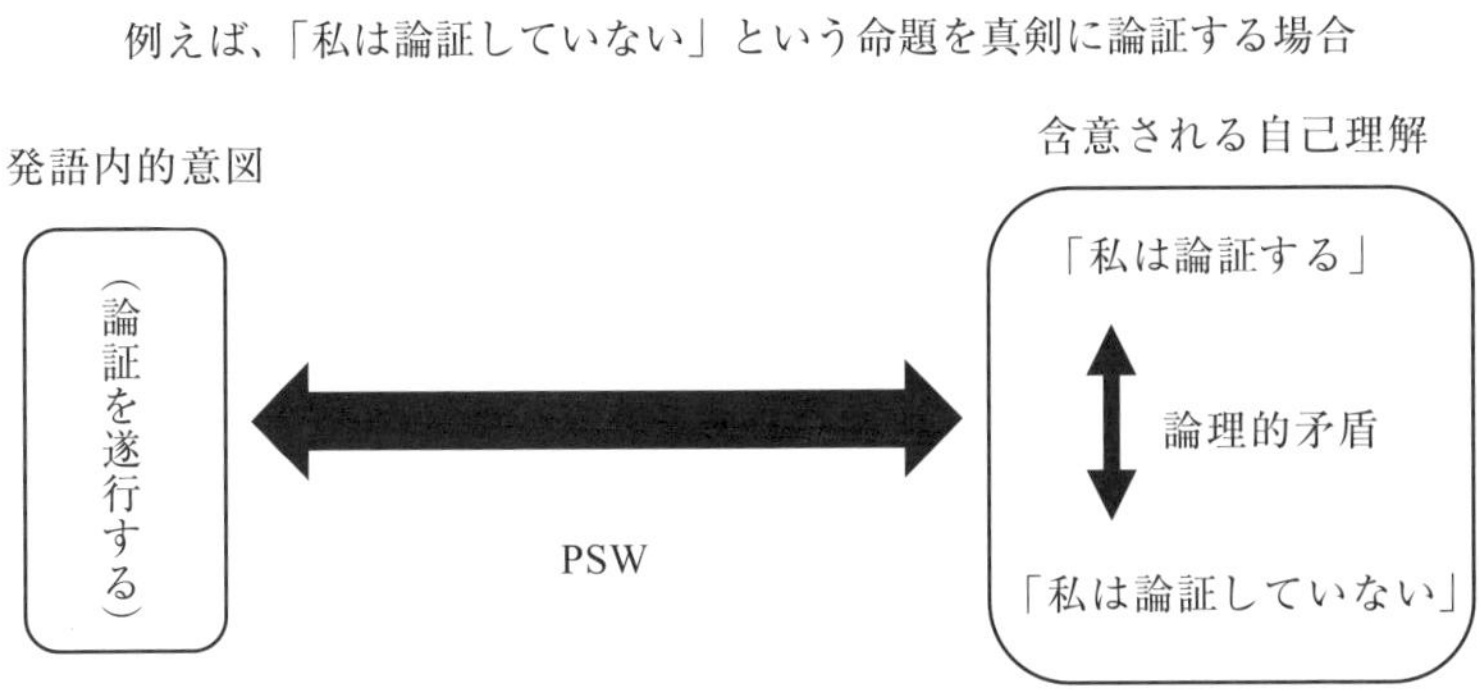

図３　遂行的な論理的自己矛盾

以上のことから、次のように言うことができるだろう。懐疑論者は、自分の発話がもはや理性的な対話を不可能にしてしまうような不合理なもの（遂行的な論理的自己矛盾）であったことを認めるか、それとも、その発話はそもそも真剣になされたものではなかったと認めるしかない。そしていずれを選んだとしても、その人の発話はもはや提題者にとって真剣に受け取る必要のないもの、論議というゲームにおける有効な指し手とは認められないもの、それゆえ無視して良いものであるということになる。

ＬＢの「究極的」という表現は、背後遡行不可能性を表すものである。そして、ＰＳＷがＬＢの基準になるのは、討議において有意味に疑うことができないものは、その背後に回り込むことが不可能であり、自らがそれを常にすでに前提していると認めざるを得ないからである。論証的討議の諸条件についての知は、確かに直観的に与えられているが（そうでなければ、そもそも論証的討議に参加することができないだろう）、しかし、直観的に与えられているという事実のみで、その諸条件が正当化されるわけではない。直観的に

（それゆえ選択の余地なく）与えられており、かつそれを有意味には否定できないという状況が重要なのである。

第七節　究極的根拠付けに対する批判の分類

　ここまでＬＢの概要を説明してきたが、本節ではそれに対して向けられる批判と、それに対する応答を扱いたい。ＴＰを擁護する具体的な論証を多く展開しているのはクールマンなので、ここでもクールマンの議論を追うことにしよう。

　ＬＢへの批判は多くの立場からなされてきており、内容もさまざまである。とは言えクールマンによれば、それらは以下の三つの批判に集約できる（vgl. Kuhlmann 2009, 12f.）。

（1）ＬＢは無意味である。内容的に根拠のある有意味な懐疑ではなく、全くナンセンスな紙切れの懐疑を論駁し、法外で途方もない知を得ようとしている。

（2）ＬＢは無用である。なぜなら通常の可謬的な根拠付けだけで科学の発展といった実践活動には十分だからだ。絶対的な確実性を求める努力は余剰である。

（3）ＬＢはそもそも不可能である。なぜなら懐疑論者はこれまでＴＰが提示してきたような論証によっては論駁されないからだ。

クールマンはこれらのうち（1）と（2）はさほど重要でないと考えている。その理由を簡単に説明しよう。

ここで紹介されている（1）の批判は、まずデカルトの悪魔といったラディカルな「懐疑論的仮説」を持ち出してくるタイプの懐疑論者を想定し、どうすればそのような懐疑を退けられるかを検討する。結論を言うと、それは次の二つのテーゼによってである。[20]

（1-a）我々は日常生活や学問において、この懐疑論者が前提しているよりも弱い知の概念を使用している、そして存在するのはこの弱い知の概念だけである。

（1-b）（ラディカルな）懐疑は始めから無意味である、なぜならそれは我々が日常的に使用している知の概念に全く該当しないからだ。（17）

なぜこれらのテーゼがLBに対する批判と取られ得るのか。それは、ラディカルな懐疑が無意味である以上、それを論駁したところで何も根拠付けたことになっていない、という帰結が導かれるように見えるからだ。

しかしクールマンはそれを否定する。厳密な知という概念が無意味であるとは、それが何らかの矛盾を孕んでいるか、もしくは理解不能であるということだろう。しかし厳密な知という概念それ

(20)　クールマンが参照しているのは、マルクス・ヴィラシェク（Willaschek, Marcus, 1962-）の議論である。

自体は他の関係する諸概念と整合的に理解可能である。そもそも、上のような懐疑論者が退けられるのはその懐疑がラディカルだからではなく、その場のコンテクストに照らして不適切だからに過ぎない。認識論的な討議において「我々は一般に何を厳密な意味で知り得るだろうか」(19) と問うことは全くおかしなことではない。したがって、この批判は見当違いである。

(2) の批判は次のようなものである。

> 究極的根拠付けへの努力、無謬的で完璧な知を確立する試み、諸信念を絶対に確かで間違いのないものと証明しようとする試みは、無用で余剰なものである。究極的な確実性を我々が持っていないとしても我々は何も欠いてはおらず、また仮に我々がそれを持っていたとしても、それは我々にとって何の役にも立たない。(20f.)

このような主張を行うのは、アルバートのようなラディカルな可謬主義者と、ラディカルな整合主義的全体論者であると考えられる。しかしながら、例えば科学や哲学においても、本当に我々は絶対的な確実性なしで済ますことができるのだろうか。もし彼らが科学的知識の発展や真理への漸近的な接近を意図しているのなら、認知的プロセスの適切な方向性と誤った方向性、あるいは進歩と退歩の区別を付けられるのでなければならない。そうでなければ科学はただ停滞し退廃するだけであろう。それゆえ、目的や基準として機能する限り、確実性は常に必要なのである (vgl. 23ff.)。

これらに比べると、(3) はより重要な論点を多く含んでおり、簡単に片づけるわけにはいかない。このタイプの批判の代表は、ノウハウの記述の可謬性を指摘するハーバーマスの批判であり、発話の普遍妥当性要求を否定するローティの批判もこれに数え入れることができるだろう。クールマン自身、もっとも対応に苦慮しているのがこのタイプの批判である。それゆえ、この批判に関しては以下の二節で詳しく説明する。

第八節　発話の二重構造と行為知

第六節で見たように、LB論証の決め手となるPSWは、より詳細な分類や規定が可能であり、場合によってはそうすべきであるものの、基本的には、発話における文ないし命題の内容と発語内行為の矛盾であると考えられている。これは、アーペルがハーバーマス経由で言語行為論から受け継いだ、言説の二重構造という思想に基づいている。これについてはすでに言及したが、ここで今一度その内容を説明しておこう。ハーバーマスは次のように述べている。

> 談話の基本単位は独特の二重構造を持っている……。即ち、言語行為は遂行文と、この文に従属する命題内容を持つ副文から合成されるわけである。（遂行的部分が明確に言葉で表されていない場合でも、それは発話過程の内に常に含意されている。それゆえ、遂行的部分はどのような文の深層構造にも現れなければならない。）（Habermas 1971, 104（127–128））

どのような文の深層構造にも二重構造がある、というのはオースティンやサールが明言していなかったことであり、ハーバーマスによる拡張と言える。哲学の媒体としての言語、あるいは言語の超越論的主観への反省を目指すアーペルにとって、この二重構造という思想は大きな意義を持つ。というのも、二重構造のうちの遂行的な次元への反省によって、アーペルがまさに求めているものが具現化され得るからである。発話の真理性を例に取って、アーペルは次のように述べている。

> 言説の二重構造が発見されて哲学的にしかるべく反省された後では、……「真である」というメタ言語的述語は、対象言語の発話の述語とは違って、真理性要求やその他の妥当性要求についての人間の反省的な知がなければ、原理上全く理解不可能である。こうした事情に結び付いているのが、命題を表現するあらゆる文には発語内的（コミュニケーション的）行為が含意されているということ、そして原理上その行為は自己還帰的［selbstrückbezüglich］な「遂行的要素［Performativa］」によって言語化され得る、ということである……。（Apel 1979, 201 (201)）

ＰＳＷを問題にする場合には、この遂行的部分の自己還帰的ないし「自己反省的」（ebd.）な機能が重要になる。なぜなら、自分がどのような発語内行為を行っているのか知らなければ、ＰＳＷを犯しているとしてもそれは単なる一過性の自己忘却であり、その発話者はＴＰにとっての真の論敵にはならないからだ。自らの発語内容と発語内的意図が齟齬をきたすことを知っていながら、なおも懐疑的な発話を行おうとすることの不合理ないし不条理こそが、ＰＳＷをＬＢ論証の決め手にしているのであり、その鍵を握っているのが遂行的部分へのこの自己還帰的な知なのである。クールマンはこの知を「行為知」と名付け、より詳細な規定を行っている。クールマンによれば、我々の意図的な行為には、すでに行為者の自らの行為についての知が伴っている。それは先理論的で、直観的で、またしばしば単に陰伏的にのみ伴うものだが、原理的に再構成され得るものである（vgl. Kuhlmann 1981, 10ff.）。主著『反省的な究極的根拠付け』（Kuhlmann 1985）において、クールマンは次のように述べている。

あるxが一つの言語行為Hと見なされるのは、発話者が少なくとも陰伏的に（事後的に有意味に再構成され得るような仕方で）それをこの行為Hとして理解している場合に限られる。さもなければxは、行為者がそのxをしようと決心し、そのxについて責任があり、そのxの遂行に失敗する（彼自身に承認され、知られていた標準のうちの一つから外れる）ことがあり得る、といったものではないことになる。この知は言語行為そのものの一部であり、この行為はその知が無ければ不完全なのだ。（Kuhlmann 1985, 77）

クールマンは特に言及していないものの、これはアンスコム（Anscombe, G. E. M., 1919–2001）の言う「実践的知識（実践知）」に類似した概念であると言える。アンスコムは主著『インテンション』（Anscombe 1957）において、我々の意志行為は、自らが「観察に基づかないで知っている」（13(25)）身体的行動のクラスに属すると指摘している。例えば私が窓を開けることによって音を立てたのに対して、誰かが「なぜそんな音を立てているのか」と問うとき、私は自らの行為を観察して「ちょっと待ってくれ、この身体は何を為そうとしているのだろうか。ああ、わかった。窓を開けているのだ」と答えたりはしない。私は端的に「窓を開けているのだ」と答えるだろう（cf. 51(96)）。私はそのことを観察に基づかずに知っている。なぜならそれは私が意図したことだからだ。アンスコムはこの観察に基づかない知識を「実践知」と呼ぶ。それは、何が為されているかに関する自らの知識である（cf. 82(156)）。

行為知という自己還帰的な知に着目することによって、ＰＳＷに訴えるＬＢ論証はより明瞭なものとなる。つまり、我々は発話を遂行する際に、自らの発語内的意図を行為知の形で知っているはずなのだ。しかしながら、ここで新たな、そして深刻な問題が生じてくるのである。それは、ケットナーの分類に従うなら（４）の「論議風のお喋り」に関わっている。即ち、討議の超越論的条件について懐疑的な発話を行う懐疑論者ないし可謬主義者の行為知が、正確に把握されていない可能性があるということだ。これによってＰＳＷへの訴えは無効化されＬＢは不可能となる、というのが前節の批判（３）なのである。このタイプの批判は複数の論者から寄せられているが、特に明快なかたちで示したのは、アーペルと共にドイツにおける言語論的転回を主導し、共に再構成的な語用論や討議倫理学を展開してきたハーバーマスその人であった。次節でその内容を説明する。

第九節　ハーバーマスによる批判はなぜ重要なのか

ハーバーマスは著書『道徳意識とコミュニケーション行為』（Habermas 1983）において、ＴＰが討議論理のＬＢに拘ることを批判する。即ち、懐疑論者のＰＳＷを露呈させることによるＬＢは、発話者の直観的なノウハウをノウザットと同一視しており、意識哲学的なものだというのである（vgl. 106(153–154)）[21]。意識哲学的な方法的独我論の克服はＴＰにとって重要なテーマの一つであるから、これが当たっているなら、ＴＰの構想は根本から瓦解しかねない。

この批判はさらに、ノウハウとノウザットの同一視、そして意識哲学的性格という二点に分けることができる。まず前者から見てみよう。ハーバーマスは、ＰＳＷの露呈の手順は以下のような「産婆術的な」手続きであると分析している。

（a）語用論的前提（制約の候補）に対して異議を唱える懐疑論者をして、直観的に知られている前提に注意を促す、

（b）この先理論的な知に明示的な形式を与え、懐疑論者がこの記述のもとで彼の直観を再認識できるようにする、そして

（c）明示化された前提条件（制約）は代替不可能だという提題者によって提出された主張を、反対事

(21) ここで注意しておくべきことは、ハーバーマスは決して道徳の根拠付けそのものを不要と考えているわけではなく、また、普遍主義的な道徳は維持できないと考えているわけでもないのであって、ただＴＰによる強い根拠付けに対して疑問を抱いているだけだということである。ハーバーマスはカントの定言命法の根底に「妥当性を備えた道徳的命令は人のいかんに左右されない普遍的な性格を持つということを考慮すべきだ」という発想を見て取り、これを妥当な規範が満たすべき普遍化原則（Ｕ）として定式化している（73ff.(104–109)）。

例に即して検証する。

このとき（b）と（c）は、まぎれもなく仮説的な要素を含んでいる。発話者のノウハウをノウザットへと移行させるべき記述は、仮設的な追構成に過ぎないのであり、直観をだいたい正確に再現しうるだけである。それゆえ、その記述はそれを確定する助けとなる検証を必要とする（vgl. Habermas 1983, 106f.（154–155））[22]。したがって、PSWの露呈は可謬的でしかなく、それに依拠してLBを達成することも不可能となる[23]。つまり、懐疑論者ないし可謬主義者に対して、その人がケットナーの言う遂行的な論理的自己矛盾を犯している、と咎めたとしても、実は相手は論議ではなく論議風のお喋りをしているに過ぎず、TP論者はその人の先理論的な行為知の再構成に失敗しているのかも知れないのである。このとき重要なことは、論議と論議風のお喋りは、外見上は区別がつかないかも知れないということである。それゆえ、行為の再構成に失敗しているか否かさえも、TP論者にも、論敵にもわからないのである。もし、懐疑論者の行為知の再構成が上手くいかないとすると、PSWへの訴えによるLBは事実上不可能であるということになる。

クールマンは『反省的な究極的根拠付け』において、ハーバーマスの批判に対し次のように回答した。即ち、行為知には批判や修正の対象となり得る周辺部分（Peripherie）と、そのような批判や修正のためにもすでに動員されなくてはならない核心部分（Kern）がある。ノウザットないし命題知としての周辺部分が可謬的だとしても、「核心部分の再構成は可謬的である」と有意味に主張することは不可能である（vgl. Kuhlmann 1985, 127ff.）。

しかしその一方でクールマンは、哲学的行為知とも言える核心部分が哲学の内部で「自己修正」(130)され得るということは受け入れる。さらに、二〇〇九年の著書『背後遡行不可能性』ではこの問題の深刻さを事実上認め、懐疑論者との間である種の「手詰まり」が起こる可能性について述べている。

懐疑論者は究極的根拠付けを行う者を責めて次のように言う。反省的な究極的根拠付けの議論は、論証することの諸規則と諸前提についての、容易に異議を唱えることができるような直観に依存していると。これによって彼は勝利を収めたかのように見える。というのも、もし彼が一般に有意味な懐疑ないし異議申し立てが可能だと示すことができれば、それで彼は勝利したことになるからだ。……しかし一方で、ことはさほど明快ではない。というのも、今度は〔ＬＢ論証の〕提題者［Proponent］が反対者［Opponent］と全く同等の権利をもって、……彼がそもそもすでに一つの有効な（カウントされる）指し手を行った、ということに異議を唱えることができるからだ。……それは、ある種の手詰まり［Patt］を

(22)「それら〔先理論的知の再構成〕は常に、誤った例に基づいているかも知れないし、正しい直観をかえって不明瞭にし［verdunkeln］、歪めているかも知れないし、さらには……個々の例を余りにも一般化しすぎているかも知れない。それゆえに、こうした再構成はさらに別のものによって確かめられる必要がある」(41(55–56))。ハーバーマスに先行する同様の批判としては以下がある。Berlich (1982), 269ff.

(23) ただし、ハーバーマス自身、ＰＳＷに訴えて「コミュニケーション的な日常実践」の背後遡行不可能性を論じているように読める箇所がある（vgl. 109f. (157–160)）。アーペルもこの点を問題視している（vgl. Apel 1990, 684(31)）。

もたらす。(Kuhlmann 2009, 45)

以下ではクールマンの表現に従い、討議の超越論的前提を疑う懐疑論者ないし可謬主義者を「反対者」、その人のPSWを指摘して産婆術的にLBを遂行しようとする者を「提題者」と呼ぶことにする。

クールマンはこの「手詰まり」を解決するために、「長い討議」としての学問に対する補助討議として、ある種の「短い討議」を導入しよう、という新たな提案を行っている。これは例えばサッカーの試合の最中に、試合の進行を止めて審判とプレイヤー、あるいは審判同士が話し合うようなものであり、具体的には産婆術的手続きを精緻化した形式をとる。つまり、重要なテーゼを直接PSWに訴えて根拠付けるのではなく、まず、少数のトリヴィアルなテーゼから始めてPSWの露呈を経て合意を形成し、それを前提として徐々に重要度の高いテーゼへと進んでいくというものである。TPがLBを達成しようとする規範は、突き詰めれば討議参加者の相互承認、つまり、互いを討議の対等なパートナーとして承認することである。そこで、クールマンの考える短い討議は、以下の七つのテーゼを順番に、反対者との間で承認していくかたちで進行する。

我々が、

(I)　自らの、その都度現に［aktuell］真剣に申し立てられた主張を、常にすでに真だと見なしていること、

（Ⅱ）自らの、その都度現に真剣に申し立てられた主張を、常にすでに真だと、しかも絶対的な、相対的でない真理の意味で真だと見なしていること、

（Ⅲ）自らの、その都度現に申し立てられた主張を、常にすでに真だと、しかも間主観的妥当性の意味で（もちろん間主観的妥当性についての弱い理解においてではあるが）真だと見なしていること、

（Ⅳ）討議を常にすでに非自然的な、規則で構成された、制度的な存在だと理解していたこと、

（Ⅴ）前件肯定式の規則が妥当すると常にすでに承認していたこと、

（Ⅵ）討議を常にすでに、必然的にコミュニケーション的な連関と結び付いた制度だと理解していたこと、

（Ⅶ）他の討議参加者を常にすでに、理性的で自由で同じ権利を持った人格だと承認していたこと。


クールマンによれば、（Ⅰ）-（Ⅲ）はトリヴィアルに確実であり、（Ⅳ）（Ⅴ）は（Ⅰ）-（Ⅲ）が与えられている状況では確実であり、（Ⅵ）は（Ⅰ）-（Ⅴ）が与えられている状況では確実であり、（Ⅶ）は（Ⅰ）-（Ⅵ）が与えられている状況では確実であるという（vgl. 60ff.）。反対者はこの各々について一旦は否定して見せるが、しかしそれがPSWであることを認めざるを得なくなり、段々と受け入れる前提が増えていく。そして最後には相互承認を受け入れざるを得なくなるのである。[24]

この一連のテーゼの証明において（Ⅰ）、（Ⅱ）は（Ⅲ）のための助走のようなもので、あまり重要ではない。最も重要と思われるのは、（Ⅲ）、（Ⅳ）という前提から（Ⅴ）の規則を用いて（Ⅵ）を導いている部分である。クールマンは（Ⅲ）に関して、間主観的妥当性への要求は討議における

他者の反対や承認を前提にしていると解説し（vgl. 68）、（Ⅴ）の規則を用いて、（Ⅳ）を（Ⅲ）のケースに適用する。すると、反対者は自らの主張の妥当性要求において他の討議参加者の協力を常にすでに前もって考慮している（vgl. ebd.）という帰結が引き出せるという。クールマンはこれを、（Ⅵ）のコミュニケーション的連関との結び付きを意味するものと理解している。そして、（Ⅵ）から（Ⅶ）への移行は比較的容易である。

しかしながら、このクールマンの戦略は非常に問題含みである。第一に、少ない前提から「短い討議」によって相互承認という豊富な内容を引き出すとしているが、実際にはかなりの部分が、クールマンによる各テーゼの解釈に依存している。それらはＴＰ論者にとっては慣れ親しんだ解釈ではあるが、しかしそうでない者にとっては根拠が非常に曖昧であり、恣意的にも感じられるだろう。この弱点を補強するためにクールマンは長大な解説を付しているが、それが必要なのであれば、もはや事実上「短い討議」とは言えないだろう。

第二に、論証全体を通して、各テーゼを反対者に一旦否定させておいてＰＳＷを導出するという「反省的方法」が採られているが、その方法自体はメタ論理的ないしメタ論証的に根拠付けられていない。前件肯定式すらも、単に前提することなく根拠付けようとしているのに、である。これは奇妙な事実と言うほかかない。

第三に、ここでは一連の手続きが連続してなされることが肝要であり、各テーゼが前のテーゼに依存していることは明らかである。それゆえこれはコンパクトにまとまった全体論的な手続きであり、全体論を可謬主義の一種と見なして批判するＴＰの基本的な立場とどう折り合うのか説明が必要である。

以上のことから、このクールマンの新提案は上手くいっていないことが明らかである。したがって「手詰まり」状況の解決には別の方策が必要になるだろうが、しかしそもそもこの「手詰まり」

(24)　例えば（I）については以下のようなやり取りが描かれている。

提題者：「私は、君が私に対して主張が討議において中心的な役割を果たすことを認めると想定し、最初のテーゼとして「君は、君がここで討議において真剣に主張するものを主張者として真だと見なしていること、君はそれを何か真なものだと考えているか理解しているということを、有意味には論難できない」（T1）と主張する。どうか今、君が頑固な懐疑論者だと示してくれたまえ。」

反対者：「私はこれをもって、私その都度主張するものを私が主張者として真だと見なしており、それを何か真なものと考えているか理解しているということを論難する。」（B1）

提題者：「では、我々はB1が維持されるかどうか吟味する。それは、もし我々がB1をそれ自身に適用すれば自ずと明らかになるはずだ。B1はもちろんそれ自体一つの主張だ。――この吟味において、B1が遂行的矛盾を含むことが明らかになる――と私は思う。我々は以下のジレンマと関わらなくてはならない。［1］我々がB1を真だと理解すると、そのとき（B1に従って）B1においては真理性要求を伴う主張が問題なのではあり得ず、それゆえそのようなものとしては理解され得ない。そのときB1には力がなく、論難の試みとして用をなさない。［2］もしくは、我々がB1をカウントされる、真理性要求を伴った納得のいく主張だと理解すると、しかしそのときB1は偽だということになる。するとその主張は、話者――つまり君――がB1の話者としてすでに承認しているものについての誤謬の表現だということになる。B1を理解するもっと別の可能性は存在しない。――ここから帰結するのは、T1が有意味には論難されないということ。そして真理の理念は我々にとって、討議においては背後遡行不可能なものだということだ。君は私を正しいとするか？」

反対者：「〔君は正しい。〕君がすでに言ったように、これは我々がそんなに長く関わるべきでなさそうな、トリヴィアルで問題ない論点だ。」（62f.）

という状況自体に、ある重要な前提が存在するように思われる。それは、行為知は個人の知でしかなく、反対者のＰＳＷが露呈され得るためには、提題者との間で何らかの擦り合わせが必要だという前提である。これは従来のＬＢ論証もまた前提としていることだが、実際にはこの点についての議論が不十分であるように思われる。これについて考察することは第四章の主題である。

ハーバーマスのもう一つの批判は、ノウハウ（行為知）をノウザット（命題知）と同一視することは意識哲学的である、というものだった。その際ハーバーマスは、意識哲学の中でも特にフィヒテ的であると仄めかしている。アーペル自身は、これに対して次のように答えている。確かに、真理を確信する体験は事行の明証の確信（知的直観）と類比的に捉えられ得るけれども、それは言語行為の行為知にも結び付けられ得るのであり、むしろそれこそが言語行為論やハーバーマス自身が「二重構造」を明らかにしたことの成果なのだと（vgl. Apel 1990, 695）。元々アーペルには、フィヒテの思想の論理構造を高く評価する傾向がある(25)。ただ、方法的独我論を採用した意識哲学という印象が強いためか、積極的に取り上げることは避けている節もある。それゆえ、ＴＰがフィヒテ的であるというハーバーマスの指摘には、アーペルやクールマン自身は不本意であるとしても、相応の説得力を認めざるを得ない。この点こそ本書の中心的な課題に強く関連するものであり、本題であると言っても良い。本書は、ＴＰのフィヒテ的性格は忌避すべきものでも、また忌避できるものでなく、むしろその本質を成しているものであり、積極的に評価すべき点である、ということを明らかにしようと試みるものである。

(25)　例えば『哲学の変換』には、フィヒテの「自我の事行」の再構成的な性格をカントの「理性の事実」よりも高く評価している個所がある（vgl. Apel 1973b, 419(288–289)）。また、比較的最近の論文では、「フィヒテにおいてはなお遂行的行為知の言語的連関への顧慮が欠けている」（Apel 2011, 291）としながらも、フィヒテの知的直観が言語行為の二重構造や行為知の思想への第一歩であったと評価している（vgl. ebd.）。

第二章　自己関係性——超越論的語用論のフィヒテ主義的性格（1）——

前章の最後に見たように、ハーバーマスによれば討議倫理の究極的根拠付け（ＬＢ）など不要であり、ノウハウとノウザットを同一視する超越論的語用論（ＴＰ）の超越論的方法はフィヒテ的な意識哲学的に回帰しているという（vgl. 106(153–154)）。だが、そもそもフィヒテ的であるということと意識哲学的であるということは別の話ではないのだろうか。例えば、ハーバーマス自身はしばしばカント的と称される。カントもフィヒテ同様に、意識哲学的なアプローチを採用していたことは言うまでもない。しかしハーバーマスの哲学はコミュニケーション的行為を軸に据えたものであり、意識哲学ではない。

そこで、本書ではＴＰのフィヒテ主義的性格を認めつつも、多くの論者たちとは異なり、これを肯定的に捉える可能性を模索したい。つまり、ハーバーマスの批判を（ａ）ＴＰはフィヒテ的である、（ｂ）ＴＰは意識哲学的に回帰している、という二点に分け、前者を肯定した上で後者は否定することが目標となる。本章と次章では（ａ）の論点に議論を集中させ、（ｂ）については第四章での議論をもって回答としたい。

本章前半の流れを説明しておこう。まず第一節では、ＴＰがフィヒテ的であるという複数の論者からの指摘を紹介し、第二節では、「厳密な反省」（クールマン）が基づく自己関係性ないし自己還帰性が、アーペルの求める「哲学の主題と媒体の言語の同一性」に基づくことを確認し、それがフィヒテで言うところの「事行」と重なることを論じる。また第三節では、行為知がフィヒテの「知的直観」に極めて近いものであることを明確にする。第四節では「超越論的論証」を巡る現代の論争に目を転じ、この論争において「自己関係性」を重視する立場を紹介するとともに、これもまたフィヒテ主義的傾向を帯びていることを明らかにする。第五節ではカントとフィヒテの自己関係性に対する考え方の違いを、助動詞„können"に即して説明する。第六節以降については後述する。

第一節　根拠付けという観点とフィヒテ主義

ＴＰが用いる産婆術的手法の成否についてはしばらく保留するとしても、なぜそれがフィヒテと結び付かなくてはならないのだろうか。これがカントなら話はわかりやすい。ＴＰ自身がカントの意味での超越論哲学の言語哲学的変換を標榜しているからだ。しかしハーバーマスは敢えてフィヒテの名を出している。これには相応の含意があると見るべきだろう。

ヴィットーリオ・ヘスレ（Hösle, Vittorio, 1960–）は「間主観性のフィヒテ主義としての超越論的語用論」（Hösle 1986）という論文において、ＴＰがイェーナ期のフィヒテと多くの共通点を持っていることを指摘している。これは本書の主題に直接関係する重要な先行研究と思われるので、その論点の再構成を試みたい。両者の類似点は以下の通りである。

（１）認識の演繹による根拠付けは仮言的で不十分だと考えること（vgl. 237; 241f.）。
（２）あらゆる思惟を可能にする根拠への反省が、演繹の代わりになると考えること（vgl. 242.）。
（３）哲学の根本命題において内容と形式は一致していなくてはならないと考えること（vgl. 243f.）。

（1）について説明しよう。ここで言われる演繹とは、カント的な意味でなく、通常の演繹的推論のことである。例えば命題ｐを根拠付けるために、（ｑ→ｐ）であるような命題ｑを根拠として持ち出すのが普通の根拠付けであり、ｑが真ならばｐも演繹的に真となる。しかしそれは「仮にｑが真ならば」という仮言的な話に過ぎない。今度はｑの根拠付けをどうするのか、という問題が生じることになる。結局、こうした演繹的な根拠付けは「ミュンヒハウゼンのトリレンマ」に陥ってしまう。したがって演繹的な根拠付けだけでは十分でない。カントの議論は数学や純粋自然科学の妥当性を前提にしている、つまりカント哲学の妥当性は部分的にであれそれらの学問の妥当性から演繹的に導かれていることになるが、フィヒテは、それら諸学はもちろんのこと、論理学をも知識学によって根拠付けようとする。

（2）について。フィヒテもＴＰも同じように、認識ないし知の根拠付けが不十分という事態は哲学の危機だと考える。それゆえ、演繹的でない別のやり方で根拠付けを実現しなくてはならない。そこで両者とも、あらゆる思惟（ないし論証）を可能にする根拠を反省することによって、有意味な思惟または討議状況の背後遡行不可能性に訴えるという方法を採る。

（3）について。根本命題を他と区別する指標は何か。両者とも、命題形式と命題内容が一致していることだと考える。特にフィヒテはこのことをはっきりと述べている。ＴＰもまた、発話の命題的側面と遂行的側面を区別し、これらの間の整合性を究極的根拠付けの指標と位置付けている。それらを命題内容・命題形式に相当するものと理解すれば、ここでも両者は類似していることになるだろう。

もちろん両者の間には違いもある。

（1）フィヒテの根拠付けはＴＰと違い、可謬性を完全には排除しない（vgl. 242）。
（2.1）ＴＰは背後遡行不可能性の基準を明確に規定している（vgl. 243）。
（2.2）ＴＰは文ないし発話の命題的側面と遂行的側面を区別している（vgl. 244）。
（3）フィヒテは理性を主観的なものと理解するが、ＴＰは理性を間主観的と理解する（vgl. 245）。

（1）について。フィヒテは究極的な根本命題の確実性を主張しつつも、誤謬推論の可能性は認めている。哲学者は究極的根拠付けの議論を提出した後は、彼が誤りを犯しているということの立証責任をすべて彼の反対者に背負わせてよいというのである（vgl. *BWL*, GA, I/2, 146）。これに対してＴＰは、究極的根拠付けと不可謬性を同一視する傾向がある。

（2.1）について。ＴＰは究極的根拠付けないし背後遡行不可能性の基準を明確に規定している。それは（a）遂行的矛盾なしには疑われ得ず、（b）その命題の妥当性を前提することなしには演繹的に証明され得ない、というものである。フィヒテにこのような明確な基準は見られない。

（2.2）について。フィヒテが命題形式として理解していたものは命題の論理的構造、例えばＡ＝Ａのようなものであり、これはＴＰから見れば文の命題的側面に止まっていると言える。つまり、フィヒテの議論では命題内容と命題形式の区別に曖昧さが残るのに対して、ＴＰはこれを二つの側面にはっきりと分けることができる。

（3）について。フィヒテにおいて根拠付けの審級となっているのは主観的自我だが、TPでは間主観的な無限のコミュニケーション共同体である。TPは超越論哲学として古典的なドイツ哲学の主張へと回帰しつつも、同時に間主観性の現代哲学でもある。

以上のことから、ヘスレはTPを「間主観性のフィヒテ主義」（245）と位置付けている。確かに、カントの科学や道徳の根拠付けが不十分であるという不満は両者とも持っていたと考えられる。根拠付けという観点から両者の類似点を分析するヘスレの議論は、「フィヒテ主義」への動機を説明する上では重要な基準を示したと言えるだろう。ただし、この論文におけるヘスレの関心はTPのフィヒテ主義的傾向を指摘することそのものにあるのではなく、ヘーゲルのフィヒテ批判がTPにも妥当すると主張することにある。本書の主題からは外れるのでこの点には立ち入らないが、そうした関心が先行することにより、ヘスレの比較論は内容への踏み込みが不足している印象も受ける。そこで次節以降は、より議論の構造そのものから両者の親縁性に迫っていきたい。

第二節　知的直観としての行為知

前章で明らかになったように、現在、LBを巡る論争において中心的なテーマとなっているのは、発話者の行為知をどう考えるかということである。ハーバーマスの批判を要約すると、PSWの露呈に用いられる知はノウハウとノウザットに分かれており、ノウハウは陰伏的であるためノウザットの形式で記述されなくてはならないが、その記述は可謬的だというものだった。そしてこれに対するクールマンの回答は、行為知には批判の対象となる周辺部分だけではなく、その批判のためにも必要とされる堅固な核心部分があるというものだったが、この回答は不十分であり、クールマン自身、現在も議論に改良を加え続けている。両者の対立点は、まさに行為知をどのように考えるかという点にある。したがって、ＴＰとフィヒテの関連を探る上でも、まず注目すべきは行為知の概念であるように思われる。

実際、行為知はフィヒテの知的直観に類似していると指摘する声がある（vgl. z. B. Øfsti 1994, 119f.）。フィヒテは一七九七年の『知識学への第二序論』において、知的直観を「私が行為するということ、そして私がどんな行為をするのかということについての直接的意識」と位置付けており、しかも「……知的直観がなければ、私には歩くことも、手や足を動かすこともできない。この直観によってのみ、私は何かを、私がそれをなすがゆえに、知るのだ」（*ZEWL*, GA, I/4, 216f.）と述べている。[26] 行為知は行為者が自らの行為について持つ知であり、行為にとって構成的である、というクールマンの説明が、これに類比的であるのは明らかだろう。またアーペルも、フィヒテの知的直観は言語による媒介への考慮を欠くとは言え、言語行為論を経て行為知の概念に至る第一歩だと認めている（vgl. Apel 2011, 290f.）。それゆえ、少なくとも行為知に依拠する議論を展開する点で、ＴＰはフィヒテ主義的だとまずは言えるように思われる。

だがその一方で、ＴＰをフィヒテに結び付けようとすることに抵抗する向きもあるのは事実である。例えば、ＴＰ論者のアルベルト・ダミアーニ（Damiani, Alberto M., 1965-）は、行為知を知的直観に関連付けることは行為知に対する誤解を招くと指摘している。語用論的に転回された現代哲学において、言語行為はもはや独我論的な自我による行為や意識哲学的な事行とは見なされ得ない。また、哲学の第一原則の役割を自律的な自我なるものの行為が果たすこともできない。なぜなら、思惟する自我は（ＴＰの中心的理念である）理想的で無限界なコミュニケーション共同体に依存しており、思惟の妥当性要求はただ原理的に間主観的で論証的なやり方でのみ実行され得るからだ。語用論的に転回された超越論哲学において行為知を適切に理解するためには、哲学的語彙を一変させることが必要であり、意識哲学の語彙にこだわることは行為知に対する誤解を招く（vgl. Damiani 2009, 92ff.）。

このように、ダミアーニは知的直観と行為知を関連付けることに否定的であり、むしろ行為知をカントの純粋統覚と関連付けるよう提案している。それによると純粋統覚から読み取るべきは、超

---

(26)　中期の『一八〇一／一八〇二年の知識学の叙述』でも、同様の説明がなされている。

誰でも、彼があることを――それはこれでもあれでも良い――為すということをどこから知るのかと問われるとき、彼はこう言う、彼がそれを為すがゆえに、彼が為すことところのものをまさに端的に知っていると。それゆえ彼は行為と知との直接的な結合を、両者の不可分離性を前提している……。（*WL*1801/02, GA, II/16, 171）

なお、フィヒテが初めて公に「知的直観」という表現を用いたのは、一七九三年の『『エネシデムス』の論評』においてだが、あくまでも他の論者の議論に言及する中でのことであり、それに続く『全知識学の基礎』『知識学の特性綱要』等では用いていない。一方で、『第二序論』の前後（一七九六―一七九九年）に行われていた『新たな方法による知識学』講義では、例えば『全知識学の基礎』の内容を「知的直観」によって説明している箇所もあり、概ねこの時期からフィヒテが自覚的に同概念を用い始めたことが伺える。

越論的な行為知には „wissen", „können", „müssen" という三つの動詞／助動詞が揃っていなくてはならないということであり、我々は、我々が言語行為としての論証によって何を為すのか知り得るのでなければならない (vgl. 85, 98ff.)。この提案は非常に重要と考えられるので、後で再び検討を加えることにする。

これは果たして知的直観との関連を退ける理由として十分なものだと言えるだろうか。ＴＰ論者たちが口を揃えるスローガンは「カントの意味での超越論哲学を言語哲学的（語用論的）に変換する」というものであり、哲学的語彙についてのダミアーニの懸念もそれに沿ったものである。しかし、なぜカントでなくては語用論的に変換できないのか。フィヒテにおいて事行は確かに自我についての意識哲学的な探究を通じて説明されているが、事行そのものは個体的人格性を超えた純粋な自己還帰性でしかない。また、意識哲学的に探究されているという点ではカントの純粋統覚も同様である。それゆえ、次の二点を示すことができればダミアーニへの有効な反論となるだろう。

（1）事行は、言語哲学的・語用論的にも探究され得る。

（2）単に部分的にではなく、体系全体に通底する根本思想において、ＴＰはカント主義というよりむしろフィヒテ主義である。

以下では、これらの点を実際に示すことを試みる。まず次節で、行為知の導入の際に要求される「厳密な反省」（クールマン）の本質を自己関係性として特徴付け、それは、哲学の主題と媒体としての言語の同一性というアーペルの思想に基づいていること、そしてその構造がフィヒテの言う事行に通じるものであることを説明する。つまり、行為知の自己反省性は紛れもなくフィヒテ的な原理に基づいたものであることを明らかにし、ＴＰ自身こそがまさに（１）の実例に他ならないことを示す。だがＴＰが意識哲学的でないということを十分に示すためにはなお積み残した課題があり、それについては第四章で解決を目指す。

他方で、自己関係性はカントではなくフィヒテにおいて初めて原則として徹底されることを、両者の実践哲学や現代の超越論的論証を巡る議論にも目を配りながら説明し、次章で説明するもう一つの徴表と併せ、両者の体系全体に関わる差異を見出し、改めてＴＰはカント的というよりフィヒテ的であると論じたい。

第三節　発話の二重構造と主観―客観としての言語

クールマンによると、ＬＢの論証に行為知を導入しようという提案は、対象に対する我々の認知的態度そのものを変更しようという提案だという。即ち、主題化された対象以外のコンテクストは遮断する「理論的態度」を、「厳密な反省」に変更しようというのである。

理論的態度においては真実の、即ち厳密な反省は可能でない。その反省とは、認知的に行為する者が彼の実際になす遂行と行為について明示的に、それゆえその知が彼にも本当に入手可能なように、知ることができるようになる反省であり、主題となっているものの他に主題化することそのものをも、そのために元々の立場が放棄され、自身の行いが再び単に自己忘却されて事後的に未知の離れた対象として外部からもたらされるということなく、見ることができるようになる反省である。(Kuhlmann 1985, 80)

クールマンが強調するのは、何らかの対象が主題化されているのであれば、主題となっている当の対象の他に、それを主題化するという我々自身の行為遂行もまた反省されねばならないということである。その両面を同時に考慮に入れることが本来あるべき認知的態度であり、前者のみに着目する理論的態度は「自己忘却」だとクールマンは主張している。これは言うまでもなく、語用論的領域を捨象して統語論的・意味論的にのみ対象へ向かう態度をアーペルが「抽象の誤謬」と呼び、「超越論的反省」を要求したことと同一線上にある。

理論的態度においては、発語内容とまさにその発話によってなされる発語内行為の遂行とが常に断絶しているため、PSWという特別な矛盾はあり得ず、事後的に発覚する経験的な誤りが存在するに過ぎなくなる。クールマンが求めるのは、この忘却された関係性を再び考慮に入れることであり、言わば自己関係性を取り戻すことである。この関係性がなければ、LBも達成できない。これは先程見た通りである。

アーペルは言説の二重構造に自己還帰性を求め、クールマンは我々の認知的態度を「厳密な反省」へと切り替えるよう要求する。この自己関係性の必要性はTPの根本原則だと言って良いだろう。そしてこの自己関係性を最も根源的な審級において考えるなら、それはフィヒテが事行として全知識学の第一原則に据えたものに重なるように思われるのである。もう少し詳しく見てみよう。

ゲアハルト・シェーンリッヒ（Schönrich, Gerhard, 1951-）は、ＴＰがフィヒテ的であるというハーバーマスの示唆をより詳細に展開している（vgl. Schönrich 1994, Kap. 5）。シェーンリッヒによれば、ＰＳＷの露呈は、言表の持つ二重構造間の根源的な自己関係性によって保証されなくてはならない。

例えば討議の超越論的条件に対して「その規則は私には妥当しない」といった異議申し立てを行うとき、まさにその規則が超越論的条件としてすでにその言語行為の発語内的部分において要求されている。このとき反対者の発語内的な意図と、発話される命題内容の二重構造の間に直接の連関が無いとすれば（例えば初期の分析哲学ならそう見なされるだろうが）、これはいかなる矛盾でもない。しかし、そこに必然的な連関があるならば、少なくとも討議において討議の規則について述べる発話に関しては、主張される内容がまさに「主張の遂行である」（172(207)）。仮に、主張の内容が「討議の規則は妥当する」というものであったなら、その発語内行為を遂行できているということがまさに討議の規則が妥当しているということと同一である、ということだ。しかし懐疑論者の発話においては、もし真剣に発語内行為が遂行されるなら、命題内容においては討議の規則の妥当性を否定しながら、その発語内行為の遂行においてまさに討議に規則を妥当させていることになる。この場合、当然ながら主張内容は主張の遂行とは一致しない。そのような発語内的意図を持つことは、我々の理性に反した「遂行的な論理的自己矛盾」だということになる。

したがって、命題内容と発語内行為の間に必然的な同一性ないし自己還帰性があるか否かによって、ＰＳＷを用いた議論の説得力は決定的に左右されるのである。無論、これまで述べてきたように、ＴＰではそこに自己還帰的で自己反省的な連関が行為知として在るということが前提されている。それは哲学そのものが可能であるための必然的な条件である。[27] しかしながら、「いかなる審級がこの〔行為知と命題知の〕置換を保証するのか。いかなる権利によってアーペルは、発語内行為の側の行為知が命題的内容の側の表現された知と同一であることを想定しても構わないのか」(ebd.)。シェーンリッヒによる答えは、フィヒテから援用された権原によって、というものである。

フィヒテは『全知識学の基礎』において、「自我は自己自身を定立する、そして、自我はこの自己自身の単なる定立によって在る。かつその逆が成り立つ。即ち、自我はある。そして自我は単なるその存在によってその存在を定立する」(*GWL*, GA, I/2, 259) と述べている。それは、はじめから基体として存在する何かが客観として自我を定立するということではない。自我が在るとは、まさに自我を定立しているということであり、自我を定立することが自我であることそのものなのである。そこでは「行い［Handlung］」と「事［Tat］」、能動的なものと能動性の産物が同一である。この特殊な連関は「事行［Tathandlung］」(ebd.) と呼ばれ、フィヒテ知識学の根本原則とされている。

目下の議論では、主張される命題内容がまさに発語内行為であり、発語内行為の遂行がまさに命題内容であるという連関が問題となっていた。この連関を根本的な前提と見なすなら、それは間違いなくフィヒテを先行者とするような思想だということになる。ただし、ＴＰにとっては自我の自己定立という意識哲学的な主題ではなく、命題内容と発語内行為の二重構造、及びそこに成立していなくてはならない自己関係性が問題となる。これらについて考えてみると、命題内容は発話という能動的な行為によって生み出されるものだと言える。つまり、命題内容はフィヒテで言えば「事」に属する。一方で発話するとは、命題内容が表示する発語内行為を遂行するということであり、これは能動的なもの、つまり「行い」に属するものである。

言語行為は、自分自身と関係づけられるできあがった産物なのではなく、自己自身との関係を産出しつつある産物にほかならない。アーペルの始めた根拠付けのプロセスを、フィヒテを用いて継続することが、少なくともこの点においてはすでに語用論的に構想されていることになる。（Schönrich 1994, 175（210））

ここで重要なことは、二つの独立した存在物の間の関係が問題なのではないということである。シェーンリッヒが指摘するように、言語行為は、すでにでき上がったものが先にあってそこに反省が作用するのではない。つまり、命題内容も、発語内行為も、それのみで存在することはないということだ。命題は常に発話された文としてのみ存在する。そして、ハーバーマスによれば、あらゆる発話の深層構造には遂行文がある。つまり、発話は発語内行為の遂行としてのみ可能である。そ

（27）「もしこの自己反省的であると同時にコミュニケーション的な言語機能が存在せず、対象への指示という意味論的表出機能としての命題機能だけしか存在しないとしたら、他ならぬ人間のロゴスの妥当反省能力（したがってまた科学、哲学、倫理学）が理解不可能なものとなるだろう。」（Apel 1979, 201（201））

れゆえ、討議の規則についての発話の例でもわかるように、発語内行為を遂行することがまさに命題内容が意味論的に表出されることであり、命題内容の意味論的な表出はまさに発語内行為の遂行なのである。

と言っても、これは単に討議の規則に関する命題内容を持つ発話にのみ当てはまることではなく、我々の命題内容を有するあらゆる発話について当てはまることである。討議の規則を内容とする命題を例に使うのは、説明のためである。そしてシェーンリッヒも自覚していないことだが、この説明の仕方自体がまたフィヒテ的なのである。フィヒテは『知識学の第二序論』において知的直観を説明する際、哲学者による自己意識の反省という例を持ち出す。だからと言って知的直観は反省する哲学者の自己意識にしか伴わないのではなく、理性的存在者のあらゆる行為に伴うのである。読者（ないし講義の聴講者）に自己意識への反省を求め、それを説明の糸口とする、という手法はフィヒテにとって常套手段であり、至るところで用いられている。

ところで、シェーンリッヒの分析にはやや説明が不十分と思われる問題があるので、ここで補足しておこう。それは、言説の二重構造を直接事行と結び付けていることであり、別の言い方をすれば、「意識の事実」としての知的直観のレベルと、根源的自我の事行のレベルの区別に注意を払っていないことである(28)。

言説の二重構造とは、命題内容と発語内行為が同一の発話の二側面である、ということだが、これはあくまでも個々の発話のレベルでの話である。これをフィヒテ自身の議論に置き換えてみると、個々の自我における自己意識のレベルに相当するだろう。しかし、根源的自我の事行は実際に自己意識において確認できるようなものではない。「事行というのは、我々の意識の経験的な諸規定の下において現れるものでも、現れ得るものでもなく、むしろ、かえって全ての意識の根底にあって、これのみが意識を可能にするのである」（*GWL*, GA, I/2, 255）。それゆえ、ある特定の発話に関して、その命題内容とその発語内行為の間には事行が働いているとか、事行とはその命題内容とその発語内行為の同一性である、などと説明するとすれば、それはミスリーディングである。むしろ、そこに働いているのは知的直観としての行為知であり、事行としての根源的な自己関係性は、その根拠として単に推論され得るに過ぎない。事行をＴＰの議論の枠組の中に適切に位置付けるためには、人間の言説の二重構造よりも根源的なレベルの自己関係性について反省する必要がある。

そこで重要な意味を持つと思われるのは、初期のアーペルがしばしば言及していた「哲学の主題と媒体としての言語」への超越論的反省という思想である。先述のように、アーペルは方法的独我論的な主観性の意識哲学は克服されねばならないし、二〇世紀の哲学においてはすでに克服されていると考えるが、しかし他方で初期の分析哲学が言語の客観性のみに固執し、「抽象の誤謬」に陥ったことも批判する。「客観的に分析可能な言語体系が、その体系の分析のために前提されている――主観的に使用されている――言語と同一であり得るということをも、我々は知っている」（Apel 1970, 316(312)）のである。それゆえ、ここではある種の「弁証法的定式化」（317(313)）が重要になる。

（28）　フィヒテ自身、「知識学の出発点である知的直観としての自我と、知識学の到達点である理念としての自我との混同」（*ZEWL*, GA, I/4, 265）に注意を促している。

「弁証法的に言語に言及することが、人間諸科学の領域における主観と客観の同一性の範例として真剣に取り上げられた場合、その時初めて言語と反省の関係への問いが立てられ得るのである」(ebd.)。アーペルはこのとき、弁証法ということで、客観的言語とでも呼ぶべき主題としての言語と、主観的言語とでも呼ぶべき媒体としての言語の統一を考えている。客観性への偏重を廃し主観と客観の同一性へ、という動的な発想があるからであろう。しかし重要なのはその運動そのものではなく、「哲学が有意味な言説であり得るか否かは、言語に対する反省が同一の言語において可能であることに懸かっている」(318(314))ということである。『論考』でのヴィトゲンシュタインに倣って「語る」という表現を用いるならば、超越論的反省とは、ヴィトゲンシュタインが言うところの「世界の限界」についてまさに語ることであり、まさにその語りについて語ること、あるいは、まさにその語ることについての語りであると理解できる。これは、フィヒテ自身から引き出されたものではないにもかかわらず、事行の構造を表現したものなっている。なぜなら、そこでは能動的なものと能動性の産物が唯一同一だからだ。

この問題に関してもう一つ重要な論点は、アーペルが「科学の論理」の客観主義を批判し、「客観的」という語をなるべく「間主観的」と言い換えるようにしているということである。この点については第四章で再び立ち返ることにしたい。ここで強調したいのは、個々の具体的発話というコンテクストを離れたアーペルの言語思想の根本にも、フィヒテの言う「事行」と同じ構造を読み込めるということであった。

以上のことから、かの二重構造の根拠として成立していなくてはならない自己関係性を最も純粋で根源的な構造として取り出すならば、それはまさに「行い」と「事」の同一性であり、事行に他ならないと言える。また、行為知が我々の言語行為にとって構成的であることは、知的直観が我々の認識や行為にとって構成的であることと重なる。これがそのまま意識哲学への回帰を意味すると見なされがちであるのは、フィヒテ的であることと意識哲学的であることが一体的に考えられているからだろうが、しかしそれは必然的なものではない。少なくともTPは間主観性の言語哲学を自認しているのであり、それを否定するには相応の理由が別途必要であろう。

ここまでの議論を通じて、前節で挙げた課題のうち（1）が示されたように思われる。事行を言語哲学的に探究している例としてまさにTP自身を挙げることができる。この点でTPは確かにフィヒテ主義的であり、ダミアーニの見解に反して、行為知を知的直観と関連付けて考察することはなお有力な選択肢として見なされなければならない。

しかし、自己関係性はフィヒテの専売特許ではなく、すでにカント哲学にもその契機がある、という反論は十分に考えられるし、一定の根拠もある。これを退けるために、自己関係性の徹底がカントとフィヒテの差異であることを多角的な考察によって鮮明にしたい。まずはTPのLB論証とも類似している部分の多い、「超越論的論証」を巡る現代の論争について見ることにする。

第四節　現代の超越論的論証における自己関係性の問題

現代の認識論において「超越論的論証（transcendental arguments：以下ＴＡ）」が注目されるようになった契機はストローソンの一九五九年の著書『個体』である[29]。同書で展開される「記述的形而上学」によれば、我々は物質の時空的体系という唯一の概念図式（conceptual scheme）を持ち、それによって個体を同定・再同定しているという。そこからストローソンは、以下のような懐疑論駁を行っている。哲学的懐疑論者は、我々の特殊者同定は確実性を持ち得ないと主張する。しかし、特殊者同定を受け入れることは時空的体系という概念図式を持つための必要条件である。そして我々はそのような概念図式を持っている。それゆえ懐疑論者はある種の不整合あるいは自己矛盾を犯していることになる。

> 彼はある概念図式を受け入れる振りをするが、しかし同時にそれを使用する条件の一つをそっと拒否する。それゆえ彼の疑いは、それが単に論理的に解決できない疑いだからではなく、その中でのみそうした疑いが意味をなすような概念図式の全体を拒否するほどの疑いであるゆえに、非現実的なのである。
> （Strawson 1959, 35（42））

このような自己矛盾に訴える論証がＴＡと呼ばれるようになったのだが、しかしそもそもこの論証はいかなる意味で超越論的なのだろうか。カントは「超越論的」という語の意味を次のように規定している。

私は、対象にではなく、対象についての我々の認識の仕方に、この認識がア・プリオリに可能である限りにおいて、一般にかかわり合うようなあらゆる認識を超越論的と呼ぶ。（*KrV*, B25）

この語は……あらゆる経験を超え出ていく何かを意味するのではなく、確かに経験に先行する（ア・プリオリに）が、しかし単に経験認識を可能にすること以上のことは何も規定されていない。（*P*, AA, IV, 373 Anm.）

それゆえ、我々が対象を経験的に認識するためのア・プリオリな必要条件を探究することが超越論的なのである。ストローソンの論証が超越論的であるとするなら、それは認識のア・プリオリな必要条件に違反しているとして懐疑論を論駁する点においてだろう。カント自身は「超越論的論証」という表現をこうした意味で使うことは無かったが、しかし多くの場面で実際にこうした論証を用いている。例えば『純粋理性批判』におけるカテゴリーの超越論的演繹や懐疑論論駁である。

（29）「超越論的論証」という表現を現在の意味で初めて使用した文献としては、複数の論者がAustin（1939）を挙げている（cf. Stern 2000, p. 7, n. 8.）。

もしこのような論証が懐疑論論駁として有効なのであれば、それは現代の認識論にとって大きな武器となるように思われる。実際、この種の論証は現代哲学においてさまざまな哲学的文脈で用いられており、例えば「水槽脳」についてのパトナムの議論や、デイヴィドソンの「寛容の原理」などを例に挙げることができる（Cf. Stern 2000, 12）。だがそう簡単にいくのだろうか。この問題に取り組んだのがバリー・ストラウド（Stroud, Barry, 1935–）による有名な一九六八年の論文「超越論的論証」であり、この批判的な論文を契機として多くの論者がＴＡを批判、擁護、あるいは改良しようと試みることになった[30]。しかしながら議論の領域がカントの再検討から現代の分析哲学まで余りにも幅広く、当初は、そもそもＴＡとはどのような論証を指すのかについての合意形成すらままならない状態であったように思われる。しかしその後は定式化の試みが多くなされてきている。例えばロバート・スターン（Stern, Robert, 1962–）によると、ＴＡとは一般に次のような「超越論的主張（transcendental claim：以下ＴＣ）」を持つ論証であるという。

ＴＣ：ＸはＹ（経験、言語、思考など）の必要条件である。

ただし、（a）ここでいう必要条件とは分析的なものでも自然法則によるのでもなく、また、（b）我々はＸがそのような必要条件であるということを非経験的に知るのでなくてはならない（Stern 2000, 10）。このような補助規則によって超越論性が表現されていると言える。

ところで、ＴＡがＴＣを持つといってもそれは二義的である。というのも、ＴＣを前提として用いる論証も、結論とする論証もあり得るからだ。前提として用いる論証とは次のようなものである。

（1）XはYの必要条件である。

（2）Yである。

（3）ゆえにXである。

一方、結論として用いる場合はつぎのような論証になる。

……、ゆえにXはYの必要条件である。

これらをそれぞれTA_1、TA_2と呼び、この二つを（スターン自身がはっきりと定式化しているわけではないが）スターンの定式と呼ぶことにしよう。[31] ここでTA_2の前提が指定されていないのは、さまざまなパターンの論証が考えられるからであろう。TA_1の方のみを超越論的論証として紹介している文献も少なくないが、[32] ここではスターンのより広い定義に従うことにする。

（30）この分野の主要な著作についてはCabrera（1999）に詳しい。日本においては湯浅正彦、小松恵一といった論者がこの分野に取り組んでいる。

懐疑論の論駁に直接使用されるのはＴA_1である。このとき懐疑論者の立場は、Ｘを疑うがＹは疑わない、というものだと想定されている。そのような立場は確かにＴA_1によって論駁されるように思われる。だがそのような懐疑論者を想定することは素朴過ぎるであろう。懐疑論者がスターンの補助規則を否定し、ＸがＹの必要条件であるということを疑う立場だとしたらどうだろうか。これはストラウドが指摘したことである。[33] この場合、ＴA_1の説得力を確保するためにはＴＣの妥当性を論証しなくてはならないだろう。それがまさにＴA_2の役割であるように思われる。

しかしスターンの著書では、ＴA_1をＴA_2で補強することよりも、さまざまな実例を参照しながらそれらをＴA_1とＴA_2に分類し、それらの長所を個別に見出すことに関心が向いているように見受けられる。ＴA_1かＴA_2のどちらかだけがＴＡのあるべき形式だということはなく、それぞれに分相応の役割がある、というのがスターンの見解である。[34] このような観点に立つならば、ＴＡはその都度のコンテクストに制限された個別的なものであるということになるだろう。その場合、「超越論的」という語の意味も、カントよりは弱められた意味で理解されているだろう。

だがその一方で、ＴＰに通じるような強い主張を行っている論者もいる。例えばリュディガー・ブープナー（Bubner, Rüdiger, 1941-2007）である。ブープナーは、カントの言う事実問題と権利問題の区別を踏まえた上で、「ＴＡの特徴は自己関係性にある」という独特な主張を展開している。例えばストローソンの懐疑論論駁においては、ある種の不整合性ないし自己矛盾が決め手となっていたが、これは自己関係性の一面であるとも言える。しかしストローソンは自己関係性を十分には考慮していない。そのことは、特に事実問題と権利問題の関係において際立つ。ブープナーは次のように述べている。

（31）ただし、このシンプルな定式は、TAが多くの場合懐疑論論駁に用いられる、という事情を反映しきれていないように思われる。確かにTAを用いた多くの議論がTA_1を元にしているが、しかし実際に使用される場合は、懐疑論者の主張が矛盾へ導かれることを証明するために変形を加えられていることが多い。変形された論証は、以下のようなものになる。

$TA_{1'}$

（1）Y→X（仮定）
（2）¬X→¬Y（（1）に対偶の法則）
（3）¬X（仮定：懐疑論者の主張）
（4）¬Y（（2）（3）より）

この論証では、懐疑論者が超越論的条件Xの成立を強く疑えば疑うほど、彼らは経験そのものの成立を否定する（不合理な）主張へと傾いていくことになる。懐疑論論駁に使用される多くの場合において、TA_1はこの$TA_{1'}$に変形されている。例えばストローソンの懐疑論論駁も、このような論証の一種として理解できる。ここでは、我々がある概念図式を持つということがYに相当する。つまりストローソンの論証は次のように進行していることになる。

（1）我々が概念図式を持つ（Y）ならば、我々は特殊者同定を受け入れている（X）。
（2）特殊者同定を受け入れない（¬X）ならば、概念図式を持たないことになる（¬Y）。
（3）懐疑論者は特殊者同定を受け入れない（¬X）。
（4）懐疑論者は我々の概念図式を拒否することになる（¬Y）。（それは非現実的だ。）

（32）Vgl. z. B. Niquet（1991), 54f.

> ある概念を使用する可能性の条件を明らかにすることが、同時にいかにしてその解明が可能なのかを明らかにするのでなくてはならない。逆説的に言うと、超越論的論証はそれが述べること、およびそれ自身について、何かを述べるのである。（Bubner 1975, 460(11)）

概念は対象認識のために使用されるのであり、その可能性の条件を明らかにすることは事実問題である。他方でその解明の権原を明らかにするのは権利問題に属する。すると、ここでブープナーはＴＡ$_1$とＴＡ$_2$の関係についてスターンとは違った考え方をしていることがわかる。即ち、ＴＡ$_1$が同時にＴＡ$_2$になっていなければならないというのである。これは、ある種の自己関係性を要求することだと言える。

> 超越論的と呼ばれる認識は、認識の一般的な条件とともにそれ自身の起源と機能の条件をも、その対象とする。自己関係性が超越論的論証を特徴付けるのである。[35]（462(13)）

ストローソンの懐疑論論駁の決め手になっている自己関係性は、言わばＴＡ$_1$の内部で成立しているものである。これの他に、ＴＡ$_1$とＴＡ$_2$の間に成立する自己関係性があるとブープナーは主張しているのである。これが「自己」関係性であるのは、ＴＡ$_1$が同時にＴＡ$_2$でもあり、両者は一つだからである。その意味では、ブープナーの場合ＴＡは一つの論証であり、ＴＡ$_1$とＴＡ$_2$はその一つの論証が持つ二つの側面だと言える。詳細な検討は後に譲るとして、ここではひとまず前者の自己関係性をSb$_1$、後者をSb$_{1-2}$と呼ぶことにしよう。ストローソンはSb$_1$を用いていたが、Sb$_{1-2}$についてはは十分に考えていなかった。しかしSb$_{1-2}$こそがTAの特徴だ、というのがブープナーの主張なのである。

なぜそのような自己関係性が必要なのだろうか。それは言うまでもなく、TA$_1$だけ、Sb$_1$だけ

(33)　ストラウドは以下のようにTA$_1$のタイプの論証を批判している。

超越論的論証は、言葉一般が、あるいは、何かがともかく意味を成すこと［Y］の必要条件を扱う場合でも、何か特別で、かけがえないようなものなのか。……〔Yの必要条件となるような〕特権階級のメンバーが全くなくはないと私は考えるが、どのメンバーについても、それがメンバーであるとの証明法をこれから探ることが必要だろう。とりわけ、認識論的懐疑論者が問題とするような命題それ自身［X］が、この階級のメンバーだと〔つまりY→Xだと〕示す必要がある。これは証明がきわめて困難である。（Stroud 1968, 23-24(111)）

(34)　スターンはXの身分によってTAを四種類に分類し、そのうち穏健な三種類のTAをそれぞれ哲学的懐疑論の異なったバージョンに対応させることによって、懐疑論への応答に十分な効力を得ることができると考えている。ただしここではその内容に立ち入らない。（Cf. Stern 2000, 10-13）

(35)　ブープナーはこの論文において主にカントに即し、認識に関するTAへの問題を提起するに止まっており、一九八二年の論文ではローティから受けた批判に答えるかたちで言語にテーマを移している。それゆえ両論文の文脈はやや異なるが、基本的な見解に変化はないので、本書ではブープナーの立場を説明するにあたっては二つの論文を同時に扱うことにする。

(36)　ストラウドは正当にも、カントの意味での「事実問題」と「権利問題」の区別を強調した上で、ストローソンには後者に答えるための論証が欠けていると批判している（Stroud 1968, 12-13(103)。また、ローティはブープナーに対し、TAにできることはSb$_1$を用いて懐疑論を論駁することだけだという趣旨の反論をしている。もしそうであるならば、明らかにTAは権利問題に関して脆弱な論証とならざるを得ない。（Cf. Rorty 1979, 82(31-32)）

では権利問題に答えられないからである。[36] ブープナーに言わせれば、ストローソンの記述的形而上学は「ある概念を使用する可能性の条件」ないし「認識の一般的な条件」を解明の対象としていたと理解することができる。だが「いかにしてその解明が可能なのか」「それ自身の起源と機能の条件」は明らかにしていない、ということになるだろう。その結果、ストラウドが指摘するように、懐疑論論駁に説得力を欠いてしまうのである。[37]

ＴＡは自己関係性を徹底することによって初めて権利問題に答えることができるとブープナーは考えている。それは具体的にはどのような仕組みになっているのだろうか。ローティとの論争の中で、ブープナーは以下のように説明している。

手元にある知の可能性の諸条件についての反省、あるいはその正統性の証明は、世界についてのすでに使用されている我々の語りに対する別の選択肢を立案し、吟味し、棄却する途上で行われる。（Bubner 1982, 316f.（102–103））

ここで示されている正統化戦略はＳb_{1-2}を前提とし、それを懐疑論者の言説に適用して自己論駁へと導くものとなっている。ここでは、ＴＡの結論となるべきＸがＴＡの論証形式を束縛している。逆に言えば、ＴＡはあらかじめＸに束縛されているような知や語りの一部として、Ｘの解明に取り組むのである。

それゆえ前提への反省は、偶発的な他の選択肢の提案を事実的に棄却することを超え出でて、主題とされる前提が逃れられないものであることを、そのような論証さえもが基礎に置いている作業条件の解明によって証明する。（Bubner 1982, 317(103)）

ストローソンの場合、TA$_1$の論証を進めるにあたっては必ずしもその論証自身がXに束縛されている必要はない。なぜならその論証の起源や機能の条件は問われないからだ。この場合、懐疑論者に対しては「我々が物質的なものの一つの時空的体系という考えを持つことは全く疑いの余地がない……。これが我々の概念図式であるということは全く疑いの余地がない」（Strawson 1959, 34(41)）と突き放すことになる。事実問題に答えるだけならば、それが仮に形而上学的独断原理によってでも構わないのである。そのために、懐疑論者による権利問題へのメタレベルでの抗議を許すことになってしまう。スターンの枠組みにおけるTA$_1$では、もはやそれに対しては答えられない。

またスターンの場合は、TCには補助的な規則が付けられているが、それらが何を意味するのか

(37)　小松恵一は次のように述べている。

記述的形而上学はもっぱら言明の有意味性の条件として概念枠組を取り出そうとするのである。その際、懐疑主義批判は、ある概念枠組の妥当性証明という役割は果たしえない。……こうした批判は、どの程度の有効力を持ちうるのであろうか。またその批判を支えているストローソンの方法はその由来をどこに持ち、また、妥当性証明は要求されずに済ませられるのかどうか、こうした問いが生じてくる。（小松　一九八四、一一一。また小松　一九八六、一七二―一七三も参照。）

が論証の構造においては全く明らかではなく、その正統化は個別的な文脈に依存することになってしまう。これに対して、論証構造そのものにおいてこれらに意味を与えるものとして、ブープナーの構想を理解することもできるだろう。即ち、ブープナーの意味でのＴＡにおいては、結論となるべきＸがア・プリオリかつ必然的にＴＡそのものの制約となっているということである。もちろん自然法則によってではない。

ブープナーの言う自己関係性とＴＡのあるべき姿については、依然として曖昧さがあるものの、少なくともSb_{1-2}がストローソンの論証において働いているような自己関係性とは全く別のものだということは明らかであろう。

ところで、ＴＡにおけるこのようなブープナーの正統化戦略は、自己関係性への考え方も含めて、ＴＰに極めて近いように思われる。というのも、ＴＰの論証は懐疑論者のＰＳＷに訴えて、当該の討議の規則が背後遡行不可能であると示すものだからだ。例えば「究極的根拠付けの問題」において、アーペルは批判的合理主義の主張を吟味し棄却することによって、我々のあらゆる事実的言語ゲームを可能にする条件としての超越論的言語ゲームが逃れられないものであることを証明している[38]。むしろこのように言い換えることもできるだろう。即ち、ブープナーがＴＡの正統化戦略として提示した論証形式に則った論証を実際に展開している理論の一つとして、ＴＰを挙げることができるのである。

だがこのような結論を下す以上、検討しておくべき重要な論点がある。即ち、ブープナーの提案する自己関係性の戦略は、どの程度までカントに即しているのかということである。ブープナー自身、彼の議論が「非常に非正統的なカント解釈」(Bubner 1975, 462(13)) であることをはじめから認めているし、後には「カントの超越論哲学の企ての全部にかかわり得るとか、あるいは『純粋理性批判』の重要な学説の諸部分 (Lehrstücke) の全てを適切に再構成するとさえも、決して主張しない」(Bubner 1982, 310(91)) とまで述べている。

しかしながら、自己関係的なＴＡのモデルはあくまでカントの超越論的演繹だ（少なくともそうであるべきだ）という点に関しては、ブープナーは一貫している。その点については、言説の二重構造の自己還帰性に対する厳密な反省を求めるＴＰも同様である。それゆえ、ブープナーの主張するＳ$b_{1\text{-}2}$、我々の見立てでは恐らくフィヒテの事行と結び付くことになるであろうＳ$b_{1\text{-}2}$が、カントの超越論的演繹において本当に決め手になっているのかを検討する必要があるだろう。

第五節　カントの理論哲学は自己関係性を根本原理としているのか

カントはカテゴリーの超越論的演繹について、次のように述べている。

ア・プリオリな概念としてのカテゴリーの客観的な妥当性は、そのカテゴリーによってのみあらゆる経験が（思惟の形式に従って）可能であるということに基づく。というのも、そのときカテゴリーは必

---

(38) ブープナーとＴＰの類似性については、小松（一九八六）、一七六、および湯浅（一九八九）、一八一一九を参照。

然的かつア・プリオリに経験の対象に関係するからであり、それはただカテゴリーを手段としてのみ、一般に経験の何らかの対象は思惟され得るからである。(KrV, A93/B126)

また、次のようにも述べている。

カテゴリーを手段としてのみ対象は思惟され得るということを我々が示すことできれば、それはすでにカテゴリーの十全な演繹であり、カテゴリーが客観的に妥当することの十全な正統化である。(A96f.)。

これはカテゴリーに限った話ではなく、一般にア・プリオリな概念の演繹は、その概念を用いて初めて経験が可能である、という論法で行われなくてはならない[39]。しかし、これは特にS$b_{1\text{-}2}$の必要性を述べたものではない。というのも、経験の成立をY、カテゴリーが妥当であることをXとするなら、通常のTA_1でもカントの要求を満たす論証は可能だからだ。

ブープナーの議論を念頭に置いて考えるなら、次のような戦略が用いられているはずである。即ち、他の選択肢を立案し吟味し棄却する途上で、そのア・プリオリな概念が客観的に妥当することが明らかになる[40]。というのも、そうした立案や吟味さえも、問題となっている当のア・プリオリな概念を使用せざるを得ないからである。ところが、カントは自らの批判哲学の正統化戦略としてS$b_{1\text{-}2}$を明確に意識していたのかと問われるなら、それは疑わしい。

ブープナーが指摘している通り、確かに超越論的演繹論では表象によって同時に客観が与えられるような悟性（直観する悟性、または知性的直観）という代替案が吟味され棄却されている。しかしその事由は、もしそのような悟性があるならカテゴリーは全く意味を成さない（vgl. B145）し、そのような悟性は統覚の統一を必要としないだろうが、人間の悟性にとって統覚の統一は最高原則であり、人間の悟性にとって直観する悟性などというものは理解できないからである（vgl. 138f.）。

これが$\mathrm{Sb}_{1\text{-}2}$に訴える議論であるためには、知性的直観を思考するためにもすでにカテゴリーを必要とする、ということが、異論を立てる者にとっても逃れられない作業条件の解明によって明らかにされる必要がある。だがここで言われていることは、単に異論の内容が理解不能だということであり、異論を申し立てる者にとっての作業条件についての解明が十分になされているとは言えない。したがって、これがすでに$\mathrm{Sb}_{1\text{-}2}$に訴える論証になっていると解釈するのは、やや強引であると言わざるを得ないだろう。また、超越論的演繹において自己関係性が決め手になっていることを否定する論者もいる。例えば井上義彦は、経験的統覚と超越論的統覚、あるいは経験的主観と超越論的主観の非同一性という観点から、超越論的演繹における自己関係性を限定的なものと見なし、むしろラッセルやタルスキによる言語の階型理論との類似性を見出している（井上　一九八九、四一九頁参照）。

（39）「あらゆるア・プリオリな概念の超越論的演繹は、……一つの原理を持つ。即ち、それらのア・プリオリな概念は経験のア・プリオリな諸条件として認識されねばならないということ、これである。」（A94/B126）

（40）「我々の認識形式に対する構造的に異なった代替案の不可能性によって、我々が実際に持っている認識の一般的構造が明らかになる。」（Bubner 1975, 463-464（14-15））

他方で、カテゴリーの超越論的演繹においては直観の多様やさまざまな概念の結合の働きとしての綜合が重視され、統覚の根源的統一が決め手となっているが、ブープナーはこの超越論的演繹それ自体もまた綜合的な性格を持っており、その意味で自己関係的だと考えている。ところが、カントの叙述にはこの点についての証拠がほとんど見出せないことをブープナー自身が認めており、この解釈についても強引だと言わざるを得ない（cf. Bubner 1975, 466-467(18)）。

以上のように、Sb_{1-2}は少なくともカントの理論哲学において明示的に論じられてはおらず、根本原理として水面下で働いている証拠もない。したがってカントの意味での超越論性を判定する決め手とまではならないと結論付けることができるように思われる。つまり、カント理論哲学におけるTAは部分的にのみ、あるいは十分にその方法論的意義が自覚されない範囲内でのみ自己関係的なのである。

では、ブープナーの強調するSb_{1-2}は、一体どこから出てきたものなのだろうか。これについては、以下に引用するバウムガルトナーの感想が全てを物語っている。

> ブープナーは超越論的論証の自己関係性とその独特の戦略をカント哲学に即して考えているが、私の考えでは、彼の考察は彼が描いたような仕方ではカント哲学には当てはまらない。言うことと行うこととの一致の基準に向けられた彼の議論は、カント哲学をフィヒテのように転換した場合の基盤に立つのであって、カントの基盤に基づくのではない。（Baumgartner 1984, 80(109-110)）

第六節　「私は考える」と „können" の問題

ＴＰはカントの意味での古典的超越論哲学の言語哲学的変換を標榜する。しかしながら、古典的超越論哲学において自己関係性という原則を徹底したのはカントではなくフィヒテである。確かにカントの著作、特に道徳哲学においては純粋実践理性の自己関係性を重視しているように読める箇所がある。しかし、それは体系全体を貫く根本原理というわけではない。また、ＴＰの提唱者であるアーペルも、その後継者であるクールマンも、自己関係性についての思想をカントに見出してそれを継承したわけではない。むしろハーバーマス経由で言語行為論から言説の二重構造の思想を受け継ぎ、それを、哲学の主題と媒体としての言語への「超越論的反省」を具現化するために先鋭化させたのである。したがって、ＴＰが言説の二重構造の間に成立する自己還帰性と、それについての厳密な反省を前提としていることは、偶然の結果ではあるものの、カントよりもむしろフィヒテに近い性格を表していると言える。

ところで、先述したようにＴＰ論者のダミアーニは、行為知をフィヒテの知的直観と関連付けるのではなく、カントの純粋統覚に関連付けるように提案している。これはカントとフィヒテの対比という観点からしても非常に重要な論点だと思われるので、ここで批判的に検討を加えたい。

ダミアーニによると、カントのコペルニクス的転回以降、理性は「行為する存在」(Damiani 2009, 60) として理解されるようになった。例えばカントの「私は考える」の統一も、立法的で自己知を伴う（selbstwissenden）「悟性行為」と見なされる（vgl. 82f.）。さらに語用論的転回以降、この自己知を伴う悟性行為は孤立した自我による行為ではなく、間主観的なコミュニケーション的行為と理解されるようになった。カントは「「私は考える」が、あらゆる私の表象に伴い得るのでなければならない」（*KrV*, B131f.）と述べたが、これを現代の語彙に転換するならば、次のようになる。「言語行為を行う者として、我々は我々が自らの行為によってなにをなすのか知り得るのでなければならない」（Damiani 2009, 84）。TPの立場からこれをより詳細に述べるなら、こうである。

理想的で無限界の論議共同体の現実的な成員として我々は、我々が自らの言語行為ないし論議行為によって何をなすのか、つまり、どの特定の種類の言語諸行為を我々は遂行し、どの妥当性要求を我々はこの諸行為を通じこの共同体に対して討議に値するものとして優先的に掲げ、どの特定の種類の寄与を我々はこれらの要求の認証過程にこれらの諸行為を通して達成をもするのかを、知り得るのでなければならない。（85）

その際に重要なことは、„wissen“ „können“ „müssen“ という三つの動詞／助動詞が揃っていることである。なぜなら、単に「知っている」か否かが問われる場合、それは事実についての話でしかなく、また「知り得る」か否かは、現時点での言語能力についての発達心理学的な問いでしかないからだ。行為知に対する超越論的な問いは、その人が論議のパートナーと見なされ得るためにはいかなる条件を満たし得るのでなくてはならないか、というものであり、つまり、その人は論議のパートナーとして何を知り得るのでなければならないか、である（vgl. 100f.）。

このダミアーニの見解はアーペルやクールマンの議論を拡張するものであり、特に三つの動詞／助動詞についての解釈は斬新だが、しかしこのうちの „können“ にはある重要な問題が潜んでいる。それは、この „können“ こそがカントとフィヒテの自己関係性に対する考え方の違いを如実に表しているのではないか、ということだ。

例えば認識の成立における自我（ないし純粋統覚）の役割について対比してみよう。両者とも感性的直観に悟性的（知性的）概念を適用する点では同じなのだが、それに加えて自我がいかなる役割を果たすのかという点では差異が見られる。

カントによれば、「「私は考える」が、あらゆる私の表象に伴い得るのでなければならない［Das: Ich denke, muß alle meine Vorstellungen begleiten können］」（*KrV*, B131）。ここで特に注目すべきは „können“ の存在である。というのも、これにより、「私は考える」が伴われない可能性が許容されるからだ。カントは経験的統覚と純粋統覚（ないし根源的統覚）を区別しており、直観の多様と「私は考える」という表象（経験的統覚）との間の「必然的関係」を担うのが純粋統覚だとしている。しかしその必然性は「伴い得る」ことの必然性、伴っていることもあり得るということの必然性なのであり、伴うこと自体は必然でない。実際に伴っているか否かについては何も語られていない。

カントは、決してこの一文においてのみ無頓着に „können“ を付け足したわけではない。それは、直後の箇所で幾度も „können“ が現れることからも明らかである。例えば「なぜならこの統覚は、すべての他の表象に伴い得るのでなければならず、……」（132）、「それらの表象は……そのもとでのみ多様な表象が普遍的な自己意識に統合し得る条件に、必然的に従わなければならない」（ebd.）、「与えられた表象の多様を一つの意識に結びつけることができて初めて、これらの表象における意識の同一性そのものを表象することが可能になる」（B133）、「したがって直観において与えられたこれらの表象がすべて私に属しているという考えは、それらを一つの意識に統一する、つまり少なくともそうできるということを意味している」（B134）、「つまり表象の多様を一つの意識において捉えることができて初めて、それらのすべては私の表象と呼べるのである」（ebd.：以上、いずれも傍点は引用者）、といった具合である。(41)

これに対して、フィヒテ『知識学への第二序論』では次のように述べられている。

意識のなかに現れると考えられるすべてのものには、必然的に自我が付け加えて考えられなければならない。……あるいは、カントの表現を用いて言えば、あらゆる私の表象は、「私は考える」を伴い得るのでなければならず、「私は考える」を伴うものとして考えられなければならない。（*ZEWL*, GA, I/4, 253）

ここでフィヒテはカントの表現をそのまま引用した後に、それを „können“ を消去した文へとパラフレーズしている。『全知識学の基礎』では「人は、自分の自我を、自己自身を意識するものとして、ともに考え加えるのでなければ、全く何も考えることはできない」（*GWL*, GA, I/2, 260）と述べられており、同様の主張はイェーナ期の著作の至る所で繰り返されている。フィヒテにおいて自我は原理的に伴い得るのはもちろんのこと、常に実際に伴っていなくてはならないのである。

とは言え、これは我々が日常生活のあらゆる瞬間において「私は考える」とか「私がこの行為をする」と考え続けている、という意味ではない。フィヒテ自身、これをはっきりと否定している。[42]他方で、フィヒテは統覚を自らが言う知的直観と同じものと考えているが、その知的直観については、第二節でも紹介した通り、「それぞれの行為において、私の自己意識の知的直観がなければ、私には歩くことも、手や足を動かすこともできない」（*ZEWL*, GA, I/4, 217）としている。一見すると整合性を欠くようにも思えるが、これをどう理解すべきだろうか。

フィヒテの後期の著作にもカントの統覚論についての言及は多く、特に『一八一二年の知識学』では、具体的にカントの定式の問題点が指摘されている。ここで本知識学の内容やイェーナ期との差異などを検討することは到底できないが、目下の議論に対するヒントを求めることは有意義だろう。

この〔カテゴリーの〕演繹の要点とは即ち、「私は考える」はあらゆる私の表象に伴い得るのでなければならない（つまり、これこそが統覚の綜合的統一である）、というものである。……「伴い得るのでなければならない」。この「得る［können］」は不適切な位置に置かれている。「「私は考える」の可能性は

(41)『純粋理性批判』の第一版の該当箇所には、このようにまで念入りには „können" が繰り返されていない。大きく書き換えられた箇所でもあるので、ここでは第二版の記述を優先的に扱うことにする。

(42)「我々の全生活を通じて、あらゆる瞬間に、我々はいつでも「私が、私が、私が」と考え、「私」以外のものを決して考えない。……何と不合理な事であろうか」（*ZEWL*, GA, I/4, 253）.

あらゆる私の表象に必然的に伴う［Die Möglichkeit des Ich denke begleitet notwendig alle meine Vorstellungen］」という意味でなければならなかったであろう。（*WL1812*, GA, II/13, 103）

ここでは„können“を端的に消去するのではなく、可能性の様相を適用する箇所を問題視している。この場合もやはり、常に実際に伴っていなくてはならないという結論になるが、しかしフィヒテによると、その際に伴っているものは「私は考える」そのものではなくて、「反省性」であるという。反省が遂行されることによって反省性は個々の「私は考える」へと変転する、というのがこの可能性の、そして綜合的統一の意味である（vgl. 104）。言わば、「私は考える」の可能態として、未だ個々の意識に制約されていない反省性があり、それが常に伴っていなくてはならないのである。

これは、『知識学への第二序論』での議論にも通じる主張であるように思われる。なぜなら『第二序論』では、知的直観は感性的直観と結び付き、概念的に把握されて意識を完成させているものであり、「決して単独では意識の完全な働きとして現れることはない」（*ZEWL*, GA, I/4, 217）とされているからだ。それが「意識の事実」となるのは、哲学者が自らの自己意識を反省し、推論することによってである。したがって„können“の適用箇所を変えることと、„können“を端的に消去することは説明の仕方に依存する便宜的な差異であり、概ね同じことを意味していると言える。いずれの場合も、重要なのは「私が」の可能態としての綜合的統一（フィヒテでは自我）が常に実際に伴っており、必要に応じて「私が」として現実化が可能だということなのである。

一方カントの場合、個々の経験的意識の間で「私」の同一性が成立していない状態は排除されていない。そのような場合でも、原理的には一つの意識に統一できるのであれば、それらは「私の諸表象」と呼ばれる。したがって、綜合的統一は事後的に要請されるものでしかなく、「私は考える」が伴うことについては蓋然性が残っている[43]。

さて、問題は、以上のような両者の差異がＴＰにとってどう利いてくるかということである。クールマンは行為知を、我々の行為にとって構成的なものであり、それが伴っていなければ行為は不完全であると考えている（vgl. Kuhlmann 1985, 77）。しかしもちろんクールマンにしても、我々が常に「私が、私が」と考えながら散歩をしたり食事をしたりしていると思っているわけではないだろう。もしそんな風に考えているとしたら、ＰＳＷの一つである自己忘却を説明できなくなってしまうからだ。クールマンは『反省的な究極的根拠付け』において、懐疑論者・可謬主義者の発話を自己忘却であると咎めている。もし自己忘却がそもそも不可能だとすれば、そのような批判には意味がない。それゆえ、ＴＰもまた行為知に関してある種の „können"、説明の仕方によっては（上の行為知の定義では実際にそうだが）消去することもできる „können" を許容しているはずである[44]。

（43）統覚論に対するコメントではないが、フィヒテは以下のようにも述べている。「恐らくカントは、『純粋理性批判』を書いたときにはまだ心がはっきり決まっていなかったのであろう。『純粋理性批判』でのカントの自我は、いつも単なる偶有性に過ぎない」（*WLnm*, GA, IV/2, 139）。

（44）この点では、実践知についてのアンスコムの考え方も同様であるように思われる。意志行為において重要なことは、「何故Aをしているのか」という形で自分の意図と違うことを聞かれた場合、観察によらずに即座に「Bをしているのだ」と答え得る、ということである（cf. e. g. Anscombe 1957, 49-51 (93-97)）。それは決して、観察によらずに答えることを可能にする陰伏的な何かが、意志行為に伴っていることがあり得る、ということと同じではない。

実際、クールマンはハーバーマスの批判に対して、行為知には可謬的で批判の対象になる周辺部分と、その批判のためにもすでに必要とされる堅固な核心部分があると答えていた（vgl. 127）。さらに近年では、懐疑論者の陰伏的な行為知を明示化し、手詰まりを解消するための「短い討議」（Kuhlmann 2009, 54）という精緻化された産婆術的制度を提案していることは先述の通りである。だが、果たしてそれはダミアーニが言うように、カントと同じ個所に „können“ を付けることなのか。クールマンにとって行為知は、例え陰伏的な可能態としてであっても常に伴っていることは必然的であり、伴い得るか否かということははじめから問題になっていない。クールマンが採用している行為知理解は、明らかにフィヒテの統覚ないし知的直観の理解に近いのである。

また、上述の通り、ダミアーニは „wissen“ „können“ „müssen“ という三つの動詞／助動詞相互の組み合わせにそれぞれ解釈を与えている。それは „wissen“ のみの場合、„wissen können“ の場合、そして „wissen können müssen“ の場合という風に段階を踏んだものになっているが、しかし „wissen müssen“ の場合についてははじめから言及していない。つまりダミアーニのこうした解釈は、斬新ではあるものの、行為知を統覚についてのカントの議論と結び付けるという動機が先行しているのである。この点で、行為知をフィヒテ的に理解しているクールマンの議論の拡張として見なすことは、厳密には無理があるように思われる。

ところで興味深いことに、ダミアーニがカント以降の理性を「行為する存在」と呼び、[45]カントの理論哲学に悟性の「行為」（Handlung）という契機を読み込むのは、アーペルだけではなく、明らかにフリードリヒ・カウルバッハ（Kaulbach, Friedrich, 1912–1992）の著書『カントの哲学における行為の原理』（1978）や論文「カントの行為の理論」（Kaulbach 1979）での独特なカント解釈の影響を受けたものである。[46] カウルバッハはカントの超越論的主観についての論述を「行為」の観点から読み解こうとしており、また、カントの統覚論にはすでに共同体によるコミュニケーションという契機が含まれているとまで主張している。これはＴＰの議論とも親和性が高い解釈であると言える。すると、本書のこれまでの議論を踏まえれば、この解釈にもカントというよりもすでにフィヒテの領分に足を踏み入れている点が見出されるのではないか、という問いが生じる。それゆえ、一つの傍証としてここで検討を加えておこう。

表象の多様が「私は考える」という統覚一般のもとで統一されるのは悟性の „Handlung" による、とカントは述べている（*KrV*, B143）。この表現は『純粋理性批判』の特に超越論的論理学において は稀有な例であり、意味としては「働き」や「作用」の方が近いかも知れない。しかしカウルバッハによれば、これは次のことを意味する。超越論的主観としての「私は考える」は、認識すべき諸対象を規定し、客観に普遍的体制とでも言うべきものを付与する立法者の役割を担う。言わば、超越論的主観は普遍的立法という「超越論的行為」（Kaulbach 1979, 650）の主体なのである。それゆえ次のように言える。

（45）アーペルも „Verstandesandlung" を悟性の「行為」と捉えていたが、その解釈を詳細に展開したわけではなかった（vgl. z. B. Apel 1973b, 395 (263) ; Apel 1974, 37）。
（46）実際に、該当箇所においてはカウルバッハが参照されている。

周知のとおり、カントにおいてはこう言われる。「私は考える」はあらゆる私の表象に伴い得るのでなければならないと〔B132〕。カントはこの命題を、あるいは他の命題に変形することもできたであろう。即ち、「私は考える」は「私は行為する」という意味において統一的にかつ立法的に私のすべての表象の中に現前しているのでなければならないと。（Kaulbach 1979, 651）

一方で、カウルバッハはカントの統覚論にコミュニケーションの可能性の契機を見出そうともしている(47)。悟性による対象の統一的な構成は、同時に対象を客観的概念として記述し伝達可能にすることでもあるというのである。

「私はア・プリオリに記述しつつ客観的統一を確立する」という意味での「私は考える」は、コミュニケーションの地盤を築き、同時にまた間主観性を根拠付けもする。したがって超越論的行為は、統一し記述する構成であると同時に、それについての発話でもある。（Kaulbach 1979, 655）

このような解釈は強引過ぎるようだが、『純粋理性批判』の序文では「学の確実な道」の要件として、共同研究者たちが「いかにして共通の意図を追求するか」（KrV, BVII）について一致する、ということが挙げられているとカウルバッハは指摘する。

以上の二点を踏まえ、カウルバッハは次のように結論付ける。

「私は行為する」は同時に「我々は行為する」という意味をも帯びるのであり、このことは、学問的認識の領域においては「我々は構成する」および「我々はそれについて議論する」という二重の意味において理解されるべきである。（Kaulbach 1979, 655）

このカウルバッハの主張は、次のように変換することもできるだろう。学問的命題を構成することには常に「私は主張する」という行為知が伴っているだけでなく、「我々はそれについて論議する」という行為知も伴っていると。

ここで言われる「我々」は、その都度の実在的な共同体ではない。カウルバッハはこれを、別の著作で言及した「超越論的な我々」の概念に結び付けている。そこでの解釈学的な議論によると、記述を解釈する際には、ただ他者の諸表象を悟性の精確な方法で吟味することだけが問題となっているのではなく、対話的共同性の次元、ある種の超越論的な「我々」が要求されねばならない。なぜならテクストの意味には確定というものがなく、解釈にも完結というものがないからだ。「いずれの立場も再編成、先行者の批判、そして同時に対話のパートナーでもある先行者によって主張された諸立場の可能性とその誤謬の認識を意味している」（Kaulbach 1968, S. 464）。

以上のように、カウルバッハは偶然にも超越論的語用論の見解に近い立場を取っている。そし

（47）その際、カントの一七九四年七月一日付ベック宛書簡が典拠として用いられている。そこでは綜合的統一としての対象構成が他者に伝達可能であると述べられている。

て、ダミアーニはカウルバッハから重要なヒントを得て統覚論に着目した、ということも想像に難くない。さて、問題はこのような大胆なカント解釈が文字通りカント解釈の枠内にとどまっているか、ということである。先述の通り、カントとフィヒテの統覚についての理解には差異があり、それは „begleiten können müssen“ と „begleiten müssen“ の違いである。言い換えれば „können“ という留保があるかないか、あるいは、それの付く箇所が「私は考える」そのものか「私は考える」が伴うことか、という差異である。カウルバッハは明らかにこの点を軽視しており、無造作に „können“ を取り払ってしまっている。仮に、それが議論構成上当然の成り行きであったとすれば、この点に関してカウルバッハの議論はフィヒテに接近していると言えよう。

また、カントが普遍的立法や行為について論じているのは主として『実践理性批判』であり、理論哲学に同様の議論を持ち込むのは異例のことである。これについては、理論理性と実践理性は唯一同一の理性であるというカウルバッハ自身の立場が強く影響しているように思われる（Kaulbach 1979, 643）。確かにカントは三批判書の全てにおいて同様のことを述べているが、しかし実際には両面を論じ分けており、その議論構成にも非対称な部分が目立つ。これを問題視して理論理性と実践理性の統一を強く主張したのが、まさにフィヒテなのである。

最後に、カントとフィヒテの統覚論における差異をもう一点指摘しておきたい。カントは統覚の統一を「綜合的統一」としており、「統覚の分析的統一は、何らかの綜合的統一を前提にすることによってのみ可能となる」（*KrV*, B133）と述べている。これに対してフィヒテは、後期知識学の叙述において確かに統覚の統一を綜合的統一として説明しているが、しかし知識学に先立つ入門講義では統覚の統一を分析的統一として説明し、「すべての多様は唯一の現象の分析として示されねばならない」（*TL*, GA, II/14, 244）、「統覚の綜合的統一は分析的統一の単なる模造である。」（245）と述べている。これは、体系としての出発点をどこに置くか、あるいは「上り道」を採るか「下り道」を採るかについてのカントとフィヒテの根本的な差異を反映しているように思われる。しかしこれはもはや自己関係性をめぐる差異とは言えないので、ＴＰの性格についての議論として次章で改めて述べていきたい。

第七節　「理性の事実」とは何か

前節まではカントの理論哲学に関して、自己関係性が決め手となっているか否かを検討したが、ここからはカントの実践哲学に目を向け、自己関係性に即してフィヒテとの差異を鮮明にしていきたい。

カントが『実践理性批判』において、道徳法則の意識を「理性の事実」（*KpV*, AA, V, 31）と位置付けたことは良く知られている。しかし、それが一体どのような事実なのか説明することは、今なおカント解釈上の重要かつ困難な課題であり続けている。本節からは、この「理性の事実」の事実性を、イェーナ期フィヒテの「事行」との関連において考察したい。フィヒテは、知識学の叙述においても積極的にカントの議論や術語を取り上げ、カントの定言命法を「知的直観」として説明しようとさえしている。定言命法として意識されるものは道徳法則に他ならないのだから、フィヒテは

「理性の事実」を知的直観によって説明しようとしていることになる。これはフィヒテによるカント解釈というよりも、むしろ自らの体系の叙述にカントの用語を引き入れたに過ぎないと思われるかも知れない。また、カントが知的直観を、人間には可能でない神的な直観と考えていたことも、この説明に対する疑念を呼び起こさせるに十分だろう。

しかしながら、フィヒテ自身は、自らの言う知的直観がカントの考えるものとは違うということを至る所で強調しているし、知識学はカントの体系と同一の精神を持つのみならず、むしろカントが本来構想すべきであった体系だとさえ主張する。(48)「フィヒテは自らを、カントの批判主義の継承者であると同時に批判者、そして完成者でもあると考えている」（Wildfeuer 1999, 58）のである。

それならば当然フィヒテには、カントの精神に則りつつカントが残した困難な課題への回答を提供することが期待されるし、我々は提出された回答を批判的に吟味しなくてはならないだろう。ところが、「理性の事実」をめぐる膨大な研究成果を目の前にしてみると、この分野におけるフィヒテ研究の寄与が未だ十分とは言い難いことに気付かされる。本書はフィヒテについての専門的研究を志向するものではないが、ＴＰのフィヒテ主義的性格を明らかにする上では、この主題を避けて通るわけにはいかない。

本節以下の議論は次のように進行する。まず、（7）L．W．ベックが指摘した「理性の事実」という表現の二義性に着目し、それを足掛かりとして、ベックの解釈は「理性の事実」に二重の自己関係性を読み込もうとするものであることを明らかにする。次に、（8）知的直観に対するカントの批判と、フィヒテの反論を検討し、（9）フィヒテもまた二重の自己関係性を知的直観と「事行」

によって、しかもカントとは異なり明示的かつ主題的に論じていることを確認する。その上で、ベックの解釈はカントの体系において理性の事実を「理性の事行」として読むことに帰着するが、カントの体系内ではそれが不十分にしか実現され得ないことを示す。

L・W・ベックは、カントによる「(純粋) 理性の事実」の用法が必ずしも一義的でないことを指摘している。確かに、道徳法則の意識が「理性の事実」とされる一方で、道徳法則そのものが「理性の事実」とされている箇所もある。しかし、ここで法則の意識と法則そのものを、二つの独立し

(48) フィヒテ自身は以下のように述べている。

私の体系はカントの体系以外の何ものでもない。つまり、私の体系は事柄に関してはカントと同じ見解を持つが、そのやり方に関してはカントの叙述から全く独立している。(*EEWL*, GA, I/4, 184)

我々の観念論は……批判的観念論であるが、これはカントの観念論よりも数歩進んでいる。……ここで提示され、また提示されるべき諸原理が明らかにカントの諸原理の根底に存在するということは、彼の哲学の「精神」に精通しようとするあらゆる人が確信し得るところである。(*GWL*, GA, I/2, 335, Anm.)

カントはこのような体系を決して樹立しなかったということを、私は十分よく知っている。……しかしカントがこのような体系を思考していたということ、彼が実際に述べた全てのことは、この体系の断片や成果であるということ、そして彼の主張はこのように前提してのみ意味と連関を持つということを、同様に私は確実に知っていると信じる。……これが彼の全哲学の精神であり、最も心の奥底にある魂である。同じことは知識学の精神であり魂でもある。(*ZEWL*, GA, I/4, 230)

た事実と見ることは適切でない（cf. Beck 1960, 168）。というのも、もしそのように考えると、法則そのものの事実性は説明困難になってしまうし、また、カント自身が理性の事実を「純粋理性の唯一の事実」（*KpV*, AA, V, 31）としているからだ。そこで、ベックは以下のような別の解釈を展開する。「純粋理性の事実」という表現は、「純粋理性によってその対象として知られる事実」、つまり「純粋理性にとっての事実（fact for pure reason）」とも、また「理性によって反省的に知られる純粋理性が存在するという事実」、つまり「純粋理性という事実（fact of pure reason）」とも読むことができる（Beck 1960, 168）。

しかし同時にまた、理性の事実は「純粋理性の唯一の事実」でなければならない。このことから、以下の二つの結論が導かれる。

（A）「理性自身によって理性自身に与えられる法則〔純粋理性という事実としての道徳法則〕のみが純粋理性によってア・プリオリに知られ、純粋理性にとっての事実であり得る」（169）。

（B）「道徳的強制を、つまり法則を意識していること——これが純粋理性という事実なのだが——が、この事実それ自体によって（ipso facto）、道徳法則による実践的要求を妥当にする、そしてこのことが純粋理性にとっての事実なのである」（ibid.）。

前者は道徳法則そのものの側から、後者は道徳法則の意識の側から、それぞれ「理性という事実」が「理性にとっての事実」でもあり、これらは唯一の事実と見なされ得ることを述べている。「理

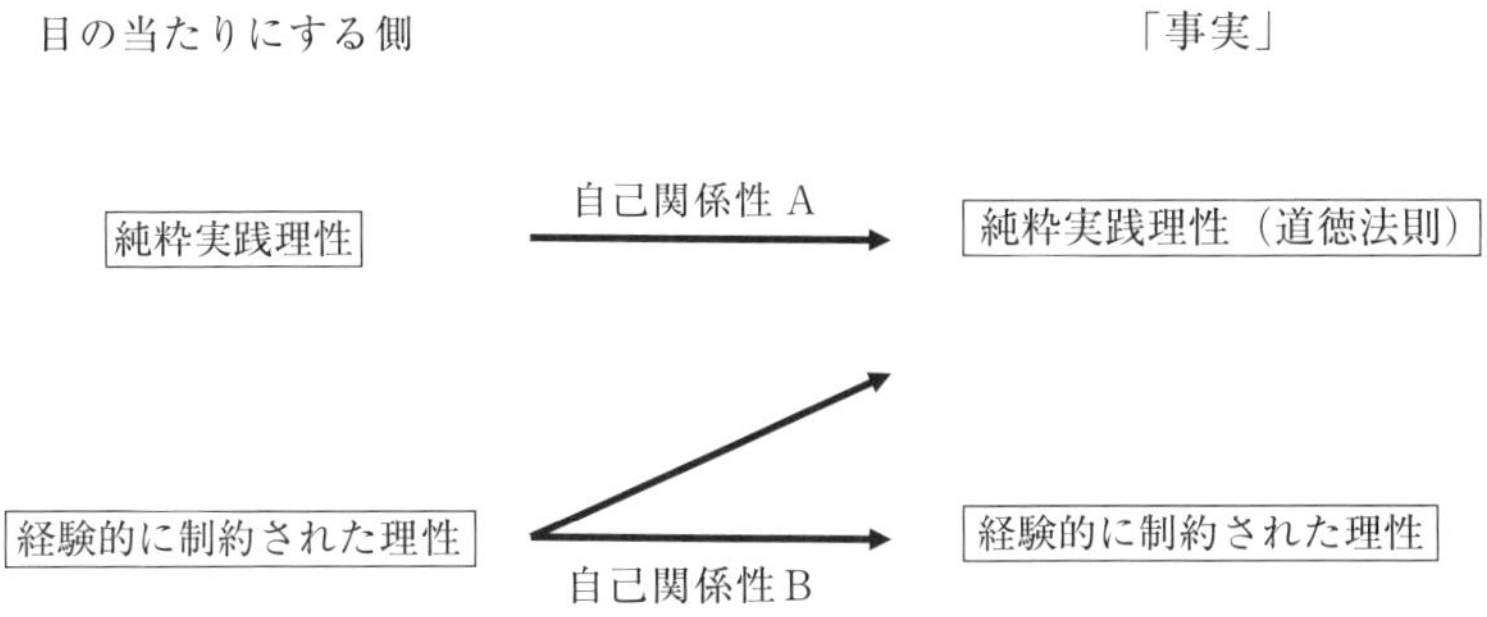

図4　二重の自己関係性

性という事実」が「理性にとっての事実」と同一である、ということは、裏を返せば、事実としての理性と、事実を言わば目の当たりにする理性とが同一である、ということでもある。すると、ベックはここで「理性の事実」の二義性を、理性が持つある種の自己関係的な構造に対する（A）純粋実践理性による立法、および（B）有限な理性的存在者による実践的認識、という二つの視座を反映したものとして理解していることになるだろう。ベックが上述の解釈を与える際に、「ここで私が問いたいのは……無制約的な法則とは純粋実践理性の自己意識に他ならないのではないか……ということではない」（*KpV*, AA, V, 29）という、カントがついでのように述べた問いを敢えて取り上げている（cf. Beck 1960, 168）ことも、自己関係性への着目を示唆している。ごく簡潔に言い表すならば、我々はベックから、（A）純粋実践理性のレベルでの自己関係性、および（B）経験的に制約された理性のレベルでの自己関係性、という二重の自己関係性への洞察を引き出すことができる（図4）。

　ただし、後者の自己関係性は前者よりも複雑な構造をしている。というのも、経験的に制約された理性は、単に自身のありのままの、経験的に制約された姿を事実として目撃するだけではなく、純粋理性としての、つまり道徳法則としての自身の姿をも意識することになるからである。それは、両者の乖離を意識することであり、その乖離を埋めよ、という命令を意識することでもある。

ところでベックの解釈には、二つの自己関係性の唯一性についての説明が欠けている。仮に、これら二つの自己関係性が互いに独立した二つの関係性だとしたら、ベックの意図とは反対の結果になってしまう。理性の事実が「純粋理性の唯一の事実」である以上、「理性という事実」と「理性にとっての事実」の唯一性を論じるだけでは不十分なのではないだろうか。つまり、上で示された自己関係性Aと自己関係性Bもまた、その唯一性が示されている必要があるのではなかろうか。ベックはこの問いにもはや答えていない。

カント自身の議論に一応の答えを求めることは可能である。道徳法則そのものは自己関係性Aとしての自己立法から生じるが、我々が直接意識するものは自己関係性Bとしての定言命法でしかない。しかし、それでも我々は、法則に対する「尊敬」(*KpV*, AA, V, 73) の感情によって、道徳法則に従うよう動機づけられる。我々は自己関係性Aを理論的認識の意味では決して知り得ないが、それでも法則への尊敬の感情を抱き、「……この感情を規定する原因は純粋実践理性の内に在る」(75) ことを前提せざるを得ない(49)。かくして、自己関係性Bにおける道徳法則の意識は、法則への尊敬を通じて自己関係性Aにおける自己立法からその妥当性を得ていることになる。それゆえ、二つの自己関係性の間には密接な関係があると言える。これが自己関係性の唯一性への問いに対する回答として十分であるか否かについて、今は問わないでおこう。少なくとも、ベック自身は明言していないにせよ、彼の解釈がカントの「理性の事実」を、二重の自己関係性として解する方向性のものであることに変わりはない。

カント自身のテクストにも、こうした自己関係的構造を示唆する箇所が散見される。例えば以下のような記述である。

我々が……純粋な実践的法則を意識することができるのは、理性が我々に原則をそれと定めてみせる際にあわせて必然性を指し示すことと、さらに理性が我々にすべての経験的制約を捨象することを指し示すこととに、注意を払うことによってなのである。(26)

また、人間の理性は「行為の際には常に、自分自身をア・プリオリに実践的であると見なすことによって、意志の格率を純粋意志に、つまり自分自身に繋ぎ止めている……」(32)とされてもいる。それゆえ、カント自身の術語ではないにしろ、理性の事実についての論述においてカントが「自己

(49)「「理性の事実」および「法則への尊敬」という概念は、第二批判の中心概念である。一方は他方なしに考えられない」(Henrich 1973, 249)とも言われるように、カントが前批判期から『人倫の形而上学の基礎付け』に至るまでの試行錯誤を経て道徳法則の演繹を断念し、その代わりに導入した「理性の事実」は、この「法則への尊敬」によって補完されなくてはならない。我々が義務として自ら道徳法則に従うには、法則がそれと示されていることに加えて、それに従うための「動機／駆動力（Triebfeder）」が必要だからだ。こうした事情については、ディーター・ヘンリッヒ（Henrich, Dieter, 1927-）が前掲論文を含めた複数の著作において詳しく論じている。

関係性」を拠り所としている、と表現することは許容され得るだろう。問題は、カントは一体どの程度まで自己関係性の議論について自覚的であったか、ということである。

「理性の事実」理解の中心に自己関係性を据えてみると、理性の事実を「私の存在」の所与性の事実として読む存在論的な解釈（vgl. z. B. Heimsoeth 1971, 252f.）と、この同じ事実を理性の「行い（Tat）」ないし「活動性（Tätigkeit）」（Willaschek 1992, 180f.）の事実として読むような行為論的な解釈（vgl. 177–183）は、ちょうど鏡写しの関係にあるように思われてくる。つまり、「理性にとっての事実」あるいは事実を目の当たりにする理性を強調するのが前者であり、「理性という事実」あるいは事実としての理性を強調するのが後者だと見なすことができるのではないか、ということだ。少し詳しく見てみよう。

前者、つまり存在論的解釈は、一九二四年にハインツ・ハイムゼート（Heimsoeth, Heinz, 1886–1975）が発表した「カント哲学における人格性意識と物自体」（Heimsoeth 1971）という論文に、その出発点を見出すことができる。ハイムゼートは、カントが前批判期において、我々は自己意識において自我そのものの存在、つまり実体を把握できると考えていたことを重視し、カントはこの思想を批判期以降においても保持し続けていたと主張する。ハイムゼートは『純粋理性批判』の統覚論や合理的心理学批判に言及しつつ自説を擁護した後、カントの道徳哲学についても同じ観点から考察している。それによると、「「理性の事実」と、それに帰属する人倫的「経験」は、個体的な人格性意識の自己所与性を言い表すものである」（Heimsoeth 1971, 252）。私は、わが内なる道徳法則を目の当たりにし、「それを私の存在の意識と直接に結びつける」（*KpV*, AA, V, 161）。そして道徳法則は、「私の見えない自己、すなわち私の人格性から始まり」（ebd.）、私を道徳法則が支配している道徳的世界へ参入させ、「動物性から、そしてまた全感性界からさえ独立な生を私に開示する」（ebd.）。それゆえ、個別的な理性的存在者は、一方では感性界に属する人間であるが、同時にまた他方、実践的な事柄に関しては「存在者そのものとして、叡知的秩序の中で規定されうる自らの存在を意識している」（*KpV*, AA, V, 42）のである（vgl. Heimsoeth 1971, 252）。したがってこの読み方で重要視されるのは、「理性にとっての事実」であるところの、純粋理性それ自身の存在なのである。

考えられるもう一つのアプローチは、「理性という事実」の側面を重視し、自らに法則を与える純粋理性の行い（Tat）を、「事実」と呼ぶのだ、と解釈する行為論的なアプローチである。マルクス・ヴィラシェク（Willaschek, Marcus, 1962-）の著書『実践理性』（Willaschek 1992）は、この立場の一つの到達点を示したものである。ヴィラシェクは、カントが後で「理性の事実」と呼ぶことになるものについて、すでに『純粋理性批判』の序言で言及していることに注目する。そこでは「いまや、実践理性は、自分だけで、……因果性のカテゴリーの超感性的対象、すなわち自由に、実在性を与え……、そこ〔思弁理性批判〕ではもっぱら思惟され得るだけであったものを、ある事実を通して［durch ein Factum］確証するのである」（*KpV*, AA, V, 6）と述べられている。その一方で、カントは「それ〔理性〕が純粋理性として現実に実践的であるとすれば、それはみずからとみずからの諸概念との実在性を、行いを通じて［durch die That］証明する」(3)とも述べている。純粋理性が実践的であるとは、自由が存在することに他ならない。これら二箇所は同じことを述べているのであり、「それゆえ、この「事実」とは理性の行いである、と結論付けることができる」（Willaschek 1992, 179）。

この解釈では、「理性という事実」としての、理性の行いこそが重要だと考えられているのである。「理性にとっての事実」と「理性という事実」という両側面の統一こそが重要だ、という我々の見通しに従うならば、上の二つの解釈のように、存在と行いのうちの一方を等閑に付すことは不適切であることになる。とは言え、カントのテクストにこうした一面的な読み方を許容する曖昧さがあるのも確かだろう。我々がベックから引き出して展開した自己関係性の概念は、自己立法ないし自律性の理念の欠くべからざる前提であるはずなのに、カント本人によっては全く主題的に論述されておらず、カント自身がその重要性をどれほど意識していたのかさえ判然としない。『実践理性批判』が証明すべき事としてカントが序言で掲げているのは「純粋実践理性が存在すること」（*KpV*, AA, V, 3）だが、それは「理性が純粋理性として現実に実践的である」（ebd.）ことと無造作に同一視されており、それがいかなる意味において、またいかにして同一なのか、ということははじめから問いの埒外に置かれているように見受けられる。

それゆえ、カントがその道徳哲学において実際に自己関係性を強く意識しているか否かは判然としない。少なくとも『実践理性批判』においては、曖昧な叙述に終始していると言わざるを得ない。こうした曖昧さは『人倫の形而上学の基礎付け』においても同様である。確かに、『基礎付け』に純粋実践理性の自己関係性を見出そうとする解釈も存在する。一例としてはSteigleder（2002）を挙げることができる。そこではカントが『基礎付け』第二章において理性的存在者を絶対的に必然的な目的自体としている（vgl. AA, IV, 428ff.）ことから、「純粋実践理性は必然的に、自己関係的と見なされなければならない」（Steigleder 2002, 64）という結論が導かれ、さらには「純粋実践理性のこの自己関係性は、……カントの道徳哲学の中核を成している」（ebd.）とまで述べられている。だがカント自身が純粋実践理性の自己関係性を明示的に論述していない以上、こうした解釈の優位を示すには、遺稿をも含む多くの著作に散らばっているであろう手掛かりを根気強く洗い出すといった間接的な手法が必要になるだろう。

もちろん、その課題を遂行することが本章の目論見なのではない。本書の立場は、上のような解釈については否定的である。ここではむしろ別の選択肢へと、即ち同じ問題をイェーナ期のフィヒテに即して考察し、カントと比較することへと向かいたい。というのも、フィヒテの前期知識学は先述の通り「自我」を中心的なテーマとし、純粋な自己還帰性を明示的に扱っており、かつフィヒテ自身は自らの体系を、カントの体系と同じである（vgl. *EEWL*, GA I/4, 184, 221）、あるいは同じ精神を持つ（vgl. *GWL*, GA I/2, 335 Anm., 414; *ZEWL*, 335; I/4, 230f.）と称し、カントの定言命法にも積極的に論及しているからだ。純粋実践理性の自己関係性はカントではなくフィヒテにおいて初めて徹底されるのではないか、というのが我々の見通しである。

第八節　定言命法は知的直観であり得るか

両者の思想の関連性は上の通り明白であるにもかかわらず、現代では、カント研究の分野においてフィヒテとの関連に言及されることがさほど多くないように思える。カントの著作は広範な諸問題を扱っており、その解釈自体がすでに一大事業であることは言うまでもないが、しかしその他にもいくつかの要因があるだろう。例えば、カント自身がフィヒテの知識学に対する批判的な声明を発し、自らの体系とは無関係であると断じた（vgl. *ÖE*, AA, XII, 370f.）ことは、少なからず影響しているかも知れない。だが何といっても、批判期のカントが人間には不可能な神的直観として否定していた（vgl. *KrV*, B76, B307ff.; *KpV*, AA, V, 31, 99）「知的直観」をフィヒテが堂々と、しかも自らの体系全体を貫く鍵概念の一つとして論じていることが、カントの読者に疑念を抱かせる結果となっているのではないだろうか。

確かにフィヒテはカントと違い、定言命法を大胆にも知的直観によって説明するが、カントが知的直観（ないし直観的悟性）を認めていないことは、当然ながら承知している。フィヒテは、カントが考えるような、物自体の存在の直接的意識としての知的直観を提示しているわけではない。知識学にとっての知的直観を、フィヒテは『知識学への第二序論』において次のように定義していたのであった。「それは、私が行為することの、そして私がいかなる行為をなすのかということの直接的意識である。……この直観によって、私は何かを、私がそれをなすがゆえに、知るのだ」（*ZEWL*, GA, I/4, 217）。フィヒテは『全知識学の基礎』の前半部など、自らの主な著作をカントに送っていたが、カントがそれらの精読と吟味に多くの時間を費やしたとは考え難い。カントは、フィヒテがこのような新しい知的直観を構想していたことを知らなかったのかも知れない。それゆえ、仮に「フィヒテは知的直観について語ることによって物自体の認識可能性へ傾いており、カントの精神から逸脱している」といった批判がなされるとすれば、それは的を射ていないことになるだろう。

カント的な意味での知的直観は、それ〔知識学〕にとってはナンセンスである……。知識学が語る知的直観は、全く存在に向けられてはおらず、行為に向けられている。そしてこの知的直観はカントでは決して述べられていない……。(50)（225）

実際、『純粋理性批判』においてカントが知的直観を否定する場合には、常に物自体の認識が問題となっているのであり、行為についての自己意識は考察の対象になっていない。この点を、フィヒテは問題視する。

……カントの体系においても、それ〔行為の知的直観〕について語られるべきであった箇所が全く正確に指摘され得る。定言命法は果たしてカントの言うように十分に意識されているのだろうか。意識にとってこれは一体何なのだろうか。……この意識は疑いもなく直接的なものだが、しかし感性的なものではない。それゆえ、まさにこれこそ、私が知的直観と呼ぶものなのだ……。（ebd.）

（50）『新たな方法による知識学』では以下のように述べられている。

自己内で行為する自我の直観は可能である。こうした直観は知的直観である。これはカントの体系に矛盾しない。カントはただ感性的な知的直観を否定しただけである。そしてそれは正当な事であった。けれども、自我の直観は固定したもの、静止したものではなく、行為する自我である。カントはその体系においてこの種の知的直観を反省せずに、その結果を――つまり、我々の表象が我々の自己活動的な心の所産であることを、反省したにとどまる。カントが自分の体系で持っていたのは、この知的直観の結果なのである。（*WLnm*, GA, IV/2, 31）

カントは「理性の事実」を持ち出してきた直後に、これは知的直観ではないと断っている（vgl. *KpV*, AA, V, 31）。にもかかわらず、フィヒテは敢えて定言命法を知的直観だと言い切っているのである。この驚くべき主張は、以下のようにまとめることができる。（Ⅰ）定言命法は直接的な意識であり、感性的な意識ではない、（Ⅱ）カントの説明では、定言命法が十分に意識されていることについて疑問が残る、（Ⅲ）定言命法は知的直観である。このうち、（Ⅰ）については一見さほど問題が無いように見える。定言命法とは道徳法則の意識に他ならないが、道徳法則は「我々が（意志の格率を立てようと試みるやいなや）直接に意識する」（29）ものであり、「まったくそれ自体のみでア・プリオリな綜合命題として我々に迫ってくる……」（ebd.）とされている。それゆえ定言命法を直接的な意識と呼んでも差し支えない。また、これが感性的な意識でないことも明らかだろう。というのも、行為への意志を規定する根拠となり得るもののうち、感性的に与えられるものとは欲求ないし傾向性であって、こうしたものが実践的法則の制約として入り込むことは「意志の他律」であり、純粋実践理性の原理に反するからだ（vgl. 33）。とは言え、そこからなぜ（Ⅱ）（Ⅲ）へと話が進むのかは、理解に苦しむところかも知れない。

フィヒテは決してカントの説明を見落としたり誤解したりしたわけではない。むしろ、ここでフィヒテは、カント哲学の継承者でありながら同時に批判者、そして完成者を自負する者として、カントの説明の不備を、自らが提示した「知的直観」によって解消しようとしているのだと言える。では、カントの説明のどこに不備があるというのだろうか。それはもちろん、定言命法が十分に意識されていることの説明に、であり、この点において、我々が前節でベックから引き出した議論がフィヒテの指摘と合流し、新たな展開を見せることとなる。というのも、フィヒテの知的直観は私の行為に向けられているのであり、本質的に自己関係的なものだからだ。

すでに見たように、ここで言われる知的直観は、私の行為の直接的意識だとされている。それは、普通の経験的意識においては感性的直観や概念と結び付いており、取り出すことができない（vgl. *ZEWL*, GA, I/4, 217f.）が、しかし哲学者が自分自身を反省し、意識の全体をその構成要素に分解することによって知ることができる。このとき哲学者は、自分自身の静止した存在を意識しているのではなく（ハイムゼートは、前批判期のカントと共にその可能性を追求しているが）、むしろ自分自身について思考している自分自身を意識する。「行為する自我はまた同時に、自分が行為していることを直接的に意識してはいなかっただろうか。私は私を措定するとして措定する。これは直観である」（*WLnm*, GA, IV/2, 30）。それゆえ知的直観の眼目は、思考ないし措定するという行為を通じて、まさにその行為が思考ないし措定されるという点にある。その意味で、これは自己関係的な構造を有する意識だと言える。

第九節　「理性の事実」は「理性の事行」であり得るか

ところで、知的直観は反省する哲学者にとっては「意識の事実」だが、「根源的自我にとっては事行である」（*ZEWL*, GA, I/4, 218f.）とされる。[51]「自我」とは目下の議論においては概ねカントの「理性」に相当する概念であり、「根源的自我」は、カントの「純粋理性」と比較できるようなものと理解して良い。ただし、フィヒテはカントと違い、理論理性と実践理性を区別しない。その代わりに、フィヒテは「自我」を、「主観的なものと客観的なものとが全く分離されておらず完全に一つであるような点」（*SS*, GA, I/5, 21）と見なしており、この同一性を「事行」と呼ぶのである。事行は、反省によってさえも我々の意識に現れることがなく、「むしろ、全ての意識の根底にあって、これのみが意識を可能にする」（*GWL*, GA, I/2, 255）とされる。したがって、哲学者による自分の行為の知的直観は自我の事行がなければ不可能であり、他方、事行があると言い得るのは、知的直観が意識の事実として与えられているからだ、ということになろう。

この構造が、カントにおける自由と道徳法則の関係、即ち互いに「存在根拠（ratio essendi）」と「認識根拠（ratio cognoscendi）」である（vgl. *KpV*, AA, V, 4）という関係と類比的なのは、決して偶然ではない。フィヒテは絶対的自我を「それ自身によって根拠付けられた自由の作用であり、絶対的に開始する働き」（*WLnm*, GA, IV/2, 44）として、即ちカントにおける「超越論的自由」（*KrV*, B475; *KpV*, AA, V, 97）を持つものと考えており、他方で、知的直観は「人倫法則の意識」（*ZEWL*, GA, I/4, 219）でもあるとされるからだ。上で述べたフィヒテの主張（Ⅲ）はここに根拠を持っている。知的直観は決して、ただカントの「超越論的統覚」に相当するものとして、カントが言うところの理論理性に関わるだけではなく、実践理性にも定言命法の形を取って関わるのである（vgl. 225）。

フィヒテは定言命法の内容を「われわれは端的に概念によって、それも絶対的自己活動の概念に従って、意図的に我々を規定すべきである」（*SS*, GA, I/5, 61）と表現する。換言すれば、「理性的存在者は自分自身の行いによって、自分がなるべきものへと自分自身を作らなければならない」（62）のである。それゆえ知的直観は、私がいかなる行為をなすべきかについての直接的意識でもあり、その内容は、自我性の概念と一致する仕方で行為すべきである、というものである。無論、ここで言う自我性とは特定の人格ではなく「我々の精神性一般」（*ZEWL*, GA I/4, 257）を意味している。それは事行の直観に基づいた意識であり、分離された状態で意識されている客観と自我が一致することの要求であり、「純粋自我との一致という絶対的要請」（*GWL*, GA, I/2, 396）だとされる。ここまでの我々の議論に即して表現するなら、それは事実としての純粋実践理性と一致せよという、経験的

（51）イェーナ期・ベルリン期を通じて、知識学の叙述は、経験的な自己意識において事実として現れるものから、その絶対的な根拠まで上昇する叙述と、そこから再び経験の次元へ下降する叙述という二系列を成す。ただし『全知識学の基礎』では上昇が導入部分の方法として採用されたのに対し、『新たな方法による知識学』では下降が採用される（vgl. *WLnm*, GA, IV/2, 33）など、順序は必ずしも本質的な問題ではない。さらに後期のベルリン大学講義では、「意識の事実」「超越論的論理学」等、上昇だけを扱うさまざまな題目の知識学入門講義が行われ、知識学そのものにおいては専ら絶対者からの下降のみが論じられるようになった。以上のような事情については、藤澤（一九九五）参照。フィヒテがここで知的直観を「意識の事実」と呼ぶことにも、絶対的自我の「事行」への上昇が含意されていると考えられる。

理性への要請なのである。

これはまた、自我による自己立法でもある。フィヒテによれば、（超越論的）観念論は自我の事行を根拠として我々の全経験を（それゆえ経験的な行為選択も）説明しなくてはならない。しかし、無既定のものから規定されたものを導出することはできない。それゆえ、自我の事行（当該箇所では「知性の行為」という表現が用いられている）は規定された行為でなければならず、しかもそれ自身が最高の説明根拠であるから、自己自身によって規定され、一定の仕方でのみ行為し得るということになる（*EEWL*, GA I/4, 200）。それゆえ経験的自我が一致すべき純粋自我とは、自らによって与えられた行為法則、即ち道徳法則に従って必然的に行為するような自我なのである。

ところで、「理性の事実」が内包する二重の自己関係性はいかにして一つの自己関係性であり得るか、という問いはここまで未回答のままものだった。フィヒテに即して言い換えるなら、哲学者にとっての知的直観が同時に根源的自我にとっての事行でもある、という事態はいかにして可能なのか、ということだ。しかしこの問いはすでにほぼ答えられている。知的直観とは、自我における主観と客観の「絶対的同一性」（*WLnm*, GA, IV/2, 21）を、反省する哲学者が、自己意識において事実として直観することに他ならない。したがって、この自己関係性は、哲学者本人にとってはあくまでも知的直観でしかないのだが、一方で根源的自我にとってはその構造を表現したもの、つまり事行でしかない。フィヒテは「知識学の出発点である知的直観としての自我と、知識学の到達点である理念としての自我の混同」（*ZEWL*, GA, I/4, 265）に注意を促しているが、これは無論、自己関係性を捉える次元の違いを強調しているだけであって、自己関係性そのものが二つ存在すると述べているのではない。

ここまで見てきたことから明らかなように、フィヒテはカントと違って自己関係性を極めて明示的に、むしろ主題的に扱っており、かつ自己関係性の二重性についても言及している。それゆえ、ベックの「理性の事実」解釈は、TAにおけるブープナーのように、無意識のうちにカントをフィヒテ的に読もうとしているのではないか、という疑問が生じてくる。これを肯定するためには、カントにおいて自己関係性が根本原理であるとまでは言えないと示すことが必要になるだろう。以下でそれを試みる。

「定言命法は果たしてカントの言うように十分に意識されているのだろうか」（*ZEWL*, GA, I/4, 225）とフィヒテは問いかけた（主張Ⅱ）。もし定言命法が十分に意識されていない疑いがあるとするなら、それは、定言命法の意識の直接性についての疑いか、もしくはその自己関係性への疑いだと考えられる。しかし、カントの定言命法が直接的意識であることはフィヒテも認めている（vgl. ebd.）。したがってこれは、定言命法の自己関係性が不十分ではないか、という疑いであると見なしてよいだろう。それゆえ、ここで再び自己関係性Bへと立ち戻ってみよう。「道徳的強制を、つまり法則を意識していること―これが純粋理性という事実なのだが―が、この事実それ自体によって（ipso facto）、道徳法則による実践的要求を妥当にする、そしてこのことが理性にとっての事実なのである。」（Beck 1960, 169）というベックの見解を、我々は自己関係性Bと呼ぶことにしたのだった。このとき、「理性という事実」は道徳法則を意識していることだが、「理性にとっての事実」の方はもう少し複雑な構造をしている。道徳法則を意識しているという事実が、その事実自体によって、道徳法則による実践的要求を妥当にすること。これが「理性にとっての事実」に当たる。そうすると、ここで「理性という事実」と「理性にとっての事実」は唯一の事実なのだから、道徳法則を意識しているという事実が、そのまま意識された道徳法則の内容の正統化になっていることになる[52]。

そのようなことが可能になるには、意識されているものが何らかの感性的な実践的規則ではなく、道徳法則だということがはじめからわかっていなくてはならないだろう。ところで、自己関係性Aで行われていたことは理性の自己立法（vgl. *KpV*, AA, V, 33）であり、言わば、純粋理性が立法すると共に、立てられた法則を自ら意識するということだった。すると、この後半部分に、自己関係性Bにおける正統化の成否が掛かっていることになる。フィヒテが「定言命法は十分に意識されているか」と問うとき、問題視しているのは、自己関係性Bではなく、むしろ、自己関係性Aなのではないだろうか。というのも、もし定言命法が「十分に」意識されていないなら、自己関係性Bにおいて意識されているものは、道徳法則ではない可能性が生じるからだ。

これが当たっているとすると、我々が明らかにすべきは、カントにおいて道徳法則の立法が自己立法であることは、十分に保証されているかであり、敢えてカントとフィヒテの用語を組み合わせて表現するなら、カントの議論に「理性の事行」を読み込むことは可能なのか、であるだろう。すでに見たように、カントの議論においても実践理性の自己関係性を考えていると思しき個所は散見される。また、カントが「理性の事行」を考えていたと主張する根拠も無いわけではない。というのも、『実践理性批判』の課題は「純粋実践理性が存在することを証明する」[3]ことであり、「理性が純粋理性として現実に実践的であるならば、それは自らと自らの諸概念の実在性を行い［Tat］

を通じて証明する」（ebd.）とされているからだ。このときカントが、純粋実践理性が存在することと純粋理性が実践的であることを同一視していることは明らかである。

しかしカントにおける自己関係性は、拡張されたベックの解釈のように体系的に理解すべきものなのか。あるいはむしろ、カントの論述に自己関係性Aと自己関係性Bの同一性を見出すのは読み込み過ぎであり、すでにフィヒテの事行を前提としなくてはならないところまで進んでしまっていたのではないか。上述の通り、カントは理性の自己関係性を主題的に論じているわけでない。「理性の立法に要求されるのは、理性がもっぱら自分自身のみを前提する必要がある、ということに他ならない」（20f.）と言われるときでさえ、立法行為の主観としての自分自身と、その行為の産物としての自分自身の関係、それどころか唯一性についての詳細な検討は、なされていない。ベックが取り上げた「無制約的な法則とは純粋実践理性の自己意識に他ならないのではないか」（29）とい

（52）これは第一節で紹介したシェーンリッヒのTP解釈が示した論理構造と類似している。第一節では便宜上、反対者の否定的な発話を例として用いたが、シェーンリッヒが提示する例は、「私は主張の規則が無制約的に妥当性を持つことを主張する」という肯定的な発話である。反対者の場合と同様、この場合も我々はまさにこの規則の妥当性を用いることなく、「この規則は妥当性を持つ」と主張することはできない。それゆえ、

発語内的契機と命題的内容の間に必然的連関〔自己還帰性〕が成立するということは、主張される規則の妥当性は主張の実行に等しいという意味でしかあり得ない。規則の要求が規則の妥当性の主張と直ちに連関を持つのは、規則の内容が規則に妥当性を持たせること以外の何ものでもない場合に他ならない。（Schönrich 1994, 172(207)：傍点は引用者）

う問いは、結局カント自身によっては答えを与えられない。カントが問題にしていたのは、経験的に制約された理性にとって「道徳法則の意識はいかにして可能なのか」(ebd.) ということであり、純粋実践理性そのものの自己関係性を主題的に扱うことではなかった。「我々は、純粋実践理性の批判ではなくて、ただ実践理性一般の批判の探求につとめなければならない」(15) のである。書名に「純粋」という形容詞が付かないのもそのためである。

以上から、純粋理性の自己立法についての徹底した反省を欠いていることが、フィヒテの考える、カントの説明の不備に他ならないように思われる。自己立法が自己立法であることを保証するものは純粋実践理性の根源的な自己関係性、さらに言えば「理性の事行」であろうが、これをカント自身の議論に見出すのは読み込み過ぎであるように思われる。しかし、ベックの「理性の事実」解釈は、すでにそうした読み方に傾いているように見受けられるのである。

理論哲学においても、実践哲学においても、カントは必ずしも自己関係性を原則として徹底しなかったし、明示的に論究もしなかった。だからと言って、カントの体系に自己関係性が不要であったとは限らない。少なくとも初期のフィヒテは、カントの体系が整合的であろうとするなら、自己関係性が徹底されなければならないはずであり、結局は知識学に帰着すると確信していた。だが、自己関係性を「徹底」するとはどういうことなのだろうか。それは、自己関係性を根本原則として頂点に据え、そこから出発するような哲学体系を構築する、ということであろう。しかしながら、これもまたカントの哲学には見い出されない性格であるように思われる。次章では、この頂点からの出発という点に着目し、両者の差異をさらに明らかにするとともに、それがＴＰにとってどういう意味を持つのかを論じていきたい。

第三章　「上昇」か「下降」か

——超越論的語用論のフィヒテ主義的性格（2）——

超越論的語用論の一つ目のフィヒテ主義的性格は自己関係性の徹底としてまとめることができたが、もう一つ重要な基準がある。それは前章第六節で言及したように、カント的な「上り道」ないし「上昇」か、フィヒテ的な「下り道」ないし「下降」か、という問題である。

本章ではこの問題を、ハーバーマスとアーペルの差異に関連付けることにより、超越論的語用論のフィヒテ主義的性格をより鮮明なものとしたい。共にドイツにおける言語論的転回ないし語用論的転回を主導し、再構成的で普遍主義的な語用論、そして討議倫理学という共通の思想を持つ二人は盟友関係と見なされることも多い。しかしハーバーマスの『道徳意識とコミュニケーション的行為』におけるアーペル批判以降、両者は思想的な乖離を深めていった。ハーバーマスは『討議倫理学の詳解』（Habermas 1991）において、アーペルがフィヒテのように自己関係性に訴えることでＬＢが可能だと考えていることを説明した上で、[53]ＬＢは可能でも必要でもなく、自己関係性とＬＢの間にも特別な関係は無いということを改めて強調している（193f.（229））。それどころか、ＬＢというアーペルの目標そのものが原理主義的であり、そのやり方は宗教や形而上学すら想起させると厳し

（53）「彼は一方でコミュニケーション的理性をその核心において道徳的―実践的理性として把握し、他方では、彼は実践理性のこのフィヒテ的優位によって哲学的―説明的な、自己関係性によって特徴付けられるような討議に対して、学問的討議のヒエラルキーの頂点の地位を認める。……つまりアーペルは、討議原理の権限を持つような哲学的思惟に、自己反省の背後遡行不可能なアルキメデスの点を確保することができると信じている。この見地からすれば、哲学は、論議一般についての自己解明によって、理論と実践を包摂する究極的根拠付けを提供できるということになる。」（190（225–226））

く批判している。[54] また後に、これはハーバーマスとアーペルの「出発点の違い」(Habermas 2005, 459) だとも述べている。それでは、「理想的発話状況」と「理想的コミュニケーション共同体の超越論的言語ゲーム」という理念を類似した理念を掲げて、同じ「討議倫理学」を展開する両者にとって、決裂とも言うべき対立を生んだ出発点の違いとは何なのだろうか。これをカントとフィヒテの差異に即して解明するのが本章の目標である。

本章の議論は以下のように進行する。

まず（1）『道徳意識とコミュニケーション的行為』におけるハーバーマスのTPへの（前の二つの章で扱わなかった）批判を取り上げ、ハーバーマスの基本的な立場を明らかにする。（2）アーペルの回答と反批判を再構成し、両者の基本的な前提の相違を際立たせる。（3）アーペルのヴィトゲンシュタイン批判を参考にしつつ、ハーバーマスの基本的立場に対してTP側からどのような批判が可能かを検討する。

次に、アーペルとハーバーマスの討議理論が共有している前提、即ち「真理の合意説」について検討する。まず（4）真理の合意説とはどのようなものか説明し、（5）アルブレヒト・ヴェルマー（Wellmer, Albrecht, 1933–）からの批判を手掛かりとして両者の差異を考察する。そして（6）実在論・反実在論という対比に照らしてアーペルの立場を考え、カントの二元論的立場についても論じる。（7）統制的理念としての真理について検討を加えたのち、（8）フィヒテの超越論的観念論がカントのそれとどのように異なっているのかを説明する。

続いて、議論をカントとフィヒテにおける上昇と下降の差異に移す。(9) まず両者の体系全体の方向性の差異を概観し、(10) カントがなぜ実践哲学において下り道を断念せざるを得なかったのかを考察する。(11) 最後に、改めてハーバーマスとアーペルの差異を、カントとフィヒテの差異に関連付けるとともに、LB論証の位置付けを見直すことで、パトナムからの批判に回答する。

第一節　究極的根拠付けに対するハーバーマスの代案

ハーバーマスが『道徳意識とコミュニケーション的行為』において、TPによるLB論証を意識哲学への回帰であると批判したことはすでに述べたが、ハーバーマスはこれに加えていくつかの点でTPを批判している。ここではまずそれらのうち以下の三つに注目し、それぞれ説明しよう。

批判（I）：懐疑論者があらゆる討議を拒否できる以上、道徳的規範の「究極的根拠付け」は不可能である（vgl. Habermas 1983, 109（157））。

(54)「「究極的根拠付け」の意義は道徳理論的考察の内だけで明らかになるものではなく、むしろ、（もちろん否定するだろうが）原理主義的遺産としてのアーペル哲学の建築術的構造に基づくことで初めて理解可能になるのだと私は思う。哲学が、自己反省によっても自己関係的な論証によっても解決できないような問題を引き受けるときに初めて、この哲学者は「究極的根拠付け」の必要性に直面するのだ。」Habermas, a. a. O., S. 188. Vgl. auch 186, 192f.（二二三頁。また、二二一・二二八頁をも参照。）

批判（Ⅱ）：また、生活世界での日常的な直観によって知られている人倫性に訴えることで懐疑論者を退けることはできるので、不要でもある（vgl. 109ff.（158–170））。

批判（Ⅲ）：語用論的転回後の哲学は、可謬的な経験的再構成科学の一員に過ぎない（vgl. 107（155））。

批判（Ⅰ）について。これはクールマンの分類に従うなら（3）のタイプの批判に該当する。[55] ハーバーマスによれば、たとえ論議の参加者が規範的な内容を持つ（例えば相互承認といった）前提を受け入れなくてはならないとしても、それはその人が論議の参加者になったからこその話でしかない。したがって、

彼らが一旦論議のサークルから離脱するや否や、そのような超越論的語用論上の必要事は免除されてしまい得るのではないか。そのような必要事を、討議の場から〔その他の〕行為の場へと直ちに転用することはできない。……そのような場の転移は、……論議の前提から直接に倫理的根本規範を導き出そうとする仕方では、証示し得ないものだ。（96（139））

ハーバーマスは、ＴＰによるＬＢ論証が懐疑論者からの異議申し立てに依存しているという事情には欠点があると指摘する。それは、そもそも論議に参加することで提題者の思った通りの反応をしてくれる反対者にのみ通用する戦略である。それゆえ、ＰＳＷの現場を取り押さえられるであろうことを見越した懐疑論者は、「はじめからそのような策に引っ掛かるのは御免だということにな

る――即ち、あらゆる論議を拒絶するようになる」（109（157））。こうなると、提題者は「議論から抜け出てゆく懐疑主義者に対抗する処方箋などないことを白状するようになる」（109（158））のだという。確かに、ＰＳＷを露呈させることの眼目は、反対者に自らの発話が自己忘却であったこと、言いかえればその発話はそのままでは遂行的な論理的自己矛盾を犯しており、コミュニケーションを不可能にするほど不合理なものになってしまうことを認めさせることにある。クールマンの精緻化された「短い討議」にしてもそうだ。それゆえ討議を拒否する相手に対しては、ＬＢを達成することが不可能だということになる。

批判（Ⅱ）について。これはクールマンの分類では（２）に該当する。以下の理由でＬＢは不要とされる。即ち、懐疑論者が討議を拒否するということは、自ら論議共同体の成員ではないと行動で示すことだが、それ以上を意味するわけではない。つまり、日常生活における通常のコミュニケーション実践からまでも離れるわけではない。懐疑論者は、道徳性は否認できても、彼が言わば昼日中に関わり合っている生活連関の「人倫性［Sittlichkeit］」（110（158-159））は否認できない。「人倫性」ということでハーバーマスが念頭に置いているのはヘーゲルのカント批判であり、道徳（Moral）に対する人倫（Sitte）の優位、即ち各共同体が道徳以前に持っている習俗としての規範の優位という論点である（55（77））。ハーバーマスはこれを、道徳的討議が行われる以前から生活世界において行われる「コミュニケーション的な日常実践」（110（160））として捉えている。道

（55）　第一章第七節参照。

徳的論議から離脱した懐疑論者も、この日常実践の前提には依然として結び付いたままであり、そしてこの前提は、「少なくとも部分的には、論議一般の前提と同一」（ebd.）である。したがって、懐疑論者はこの人倫性の前提に関しては認めざるを得ない。さもなければ、「自殺に追い込まれるかひどい精神疾患に陥ってしまうだろう」（110(159)）。こうした仕方で懐疑論者は退けられるので、討議の諸前提のＬＢは不要である、という結論になる。

批判（Ⅲ）について。この批判はハーバーマスとアーペルの哲学観の違いを示している。第一章で述べたように、アーペルにとって言語哲学は第一哲学である。しかしハーバーマスは、言語論的転回の後では哲学がそのような特権的な立場を維持することはもはやできないと考えている。とは言え、プラグマティズムや相対主義的な解釈学にまで後退する必要もないのではないか、というのがハーバーマスの見解である。「意識哲学の持っていた精神主義的な言語ゲームは放棄しても、意識哲学への自己批判の過程で得られた割引された根拠付けの諸様態は無効化しないようなパラダイム」（18(18)）が必要だとハーバーマスは考える。それは、「哲学はいくつかの学問分野に関して、座席指定係という〔自らの〕もはや維持できない役割を、座席確保係［Platzhalter］の役割に交換できないだろうか」ということである。（23(26)）

もはや哲学は学問一般の可能性の根拠付けといったことには関わらず、代わりに、普遍主義的な要求を掲げる経験諸科学、判断し行為し発話する主体が持つ先理論的な知と伝承された文化的な知の諸体系を手掛かりにするような学問のための、場を確保する。具体的には、科学理論に対する科学史の関係であるとか、経験的語用論に対する言語行為論の関係、また道徳についての発達心理学に対する認知主義的倫理学の関係や、行為能力の個体発生的発展の研究に対する哲学的行為論の関係などである。そして、このような協力関係に従事する哲学は、可謬主義的である（vgl. 23f.（26-27））。

それゆえTPによるLBの試みは最初から方針を誤ったものであることになるし、ハーバーマス自身が人倫性に依拠して懐疑論者を退ける場合には「概念的な論証をすることは断念し、コミュニケーション的行為が中心的な位置価を持つということを納得させ得る経験的な証拠をもって満足する」（111（161））ことになるのである。

第二節　アーペルによる反論

本節ではアーペルによる反論とハーバーマスへの反批判を確認する。アーペルは著書『討議と責任』（Apel 1988）において、（Ⅰ）、（Ⅱ）の論点について次のように反論している。

反論（Ⅰ-a）：「究極的根拠付け」は討議を拒否する懐疑論者をも説得できなければならない、という前提は不当なものである。

反論（Ⅱ-a）：生活世界におけるコミュニケーション的行為の再構成理論というハーバーマスの立場は道徳の究極的根拠付けを代替するものではなく、むしろ究極的根拠付けをすでに前提している。先啓蒙主義的な「不偏不党の人倫性」への訴えは幻想に過ぎない（vgl. Apel（1988），

117ff., Anm. 17)。

反論（I-a）については、一見、アーペルとハーバーマスの間に深刻な対立は無いように思われる。というのもハーバーマスは、アーペルは討議を拒否する懐疑論者にもPSWを認めさせようとしていると理解しているが（vgl. Habermas 1983, 95f.（136–138））、それは単純に誤解だからだ。徹底して討議を拒否する者はもはや自己理解や自己同定すら不可能であり、その選択は病的な状態としてしかあり得ないとアーペルは考えている（vgl. Apel 1973b, 414(283); Apel 1976, 76(246)）。すでに見たように、ハーバーマスもまた、討議を拒否する懐疑論者はもはやTPのやり方では説得不可能だが、そのような者も生活世界の人倫性は否定できないのであり、それを否定すれば精神疾患や自殺に追い込まれるとしている。つまり、ここでの両者の対応はほぼ同じなのだ。

とは言え、両者の間には違いもある。それは、討議の拒否と、あらゆるコミュニケーションの拒否は同じか否かという点である。ハーバーマスの場合、道徳的討議からの離脱とは、せいぜい話し合いでコンフリクトを解決することを断念して、再び自らの習俗的な行為規範に従う生活実践へと帰ることを意味しているに過ぎない。生活世界の人倫性は、異なった生活形式に所属する者たちによる道徳的討議の場においては、不適切な部分が指摘され得るとしても、同じ生活形式に属する者たちとの生活実践が、問題なく可能である程度には道徳的なのである。封建時代の生活などを想像すれば、わかりやすいかもしれない。そのような人倫性からも離脱するときに初めて、病的状態になるのである。

これに対してTPの場合、討議からの離脱は、有意味な仕方では不可能である。クールマンは、討議から脱退しようとする活動（決断）が、すでに論証や根拠やそれらの役割に訴え、そのことによってそれらを認証していると述べている（vgl. Kuhlmann 2007, 22）。

つまり、こういうことだろう。討議からの脱出が、仮に合理性一般への批判的態度を意図した、非合理性のアピールとして試みられるのだとしても、それは要するに合理性一般への有意味な批判というものが原理的に可能であり、その批判は吟味され、承認ないし却下されるようなものである、ということを含意している。その態度もまた、当該の討議に提出されるのであり、その態度をとることで当該の討議に参加しているのである。本当の意味で討議から脱出するとは、「今後あなた方とは議論しません」と断った後、普通に生活しながらもその人々とは議論しない、といったものではあり得ない。ある時点である討議から離脱し、別の時点で別の討議に参加するのは、第一の討議に対する無言の、しかし原理的にそれもまた当該の討議の議題になり得るような、態度表明でしかない。厳密な意味での討議からの離脱は、討議的理性からの離脱であり、了解可能性、つまり有意味性からの離脱なのである。

反論（Ⅱ-a）は、両者の哲学観の違いを反映したものとなっている。ハーバーマスは必ずしも人倫を道徳よりも優位に置いているわけではない。ハーバーマスは人倫を、生活世界において行われる「コミュニケーション的な日常実践」の慣習的道徳として捉えており、この慣習の含む行為規範が妥当か否かは道徳的討議によって検討されなくてはならない。とは言え、仮に道徳的討議を拒否したとしても、それは道徳的討議に参加する以前の、言わば出発地点に戻るだけである。出発地点である人倫的な慣習道徳を持つ日常的なコミュニケーション的行為までは後退できるが、出発地点より後ろには後退できない、という準超越論的な論証が、アーペルに対するハーバーマスの代案を支えている。しかしこのような代案を提出するに際して、ハーバーマスの立場は整合性を保っているのだろうか。

アーペルは別の著作において、ハーバーマスが生活世界の人倫性に期待することの問題を再び論じている。

> 先哲学的な生活世界のコミュニケーションは、自らの背景的資源に基づいて、慣習的道徳の規範の正当性要求を正当なものとして認証することができなかったということは、文化革命のハーバーマスによる再構成の意味においてもやはり想定されなくてはならない。しかも、我々が今日導くことができ、導かねばならない討議の次元でも、哲学的論議の文化の開始点は常にすでに踏み越えられており、論証的討議のポスト慣習的状況はつねにすでに規範を巡る――より正確には、規範の根拠付けの諸原理を巡る――我々の合意の「前構造」に属するのである。これらすべてのことがあらゆる議論において前提されねばならないにもかかわらず、それでもなお倫理の（それどころか「討議倫理学」の！）原理の哲学的な――そしてその限りで合理的な――根拠付けが、〔ハーバーマスの言い分では、〕生活世界におけるコミュニケーション的行為の事実的に機能しているような人倫性への訴えによって取って代わられることになってしまう。（Apel 1990, 663（12–13））

このように述べた上で、アーペルは、ハーバーマスの議論は人倫性に依拠することで全体的な一貫性を欠くことになると指摘する。なぜなら、ハーバーマスは他の文脈では道徳性を人倫性よりも優位に置くような議論を展開しているし、また、TPに対して「哲学は単なる経験的再構成科学の一員に過ぎない」という批判を行う一方で、自身の理論形成に関しては哲学的次元と経験的-社会学的次元の区別に注意を促したりしているからだ。例えば『討議倫理学の詳解』[56]においてハーバーマスは、道徳性の普遍主義的基準という機能の優位を擁護しており、そこでは人倫性は補完的な役割に後退している。

そもそもハーバーマスの目標は普遍主義的道徳を擁護することなのだから、「下からの」妥当性の根拠付けではなく、「上から垂直に」(694) 妥当性を根拠付けるTPの行き方を採るべきだ、とアーペルは主張する。ここで「下から」とは、生活世界にすでに事実的に与えられているものから普遍的なものへと帰納的に、という意味であり、「上から垂直に」とは、まず理想的で普遍的な審級を前提し、そこから実在的なものへアプローチするという意味だろう。

これに対し、ハーバーマスは以下のように応答している。

再批判（Ⅱ-b）：一般にコミュニケーション的行為を行う限り、我々は常に人倫が浸透した生活世界で

(56)「こういった〔普遍主義的道徳の概念という〕準拠点を放棄し、ローカルな道徳を具体的な人倫の範囲に閉じ込める者は、人倫的な生活形式を評価する理性的尺度を手放すことになる。」(Habermas 1991, 40(38))

活動しているのだが、アーペルは、このような意味の道徳的存在を考えていない（vgl. Habermas 1991, 186f.（221））。人間がゾンビに変わるというＳＦでもなければ、我々は自分たちの生活形態の基本的な変革など決して想像できないのだから、人倫性へ訴える弱い意味での超越論的論証だけで、十分に手続き的な普遍主義的道徳原理を根拠付けることができる（vgl. 193（230））。

我々はすでに道徳的討議以前にも常に、生活世界におけるコミュニケーション的実践の習俗的な人倫性に基づいて、ある程度の道徳性を持った行為規範に従っているとハーバーマスは考えている。一方でＴＰにおいては、すでに超越論的な条件を普遍的な規範として前提にしている、という条件を満たして初めて個々の言語ゲームないし実在的コミュニケーション共同体が成立する。それゆえ両者の差を、事実的ないし実在的なコミュニケーションと、理想的なコミュニケーションのどちらを「出発点」と考えるか、という問いにまとめることもできるだろう。節を改めて検討したい。

第三節　第一哲学か「座席確保係」か

アーペルとハーバーマスは共に言語論的転回ないし語用論的転回を推進してきた同志だが、しかし転回後の哲学が果たすべき役割についての理解が全く違っている。アーペルはすでに早くから、転回後の言語分析的意味論、経験的語用論、構造主義のいずれも「現代の言語哲学と古典的な超越論哲学の間の連続性を正しく保つ」（Aepl 1970, 312(307)）ものではないと見て取り、「コミュニケーションの、そしてその限りでまた言語の可能性の主観的―間主観的諸条件としての言語行為と理解行為の超越論的な語用論は（未だ）存在していない」（314(309)）ことに危機感を覚えていた。なぜなら、「有意味な言説としての哲学の可能性は、言語に対する反省がまさにその同じ言語において可能であるということに掛かっている」（318(314)）と考えていたからだ。それゆえすでにここに、ＴＰが言説の二重構造とその必然的連関としての自己関係性を強く希求する理由が表れている。しかもこの危機は、哲学だけの問題ではない。「もしこの自己反省的であると同時にコミュニケーション的な言語機能が存在せず、……命題機能しか存在しないとしたら、ほかならぬ人間のロゴスの妥当反省能力（したがってまた科学、哲学、倫理学）が理解不可能なものとなるだろう」（Apel 1979, 201(201)）。

これに対してハーバーマスは、言語論的転回後の哲学はもはや他の学問に対する「座席指定係」ではなく、すでに決まっている着席場所での「座席確保係」の役割、あるいは「文化を検閲する裁判人」ではなく、異なった文化領域間を「媒介する解釈者」（Habermas 1983, 26(30–31)）の役割しか持ち得ないと考える。ハーバーマスは言語論的ないし語用論的転回によって、ただ行為や発話がかつての認識より上位に置かれ、分析対象のみが変わるといった単純なモデルを考えてはいない。「脱超越論化」された言語哲学においては、かつてとは違ってＬＢといったものはあり得ないと考えているのだ。それゆえＴＰの企図に対して批判的になるのは当然の成り行きだと言える。

さらに、ハーバーマスは『討議倫理学の詳解』で新たな論点を提出している。

（Ⅲ－a）〔討議倫理学を含めた〕認知主義的倫理学は「私は何をなすべきか」といったタイプの道徳的問いに単称判断で答えるために、個々の事例において論議への参加者が〔規範の〕適用の討議を行い、必要な場合には〔規範の〕根拠付けの討議をも行わなければならない、という回答で満足する。個々の妥当な道徳判断を超えて義務に応じて行為することを義務にするような超規範は余剰もしくは無意味であり、アーペルによる究極的根拠付けもそのような超規範の根拠付けに帰着する（vgl. Habermas 1991, 187(222)）。

これらの論点こそはアーペルとハーバーマスの最も重要な立場の違いを表現しているように思われる。道徳判断は常に個々の言語ゲームにのみ妥当する単称判断であるというハーバーマスの主張は、あらゆる実在的コミュニケーション共同体の言語ゲーム、それどころかあらゆる発話に対して超越論的な「超規範」を提供しようとするＴＰの立場とは正反対と言っても良い。なぜＴＰはこのような、現代の語用論・コミュニケーション論において極めて独特な強い普遍主義を採るのだろうか。それは、まず個々の事実的なコミュニケーションが、その規則と共に与えられていると前提すると、それら個別的な事例全てに普遍的に妥当するような知や規範を説明することが難しいからだ。第一章でも述べたように、アーペルが討議倫理学の必要性を訴える主な理由の一つには、現代の科学技術が地球規模の影響力を有するにもかかわらず、個々の共同体でのみ通用し、人類全体への規範は提供しないような哲学・倫理学的理論が優勢となっているという現状がある（vgl. Apel 1973b, 359(222)）。

それでは、現代の哲学的諸理論において少数派と考えられる強い普遍主義を擁護するためにはどのような論証が可能だろうか。アーペルは、逆の立場にいる哲学者の代表とも言える後期ヴィトゲンシュタインの言語ゲーム論を批判し、さまざまな言語ゲームを記述してみせることによって言語ゲーム一般について何かを語ろうとする以上、すでにヴィトゲンシュタイン自身が「超越論的言語ゲーム」を必要としている、と主張する（vgl. 384(250–251)）。もしヴィトゲンシュタインが『哲学探究』において語っていることが、そこで実際に挙げてみせた例についてのみ該当するのだとすれば、アーペルの批判は的外れとなる。しかし恐らくそうではない。ヴィトゲンシュタインは限られた数の例を記述することにより、それ以外の事例にも当てはまるであろうことを述べているのだ。だが、そのような飛躍が一体どうやって可能になるというのか。アーペルが問題視しているのはそこだろう。

ハーバーマスをヴィトゲンシュタインと安易に同一視することは無論控えるべきだろうが、しかしこの両者は少なくとも以下の点で一致している。それは、個々の言語ゲーム、生活形式ないしコミュニケーション的日常実践がまずそれ自体で与えられていると考えることである。したがってこの一点に関しては、アーペルのヴィトゲンシュタイン批判がハーバーマスにも向けられ得ることになる。ヴィトゲンシュタインがどうであったかはさておき、ハーバーマスは、ただある言語ゲーム内で通用している規則を記述することのみが哲学や倫理学の仕事だとは考えていないことが確実である以上、なおさらである。

……存在している事態と真なる言明の間には一義的関係があるとは言え、その「ある」や規範の社会的妥当は、これらが妥当でもあるか否かについてまだ何も意味しない。我々はある規範の間主観的承認の社会的事実と、それが承認に値することとを区別しなくてはならない。（Habermas 1983, 71（102））

だがハーバーマスの「出発点」からそのような区別をするためには、単称判断を脱して全称的に語る必要が出てくる。というのも、社会的事実と区別されるような「承認に値すること」とは、ある社会とその隣の社会で承認されている、といった意味ではなく、不特定の社会で承認され得るという意味だからだ。したがってハーバーマスは、全称的な語りのための「架橋原理」を必要とすることになる。

理論的討議においては、個々の観察と一般的仮説との間のこうした隔たり［Kluft］は、帰納のためのさまざまな規則［Kanon］によって架橋されている。実践的討議にもこれに対応する架橋原理が必要となるだろう。（73（104））

そこでハーバーマスが用意するのが、カントの定言命法の精神に則った「普遍化原則」である。つまり、

全ての妥当な規範は、次の条件を満たさなくてはならない。即ち、その規範に普遍的に従うたびに、

あらゆる個人の利害関心の充足にとって生ずる（と予期し得る）結果や随伴結果が、全ての関与者によって受け入れられ（かつ、他に知られている可能な規制の効果よりも優先され）得ること。（75f.（108））

という原則である。この原則が言わばフィルターのように働いて不適切な規範を弾き、結果として個別的な行為規範が普遍化されるのである。この道具立てによって、ハーバーマスは次のような普遍主義道徳のモデルを構築したことになる。即ち、あらかじめ与えられている生活世界の人倫的なコミュニケーション実践におけるコンフリクトを解決するために、手続き的な道徳的討議が導入され、そのコミュニケーション実践において承認されていた規範が明らかにされるとともに、それが妥当するかどうかが普遍化原則に照らしてチェックされる、というものである。

しかしながら、このような補助原理の導入によってハーバーマスの立場はきわどいものになっていないだろうか。以下に、上で扱ってきた論点に即してTP側から可能と思われる反論を列挙する。

（Ⅱ-b）普遍化原則の根拠への批判に対して人倫性の意義を強調するのであれば、普遍主義道徳、あるいは普遍化原則と言われる際の「普遍」の意味に疑問符が付く。もし、普遍化原則の不偏不党性は個々の観察から帰納的に得られた可謬的な結論である、というのであれば、「論議の構造に内在的に根付いている」といった表現は誇大なものに聞こえる。

（Ⅲ-c）もしハーバーマスが本当に、可謬的な「再構成的経験科学」として討議倫理学を展開しようとしていのるなら、規範としての普遍化原則そのものもまた原理的に修正可能でなければならない。理屈の上では、それが普遍性を失うような方向への修正になることもあり得る。ここには、批判的合理主義における可謬主義の原理と似た問題がある。

普遍化原則の不偏不党性は、名ばかりのものではないはずである。実際、ハーバーマスは、行為規範への普遍化原則の適用はモノローグ的になされてはならないと強調している。むしろそれは、関与者たちが共通の意志を持ち、共同で参加する、相互行為としての「実際の」論議においてなされなくてはならない（vgl. Habermas 1983, 77(110)）。だが、「実際の」論議における普遍化原則の適用や、そもそもそこで架橋原理として採用されている普遍化原則自体の妥当性ないし適切さを、どのように担保するのかについての見解は、実に複雑である。ハーバーマスは不偏不党性の理念を「討議の構造の中に内在的に根付いている」（86(124)）とするが、その根拠付けに関しては、アーペルのＬＢが可謬的であることを批判的に指摘し（第一節参照）、人倫性への依拠へと後退する。それでいて「何ら不都合が起こるわけではない。むしろそのことにより、討議倫理学は、認識や発話行為の合理的基盤を討究する再構成科学の一翼を形成することになるのである」（107（155））と胸を張るのである。それゆえ、ハーバーマスの議論を額面通り受け取るなら、普遍化原則の普遍性や不偏不党性の根拠は、次のようなものである。即ち、「各々の人倫性に基づいて行為規範の調整を行う人々の「実際の」論議に内在的に根付いている」と、今や可謬的な再構成科学となった討議倫理学によって暫定的に結論付けられた、という事実である。

このときさらに、再構成科学としての討議倫理学自体は理論的論議の議題になるのか、それとも道徳的論議の議題か、という問題も生じてくるように思われる。というのも、前者の架橋原理は「帰納原理」であるが、後者の架橋原理は普遍化原則であるとされていたからだ。

言うまでもなく前者は可謬的であるから、前者に属するなら討議倫理学は個々の道徳的討議の観察からの帰納であり、「討議の構造に内在的に根付いている」といった表現はいささか誇大であるように聞こえる。なぜなら観察に基づいた帰納は、早急な一般化の誤謬を犯すリスクを完全には排除できないからだ。(57) むしろ、主張されている普遍化原則そのもの、不偏不党性そのものもまた、観察の結果によっては修正され得るものであるということになる。このような考え方に対しては、第一章第七節で述べた、ＬＢへの第二の批判とそれに対するクールマンの反論が妥当するように思われる。つまり、適切な方向性と誤った方向性、あるいは進歩と退歩の区別を付けられるのでなければ、停滞と退廃を招くだけなのではないかということである。ハーバーマス自身の表現を持ち出すなら、「我々はある規範の間主観的承認の社会的事実と、それが承認に値することとを区別しなくてはならない」のであり、それが可能であるためには、普遍化原則そのものはあらかじめ堅固に根拠付けられていなくてはならないように思えるのである。また、先述の（Ⅲ‐ａ）については「個々

(57)　かと言って後者に属するなら、討議倫理学は、倫理学者たちが普遍化原則の妥当性を端的に前提した上で、各々の行為規範を調整した結果、内容の真偽ではなく、その学説を展開することの規範的妥当性について承認または却下されるようなものである、という奇妙な結論に至るように思われる。

の規範が妥当であることが先にわかっている、という前提での批判は不当だ」という反論が可能であろう。

他方、ハーバーマスの側からの批判としては（I）が未整理のまま残っており、TPからの反応もそれほど明快なものではない。ただ、ここで重要なことは、両者の「出発点」の相違は、「普遍」観の相違とある種の内的関係があるということである。

以下では、両者の討議理論の基礎となっている「真理の合意説」について検討したい。アーペルとハーバーマスはどちらも真理の合意説を採っており、これが、妥当性を討議における了解と合意によって説明する討議倫理学と、密接な関係にあることは明らかである。しかし、上のように両者の討議倫理学の方向性ないし出発点が大きく異なっているとすれば、その背景である真理の合意説に関しても、差異が見出されると予想される。そして本書の見通しでは、その差異もまた、カントとフィヒテの差異に関連付けることができるはずである。

第四節　真理の合意説とは何か

「真理とは何か」という問いに対しては、伝統的にいくつかの立場から回答がなされてきた。特に有名なのは対応説と整合説であり、他にも有用説などがある。しかし、本節で紹介するのはそれらではなく、真理の合意説と呼ばれる立場である。真理の合意説は、ハーバーマスが一九七〇年代初頭に、自らの討議理論との関連において提唱した立場であり、その思想的源流はパースにまで遡る。ハーバーマスは真理の合意説の眼目を、以下のように表現している。

真なる言明と偽なる言明とを区別するために、私は他の人々の判断を引き合いに出す――しかも私といつか会話しうるであろうような他のすべての人々の判断を、引き合いに出すのである。……言明の真理条件は、他のすべての人々の潜在的な同意である（Habermas 1971, 124(150)）。

ＴＰの提唱者であるアーペルもやはり合意説を採用している。アーペルの合意説は、具体的な内容についてはハーバーマスの理論を取り込んでいるが、全体的には、ハーバーマス以上にパースの真理観を継承したものになっている。アーペルに対するパースの影響は大きなものがあり、中でもカント哲学の記号論的解釈が、ＴＰが成立する上で決定的なインスピレーションとなったことは疑いの余地がないが、その解釈と結び付いた真理の合意説もまた、アーペルの哲学の方向性を決定付けた重要な要素の一つである。真理についてのパースの見解は、アーペルがしばしば引用する次の一節に要約されている。

すべての研究者たちによって究極的に同意されるように運命づけられている意見こそが、我々が真理ということで意味しているものであり、この意見の中で表現されている対象が実在である（CP, 5.407）。

以下では、主に論文「C・S・パースとポスト・タルスキ的真理論」（二回に分けて発表された後、一九九四年の英語版論文集第一巻にまとめて収録された）でのアーペルの議論を追いつつ、適宜補足を加えていくことにする。

アーペルによれば、真理の意味の十全な説明に求められるのは、それが「基準論的に重要である（criteriologically relevant）」（Apel 1994, 178）こと、つまりそれが単に真理概念の意味を定義しているだけなく、真理の基準ないし条件を提供できることである。この観点から見れば、例えばタルスキによる形式意味論的な真理の定義は、基準論的に重要でないことになるという。一見すると、タルスキは「規約T」（〈p〉が真であるのは、pであるときそのときに限る）を導入することによって、事実との対応という真理の明快な基準を提供しているように思える。しかしながら、この定義は形式言語の枠内に限定されたものである。タルスキは対応説の代表的論者と見なされることもあるが、彼が提示した真理の定義は、必ずしも対応説にのみ妥当するものではない。タルスキ自身が強調しているように、この定義はさまざまな認識論や存在論に対して（それゆえさまざまな真理論に対しても）中立なのである（cf. 176–177）。

こうした形式的な定義が、さまざまな真理論に対して中立であるということは、真理のデフレ主義を参照することでも明らかになるように思われる。例えば、ポール・ホーリッジ（Horwich, Paul, 1947-）は、デフレ主義の一形態である真理のミニマリズムを提唱し、「pであることが真であるのは、pであるときそのときに限る」という、規約Tとほぼ同じ内容の「同値図式（E）」を導入した上で、真理論は単に同値図式の具体的事例を含むだけであるべきだ、と主張している。つまりこういうことだ。我々の前には「〈雪が白い〉が真であるのは、雪が白いときそのときに限る」「〈嘘をつくことは悪い〉が真であるのは、嘘をつくことは悪いときそのときに限る」、といった事例が無限にある。それらの事例一つ一つが、「雪は白い」「嘘をつくことは悪い」といった命題に、同値図式を適用した結果得られる公理である。適切な真理論とは、こうした諸事例（諸公理）の無限に続くリストであり、それ以上のものではない。「磁気がある（magnetic）」という述語は、世界のある特徴、即ち「磁気（magnetism）」というものを指示しており、量子物理学がそれを研究対象とするだろう。しかし、「真である」の場合はそれとは事情が異なる。「真である」という述語の機能を理解するために、「真理」なるものの基底的な本性を追究する必要はない、とホーリッジは主張しているのである（cf. Horwich 1998, 2(2)）。[58]

それでは余りにも哲学的内容に乏しい、という批判は当然予想されるが、必ずしも当たらないとホーリッジは言う。むしろ、「ミニマリズムの長所は、その他の現象に関する理論と組み合わせて、真理についてのすべての事実を説明するために十分な他ならぬ真理の理論を提供することだと私は主張する」（24-25(27)）。それゆえ、真理のミニマリズムは、真理についての文字通り最小限の論理的分析ないし定義であり、伝統的な意味での真理論を代替するものではなく、むしろそれらの前提

（58）「ほとんどの他の述語とは異なり、「真である」は、ある存在者（例えば言明、信念など）に、ある普通の種類の性質――すなわちその基底的本性が実在の他の構成要素に対する関係を説明するであろう特徴――を帰属させるために用いられるわけではない。それゆえ、ほとんどの他の述語とは違い、「真である」は、それが言及するものについてのある深い理論――すなわちその適用のための一般的な条件を明確に述べる理論――に関わっていると期待すべきではない。」（ibid.）

ないし基礎として組み込まれるべき一部分なのである。その意味で、アーペルの言う基準論的な重要性を持つものではない。

他方、哲学の歴史上において、真理の基準を与える試みはさまざまな形で行われてきたのであり、それらは幾つかのタイプに分類することができる。中でも、アーペルが重視するのは、対応説、整合説、そして明証説である。[59] ただし、これらはいずれも単独では満足のいかないものであり、真理の意味と基準をめぐる現代の議論にそのまま用いることはできないという。

アリストテレス（Aristotelēs, 384–322 BC）から近世のスコラ形而上学に至るまで広く支持されていたのは対応説である。アリストテレスの『形而上学』における定義によれば、「真というのは〔基体とその属性との〕結合されているものを肯定的に〔主語と述語に〕配分し、分離されているものを否定的に配分する判断のことであ」（1028b20–22）る。例えば「雪は白い」という判断は、雪と白さの結合を、主語と述語に「肯定的に配分」したものである。また「雪は黒くない」という判断は、雪と黒さの分離を、「否定的に配分」したものである。これらの判断は、いずれも真であるとされるが、それは、実在（基体と属性の結合ないし分離）に思惟内容（肯定ないし否定判断）が対応しているからに他ならない。

しかし、この古典的で形而上学的な対応説には、思惟と実在が実際に対応しているか検証するためには「神の視点」が必要になる、という問題がある。というのも、我々が実際に自らの思惟内容が実在と対応しているかどうか確認しようとするなら、両者を比較することになるが、その際に思惟と比較されているものもまた、実在として思惟されているものに過ぎないからだ。無論、全能の神であれば実在のありようを直接把握することができるだろう。だが我々が必要としているのは、学問上であれ他の分野であれ、実際に用いることができる基準なのである。前章第八節でも述べたように、カントは物自体を直接捉えるような直観は人間には不可能であるとしていたが[60]、それは至極当然な見解である。それゆえ、我々が実際にこの基準を用いるなら、「思惟（a）が実在と対応している」という思惟（b）が真であるか否かを検証する必要があるが、それは「思惟（b）が（思惟（a）と実在の対応関係という）実在と対応している」という思惟（c）に訴えることになり、以下、無限後退に陥らざるを得ないのである。

これを避けたいなら、命題はそれが真である時のみ事実と対応している、というように説明の順序を逆転させることもできる。だがそうすると、今度は真理性と対応が循環することになるだろう（cf. Apel 1994, 184）。思惟内容が真か偽かを知るために、実在との対応という基準に照らして吟味しようとしているのに、当の対応関係について知るためには、まず思惟内容が真か偽かを知っていなくてはならないことになるからだ。したがって、古典的な対応説をそのまま真理の基準についての理論として維持することは、困難であると言わざるを得ない。

（59） 有用性を真理の基準とするプラグマティストの真理論についてアーペルは言及しないが、合意説を採用するなら、対応や整合性と同様に、有用性もまた経験的合意のための一つの根拠として用いられ得ることになるだろう。

（60） カントにとって「知的直観」とは、そのような途方もない直観を意味していたのだが、これはむしろ、中世の神学・形而上学の伝統的用語法に従った、当時の標準的な理解である。それだけに、フィヒテが違う意味で「知的直観」という語を用いたのは、大胆であったと言える。

上のような対応説のアポリアを避けるための選択肢として、もう一つ考えられるのは、命題（思惟もまた命題である）はただ命題とのみ比較され、検証され得ると考えることである。この考え方は真理の整合説へと導かれるが、やはりそれも単独では十分ではない、とアーペルは言う。哲学史的には、スピノザ（Spinoza, Baruch De, 1632–1677）やライプニッツ（Leibniz, Gottfried Wilhelm, 1646–1716）、ヘーゲルなどは整合説に分類できると言われており、分析哲学においては、クワインやデイヴィドソンなどのホーリズムが近い立場を取っている。とは言え、いずれの哲学者も自身の立場を明確に整合説と位置付けているわけではない。アーペルが批判対象として特に取り上げているのも彼らではなく、現代ドイツの哲学者であり明示的に整合説を支持しているL・B・プンテル（Puntel, Lorenz Bruno, 1935–）である。プンテルの整合説はヘーゲルに影響されたものである。それは、整合性概念を「ありうべき諸真理基準の統合の究極的標準ないし統制的理念」（185）であり、真理の意味の哲学的説明を与えるものと考える立場である。

しかしながら、アーペルによれば、そのような「純粋な整合説」（ibid.）は、整合性概念を過大評価している。なぜなら、もし我々が単なる可能世界についての我々の思惟と実在的世界についての我々の知識を区別しようとするなら、整合性だけでなく、対応や明証といった他の真理基準による補完を必要とするからだ。実のところ、プンテルの整合説は、アーペルの合意説に構想としては類似している。特に、諸真理基準は統合されるべきであり、そのための統制的理念が必要である、という思想は、アーペルの真理観と重なるものである。だが、対応や明証と同様に諸真理基準の一つと見なすべき整合性に特権を与え、統制的理念と位置付けてしまった点に問題がある。

対応説に対する別の代替案としては、真理の明証説がある。アーペルの分類によると[61]、これは、真理の問題を「意味―志向の充実」(186)の問題に還元することで物自体を不要にするフッサールに代表される立場である。アーペルは、パースもまた彼独自の「現象学(phenomenology/phaneroscopy)」を展開していたことを念頭に置き、この立場に一定の評価を与える。しかしながら、フッサールの明証説が前提している意識哲学的な方法的独我論の手法には、一貫して批判的である(第一章第二節参照)。アーペルによれば、コギト命題の確実性ですら、自己意識の明証性のみから生じるものではない。

「われ思う、ゆえに我あり」の確実性は、フッサールが『デカルト的省察』において望んでいる仕方、つまり、それは「コミュニケーションを形作る複数者」においてはもはや定式化できない、という仕方では理解され得ない。というのも、現実世界と共に他の主体の現実存在(Existenz)が原理的に括弧に入れられてしまうような、「方法的独我論」のエポケーのうちでは、デカルト的な洞察の明証性を間主観的に妥当な哲学的判断として定式化することが、原理的に不可能だからだ(Apel 1976, 72(241–242))。

したがって、明証説が満足のいくものであり得るとすれば、それはただ真理性要求の認証に関与する全ての人々によって、与えられた現象の言語的解釈が(原理的にはあらゆる生活形式の差異を

(61)　ハーバーマスも同様の分類を行っている。Vgl. Habermas (1970/71, 107(163)).

超えて）共有されることが前提とされている場合のみ、つまり原理的に無限界な解釈共同体を前提とする場合のみである（cf. Apel 1998b, 67）。

結局のところ、対応・整合性・明証性といった従来の真理基準は、いずれも単独では不十分であり、より包括的な真理論によって補完されなくてはならないのである（cf. 64）。ここにおいてアーペルは、上の三つの真理論によって考慮される全ての真理基準を統合することができる真理論として、パース的な真理の合意説を導入する。しかしながら、合意説に関するパースの記述は断片的であり、真理の合意説の理念を示唆してはいるものの、その具体的な内容についての論述は乏しい。そこでアーペルが援用するのが、ハーバーマスの普遍的語用論的な教説であり、つまり言語行為論の影響下で発展させた命題的―遂行的な「言説の二重構造」の原理、三つの「妥当性要求」の原理、そして「理想的発話状況」の反事実的先取の原理である。

ハーバーマスによれば、命題の真理性は、それが主張される言明において遂行される真理性要求と密接に関連している。それゆえ、「真理性の意味は、このクラスの言語行為の語用論との関連でしか明らかにされるものではない。事実確認的言語行為の遂行に即して、言明の真理性ないし非真理性が何を意味しているかが明らかにされる必要があるのである」（Habermas 1970/71, 105f.（160-161））。そして「主張の語用論において暗示されている真理性の意味は、妥当性要求の「討議的認証」とは何を意味するのかを示せば、明らかにされる。これが真理の合意説の課題である」（109（166））。妥当性要求の「討議的認証」ということでハーバーマスが考えているのは、妥当性要求の「提題者が、経験や直観に訴えることによってであれ、議論や行為の一貫性によってであれ、承認価値を根拠付け、妥当性の間主観的承認をもたらすこと」（Habermas 1976, 178）である。[63] それゆえ、ある言明の真理性は、討議的認証に成功すれば、その討議において間主観的に承認されることになる。これが真理の合意説が想定している基本的なモデルである。しかしながら、討議が経験的なものである限り、その合意は真の合意か、という点は問われ得るし、その合意が真であることを担保する何かが必要である。ハーバーマスはこの点を、「理想的発話状況」という理念によって説明する。それによると、我々はどのような討議においても常に、全ての可能な参加者に対して平等な発言権が与えられている理想的な発話状況を反事実的に先取している。

理想的発話状況を特徴づけているのは、この状況の条件の下で達成され得る合意はどれも、それ自体で真の合意として妥当し得る、ということである。理想的発話状況の先取は、我々が事実的に達成された合意に真の合意という要求を結びつけてもかまわない、ということの保証である（Habermas 1971, 136（163））。

アーペルはＴＰの構想において理想的発話状況の先取という考え方を受け入れるが、それをむし

（62）本書においてはハーバーマスのより最近の立場（アーペルはこれを語用論的討議理論の「解消に等しい」（Apel 2001, 446）と批判している）は扱わない。
（63）訳文や「認証」概念の意味については、Habermas（1971）の訳注一〇を参照した。

ろ討議の参加者たちの共同体という観点から捉えている。すなわち、アーペルは理想的発話状況にある討議の主体を「無限界の理想的コミュニケーション共同体」（ＩＫＧ）と名付けるのである。これは、パースの思想からの影響を反映したものだと言える。パースが「すべての研究者たち」について語るとき念頭に置いているのは科学的知識の発展であるが、アーペルはこれをより広範な文脈をカヴァーする包括的な理念へと拡張したのである。この共同体はまた、ありうべき全ての真理基準を論証的討議によって一つの合意へと統合するための解釈共同体でもある（cf. Apel 1994, 197）。そのような統合としての合意は、「あらゆる真理基準のための究極的基準ないし統制的原理」（194）である。先述の通り、これはプンテルの整合説に類似した発想である。しかしアーペルは整合性を特権化することはなく、討議的認証のために真理性要求を根拠付ける際の根拠の一つとして、対応や明証性と同列に扱うのである。

アーペルの合意説の概要は以上だが、これがハーバーマスの合意説とどの程度、そしてどのように異なっているのかが問題である。次節では、ヴェルマーからの批判を手掛かりとして両者の比較を行いたい。

第五節　ヴェルマーの批判から見るアーペルとハーバーマスの差異

ヴェルマーは、ハーバーマスとアーペルが共有する立場である討議倫理学を取り上げ、その前提となっている真理の合意説を批判している。その際にヴェルマーは、個別的な妥当性要求に関する真理性の基準を与えようとする「より強い」合意説と、単に真理性の理念の意味を解明するだけの「より弱い」合意説を区別する。アーペルの表現で換言するなら、基準論的に重要かどうか、ということになるだろう。ヴェルマー自身が注意を促しているように、この強弱の区別はハーバーマスとアーペルの合意説の差異をそのまま反映したものではない。強い合意説を目指したが態度を軟化させつつあるのがハーバーマスであり、弱い合意説の枠組において強い主張を行おうとするのがアーペルである、と考えられている。とは言え、概ね、強い合意説への批判はハーバーマス批判として、弱い合意説への批判はアーペル批判としてなされている。

強い合意説への批判は、個別的な合意はたとえそれが合理的な（つまり理想的な条件下での）合意であっても、真理性の基準にはなり得ないというものである（vgl. Wellmer 1986, 71f.（92–94））。ヴェルマーが持ちだす例は、ニュートン理論の真理性を巡る一九世紀の物理学者たちによる合意である。その合意内容は真ではなかったが、しかしその合意は合理的でなかったわけではない、というわけだ。ここでヴェルマーはハーバーマスの合意説を念頭に置いているが、実際には、ハーバーマスにとっての真理の十分な基準の提示と、真理の意味の解明の関係は微妙な問題であり、彼の合意説が強弱どちらのバージョンに該当するのかは難しい。ハーバーマスははじめ、二つの課題を同時に解決するものとして合意説を考えていた。

もし我々が、「合意」ということで、偶然的に成立した同意を理解するのであれば、そのような合意は明らかに真理基準としては役立ち得ないだろう。「討議的認証」が規範的な概念なのはそのためである。

我々が討議において到達し得る同意は、根拠付けられた合意のみである。この合意は真理基準として妥当する。しかし、真理の意味は、一般にある合意が得られるということにあるのではない。時と場所とを問わず、もし我々がある討議を開始しさえすれば、それを根拠付けられた合意であると証明するような諸条件の下で合意が達成され得る、ということなのである（Habermas 1972, 160）。

ところが、後年のインタビューでは違った見解を示している。

この真理論は意味の説明を提供するだけで、基準を与えることはない。しかしながら、それは結局のところ、意味と基準の明確な区別を掘り崩すことになる（Habermas 1992, 160）。

ハーバーマスがこのような微妙な立場をとる以上、ヴェルマーの批判は全面的に妥当するわけではないように思われるし、ヴェルマーもそのことは承知している。しかし他方でハーバーマスは、妥当性（ここでは真理性）の条件が満たされているか否かは、理想的発話状況に十分近付いた討議における当該の妥当性要求の認証によって確証されるとしている（cf. 159-160）。それゆえ、もしハーバーマスが理想的発話状況を現実において十分に接近可能なものと考えているなら、この確認機能に対して同様の批判が向けられ得る（vgl. Wellmer 1986, 76ff.（99-103））。だが、もしそうでないなら、この確認機能は事実的に達成される討議には何の影響力も及ぼし得ない。その場合、意味と基準の区別を「掘り崩す」とは、単に弱いバージョンの合意説への移行を意味することになる。しかしそれでは、「理想的発話状況の先取は、我々が事実的に達成された合意に真の合意という要求を結び付けてもかまわない、ということの保証である」という先に引用した当初の見解を撤回することになってしまうだろう。

ヴェルマーの批判は明快であり、同時にハーバーマスの合意説の弱点を突いてもいるように思われる。ハーバーマスの合意説は、あくまでも事実的に提出される真理性要求とその認証、つまりは事実的に達成される合意を出発点としている。そして、個々の合意の真理性は、理想的発話状況への訴えによって保証されなくてはならない。理想的発話状況の先取は、討議倫理学における普遍化原則と似た役割を担っているのである。だがそうすると、第三節で述べた普遍化原則の可謬性という問題が、理想的発話状況の先取に対しても生じて来ざるを得ない。事実的な真理性要求と事実的な合意に軸足を置く限り、理想的発話状況の普遍性がはじめから保証されていることの根拠が不明確になるのである。

真理性の理念の意味を解明する弱い合意説（ヴェルマーはアーペルを想定している）に対する批判は、ＩＫＧにおける最終的な合意という概念は内容空虚であるだけでなく、我々の世界とは根源的に断絶しているはずの「絶対者」を、もう一度世界の内部にある「最高点」として描き出し歴史の連続性へと取り戻そうとしており、「弁証論的仮象」（85(109)）に気付いていない、というものである。その意味でアーペルの立場は「絶対主義」（100(125)）であるとされる。これに対してヴェルマーが討議倫理学に提案するのは、より可謬主義的な立場を取り、道徳性をより弱く多次元的に根拠付けるということである（vgl. 11(8)）。

以上のようなヴェルマーからの批判に対して、アーペルの側からどのような反論ができるだろうか。ヴェルマーは一方で、理想的な条件下での合意をどこまでも可謬的だと考え、他方では、絶対的な真理というものが思考可能であるとすれば、それは我々の歴史的世界から断絶している、と考えているように思われる。これらは別個の論点であるように見えるが、実際にはその根は一つである。つまり、この考え方に従うなら、真理性が我々の歴史的世界から断絶しているからこそ、歴史上のあらゆる合意は真理性に届かないのである。我々はこれを、形而上学的実在論に基づいた可謬主義と特徴づけることができるだろう。(64) 次のようなヴェルマーの記述も、上の立場を示唆するものである。「我々が根拠付けられた仕方で「真とみなすこと」は、我々にとって、「真と見なされたこと」の真理性に対する付加的な理由とはなりえない」(72(94))。このような形而上学的実在論は真理論としては対応説に立っている。つまり、我々の合意が不可謬的な意味で真であるのは、我々の歴史的世界から断絶した「絶対者」、つまりカントのいう物自体と対応関係にある場合に限られる。しかし同時に、「神の視点」を前提することは避けるべきである、というポスト形而上学的な要請にも応えなければならない。その帰結として、不可知論的な可謬主義が導出されるのである。この言わば逆説的な対応説を、基準論的に重要な真理論として提示することは難しいだろう。

もっとも、ヴェルマーはこの問題を「絶対者」の側を放棄することでシンプルに解決しようとする。即ち、生産的なテクスト解釈を通じて繰り返し更新されるその都度の解釈学的な到達点に「哲学的真理」(98(122))という名前を付け、それで満足するよう勧めるのである。(65) 言うまでもなく、このような立場は基準論的な重要性を持たないが、哲学の役割を縮小するという意味では、現代の諸理論に通底する傾向に則った立場であるとも言える。それゆえ、ある種の形而上学的実在論をヴェルマー自身に帰すことはフェアではないかも知れない。しかし少なくとも彼の合意説批判にはそのような前提を見て取れる。

だがそうすると、アーペルはどうなのか、という疑問が生じてくるだろう。ヴェルマーが主張するように、アーペルもまた物自体との対応関係において真理を考えているのではないか。つまり、究極的な合意は物自体ではないのか、という疑問である。この疑問に回答しつつ、ハーバーマスとの差異をさらに明確にするため、次節以降では違った視点を導入したい。

第六節　カントとアーペル、それぞれの二元論的立場

議論を次のステップへ進めるために、補助的な視点を導入しておきたい。ヒラリー・パトナムは、アーペルやパースによる真理の合意説は反実在論の一種であると述べている。なぜなら、「彼らの説明においては、人間によって検証可能でないような真理が存在することは形而上学的に不可能」(Putnam 2002, 123(155)) だからだ[66]。この指摘はヴェルマーの批判と向き合う上でも重要であると考

(64)　ヴェルマー以外で実際にこの立場を採る論者としては、例えばポパーを挙げることができる。周知のように、ポパーは可謬主義を自らの科学哲学の中心に据え、同時に形而上学的実在論者を自認してもいる。(cf. Popper 1983, 80)

(65)　このヴェルマー自身の立場に対しては、アーペルによる詳細な批判があるが、ここではその内容に立ち入らない。(cf. Apel 2001, 449-455)

えられる。つまり、ヴェルマーの合意説批判は、形而上学的ないし超越論的な次元における実在論と反実在論の対立、という文脈において捉え直すことができるかも知れないということである。その場合、真理の合意説は（アーペルとハーバーマスの差異は一旦置くとして）、言わば超越論的反実在論と位置付けられ、ヴェルマーやポパーの形而上学的実在論に対置させられ得るだろう。

もっとも、事態はそれほど単純ではない。アーペルは自らの先行者としてのパースの立場を、反実在論ではなくむしろ「意味批判的実在論」（Apel 2001, 445）という名で呼んでいるのである。それゆえまず、その名の下で何が考えられているのかを明らかにする必要があるだろう。アーペルは、次のようなパースの主張を「意味批判的」であると理解している。

この運命づけられた結論〔即ち、すべての研究者たちによって究極的に同意されるように運命づけられている結論〕以上に完全ないかなる真理も、……その結論で考えられている以上に絶対的ないかなる実在も、形而上学のフィクションである（CP, 8.12. 補足部分は Apel 1994, 190 による）。

この考えに従うなら、我々は究極的な合意に対して、超越的で形而上学的な究極的基準を有意味には対置できない。つまり意味批判的とは、ここでは形而上学的実在論的な真理基準の意味（無意味さ）への批判を意味しているのである[67]。人間的思惟ないし発話と独立した事物の、我々には把握不可能な対応関係は、「神の視点」（Apel 2001, 444）から考えられざるを得ない。それは「形而上学のフィクション」なのである。このような批判的な立場をパトナムが「反実在論」と呼ぶのは、十分にもっともらしいと言える(68)。

では、意味批判的実在論はいかなる意味で実在論的なのだろうか。パースは意味批判的な議論を展開する一方で、「科学の方法」が前提しなくてはならない実在論的な仮説を述べてもいる。即ち、「その性質がそれに対する我々の意見から完全に独立であるような事物が存在する。我々は推論によって、事物が実際には（really）、そして本当は（truly）どのようであるのかを確かめることがで

(66)　マイケル・ダメットは広義の「実在論」を以下のように規定した。即ち、「〔物理的世界、心的過程、数学、あるいは過去や未来といった〕係争クラスの言明は、我々がそれを知る手段から独立に、客観的な真理値を持つ」、つまり「それらの言明は我々から独立に存在する実在によって真か偽なのである」（Dummett 1978, 146(95)）という信念が実在論である。これに対して、「係争クラスのある言明は、もしそれが真なら、その言明が真であることの証拠と見なすような、我々に知り得る何ものかによってのみ真であり得る」（ibid.）という信念は「反実在論」と規定される。パトナムが念頭に置いているのはこの意味での反実在論である。

(67)　アーペルは、究極的根拠付けの定式（第一章第四節参照）をも意味批判的と呼んでいる（Apel 1976, 69(237)）。なぜなら、それは論証的討議の規則なしで行われた場合の論証という言語ゲームの無意味さを批判する形式になっているからだ。

(68)　ここでパトナム自身の立場の詳細に立ち入ることはできないが、目下の議論に関連すると思われる彼の立場の変遷にのみ触れておくことにする。よく知られているように、パトナムは彼の立場を形而上学的実在論から内的実在論、さらには自然な実在論へと変化させている。ごく一般的な見方ではあるが、最初の転向は神の視点を避けるためになされたものである（cf. Apel 2001, 466–469）。結果として彼は「世界は何らかの仕方で人間の精神に依存している」というカントの見解に接近した。けれども次第に、両者の間の「インターフェイス」を想定することを問題視するようになり、より素朴な実在論を採用するに至ったのである。この結果、彼は再び我々にとっての合理的受容可能性から独立した真理を容認することになった（cf. Putnam 1999, part 1）。

きる」（CP, 5.384）という仮説である。個々の科学者がこのような真理と実在を前提し、理論の整合性、および認知的明証による経験的事実の認識の拡張といった諸真理基準を通じてそれらに接近できるという「大いなる希望」（5.407）を持つことができなければ、科学的探究は可能でない。それゆえパースは我々の経験的な意見（つまり合意）から独立した真理と実在を認める。しかしながら、ここで実在と真理が形而上学的なレベルにおいて我々から独立であると考えるべきではない、ということを強調しておく。パールとアーペルの真理論は、ある意味では実在論的であるものの、全体としてはやはり反実在論的なのである。

だが、仮にこれがある種の実在論であることを認めるとしても、一つの立場が反実在論的でありながら同時に実在論的であるというのは端的に矛盾ではないのだろうか。必ずしもそうとは言えない。例えば、カントは『純粋理性批判』第一版の有名な「第四誤謬推理」において、超越論的観念論は経験的実在論であり得る、それゆえある種の二元論であり得ると述べている。超越論的観念論とは「現象をことごとく単なる表象と見なし、物自体とは見なさない教説」（*KrV*, A369）であるが、この立場は経験的には「物質の現存を認めることができる」（A370）。つまり、超越論的な観点と経験的な観点を区別し、両者の関係を整合的に説明することができるなら、反実在論は同時に実在論でもあり得るのである。したがって、我々の暫定的な結論は次のようになる。パースに与するＴＰの立場は、反実在論的合意説であると同時に意味批判的実在論である。そして、超越論的な審級である究極的合意と、経験的な審級である事実的合意の関係もまた、この観点から見られなければならない。それはつまり、究極的合意は事実的合意に対して統制的である、ということである。

ところで、興味深いことに、カントは超越論的観念論／経験的実在論には、超越論的実在論／経験的観念論が対立するとしている（図5）。「第四誤謬推理」におけるカントの本来の目的は、外的対象の現存在は疑わしいとする観念論[69]を論駁することである。超越論的実在論についての議論は、その過程で提示される。この箇所の論述はやや錯綜しており、カント自身、その説得力に満足はしていなかったようである。実際、寄せられた批判に対する『プロレゴーメナ』での弁明を経て、『純粋理性批判』第二版ではこの議論が削除され、別の箇所に「観念論論駁」という新たな議論が追加されている。だが、カントによる観念論論駁の成否そのものを吟味することが本節の目的なのではない。ここでは「第四誤謬推理」でのカントの議論をなるべく簡潔に再構成し、目下の問題に戻りたい。

カントはまず、論敵である観念論者との間で共有され得る事柄として、（1）我々自身の内にあるものだけが直接知覚され得る、（2）私自身の現存のみが単なる知覚の対象であり得る、という二つの前提を置く（A367）。この知覚の直接性と、同書「超越論的感性論」での空間・時間に関する議論を頼りに、外的対象の現実性を証明しようというのがカントの狙いである。だが、上のような前提からは、まずは観念論的な結論が導かれるように見える。つまり、直接的に知覚できない以上、外的対象の現存在は推論され得るのみである、それゆえ我々は決して外的対象の現実性を確信

（69）それゆえ、ここでは外的対象の現存在を端的に否定するようなラディカルな観念論（カントはこれを「独断的観念論」と呼ぶ）が想定されているわけではない。

	超越論的次元	経験的次元
カント	観念論 （外的事物は現象である）	実在論 （外的事物は直接表象される）
論敵	実在論 （外的事物は物自体である）	観念論 （外的事物の現実性は確信できない）

図 5　カントの二元論的立場とその敵

できない、という結論である（vgl. A368f.）。

だが、カントによればそれは誤りである。そこには、外的対象は我々の感官が無くともそれ自体で現存する物自体のはずである、という誤った前提が付け加わっているという。この立場をカントは「超越論的実在論」と名付ける。外的対象の現実性とは物自体の現実性に他ならない、と超越論的実在論者は考える。このとき（1）（2）から、我々は物自体を直接知覚はできず、ただ表象からその存在を推論することしかできない。それゆえに、「我々が、こうした事物に関する我々の表象をどれほどよく意識したとしても、表象が現存する［existiert］ならば、表象に対応する対象も現存する、ということは到底確実とは言えない」（A371）という観念論的な結論が帰結することになるのである。経験的知覚の限界を論じるこの立場を、カントは「経験的観念論」と呼ぶ。経験的観念論は、超越論的実在論からの帰結である。

これに対して、カント自身の立場は「超越論的観念論」である。それは、「現象をことごとく単なる表象と見なし、物自体とは見なさない教説」（A369）であり、空間と時間を、我々の直観の主観的な形式と見なす立場である。この立場によれば、物質は表象に過ぎない。「この表象は外的と呼ばれるが、それはこの表象が、それ自体で外的な対象に関係するからというのではなく、この表象が知覚を空間に関係づけるからであ」（A370）る。その空間はしかし、直観の形式として「我々の内に存している」(ebd.) ものなのである。超越論的観念論は、外的事物の現存を認める「経験的実在論」でもあり、それゆえ二元論であり得るとカントは主張する。というのも、外的事物もまた私の表象であり、私の表象は直接的に知覚されるからだ。「私は、外的対象の現実性に関して、私の内官の対象 (私の思考) の現実性に関して全く同様に、推論する必要はないのである」(A371)。したがって、外的対象の現存在は疑わしいという経験的観念論の懸念は当たらない。外的対象は、経験的には「現象における実体」(A379) なのである。

第七節　統制的理念としての真理

前節の議論を踏まえると、ヴェルマーの批判に見出せる形而上学的実在論に基づいた可謬主義を、アーペルの立場に対置することもできるように思われる。しかしこの対置はカントの場合と完全にアナロジカルなわけではない。二つの立場は、以下の二点を共通の見解として持っているからだ。(1) 経験的な討議における合意は可謬的である。(2) 形而上学的 (超越論的) な審級としての真理は、経験的討議にとって統制的である。これらの点に関して、アーペルは以下のように述べている。

第一に、それ〔究極的合意という統制的理念〕は、全てのありうべき真理基準を探し求め、それらを互いに争わせて比較考察するよう指示する。研究者の実在的コミュニケーション共同体の論証的討議による、事実的ではあるものの可謬的で修正され得る合意に到達するためである。

第二に、同様にして、究極的合意という統制的理念は、現存する有限な研究共同体のあらゆる事実的な合意を問いに付すための反論を探すべきだと指示する。それによって、無限界の共同体による究極的な合意に向けた研究の道が、常に開かれていることになる。もはや論証によっては問いに付され得ないようなこの最終的な合意だけが、我々が希求している真理と同一視され得、また同一視されねばならないのである（Apel 1998b, 77）。

それゆえ、諸真理基準は経験的討議における十分な真理条件ではなく、むしろ統制的な究極的合意の探求のための必要条件であると言える。この点については後述することにするが、ここで重要なことは、アーペルはハーバーマス同様に、真理の基準と意味の解明の区別を「掘り崩して」いるかのような印象を与える、ということである。アーペルの説明は、真理の意味を究極的合意として提示することに限定したものであり、真理基準は提供しないように見える。なぜなら、究極的合意の理念は、我々の経験的な合意が真か偽か知ることを許さないからだ。この点で、ヴェルマーの批判は当たっているように思われる。

しかしながら、アーペルは究極的合意について、我々の論証的討議の継続を導く統制的な性格を強調している。したがって、この統制的理念が基準論的に重要な真理の説明を提供する助けとなるのか、なるとしたらいかにしてなのか、という点を考察することが肝要であろう。

ところで興味深いことに、真理の役割についてポパーもまた似た内容を述べているのである。

それ〔形而上学的実在論〕は我々の真理の探究に意義（point）を与える、ある種の背景を形成する。合理的な討論、つまり真理へ接近することに関心を持った批判的論証というものは、客観的実在なしでは無意義であろう……（Popper 1983, 81）。

この類似性は、アーペルもポパーも経験的な討議を可謬的であると考えている、という事実に着目するなら理解可能なものである。あらゆる事実的な結論が可謬的であると知りながら有意味に研究を続けていくためには、我々に正しい方向を示してくれるような理念が必要になるということだ。では、独立した客観性と究極的合意という、両者の間の真理観の差異をどのように理解すればよいのだろうか。

ここで強調されるべきは、究極的合意はヴェルマーが想定していたのとは異なり、絶対者、つまり「（長期的にも）知られ得ないもの」（Apel 2001, 469）ではない、ということである。カントは、魂、世界、神といった統制的理念は認識を完全に超越していると考えている。それらは「経験が与え得る以上の対象に関して我々の認識を拡張する構成的原理としての理念ではなく、経験的認識一般の多様なるものを体系的に統一する統制的原理としての理念」（*KrV*, A671/B699）である。これに対して、パースとアーペルは究極的合意を「（長期的には）知り得るもの」（Apel 2001, 469）と理解する。それゆえ、究極的合意の理念は単にカント的な意味で統制的なのではない、と考えるのが自然であろう。実際アーペルは、パースがカントを記号論的に解釈するに際して、「その統制的原理は長期的には構成的であると判明するのでなければならない」（Apel 1973b, 174(81)）ことを前提とし、カントのいう経験の統制的原理を、経験の構成的原理の代わりに置いたと指摘している（第一章第三節参照）。この点については次章で詳細に論じることにする。

重要なことは、統制的原理についてのこうした理解は、パースだけに固有のものではなく、アーペルの、そしてハーバーマスの真理論にも受け継がれているということである。ハーバーマスは理想的発話状況について、「カントの意味での単なる統制的原理といったものではない」（Habermas 1971, 140（169））と明言しているだけでなく、「理想的発話状況を何かと比べるとすれば、超越論的仮象と比べるのが最も手っ取り早いであろう」（141（169））とまで述べている。したがって、今やハーバーマスもアーペル同様に、統制的理念としての究極的合意（ないし理想的発話状況における合意）が、いかにして真理基準を提供し得るのか、という問いに答える責任を負うことになる。これを次のように言い換えても良いかも知れない。つまり、超越論的な反実在論としての合意説は、いかにして経験的実在論であり得るか、つまり経験の次元に真理基準を提供し得るのか。理想的発話状況を反事実的に先取することが、事実的に達成される合意に真理性要求を結び付け得ることを保証するとハーバーマスは言う。しかしそのことと、結び付けられた真理性要求が認証されるか否かは、別の問題である。少なくともハーバーマスは、事実的な討議において実際に真理性要求が討議的認証を受けて合意され、その合意もまた真であるというような事例を挙げることができていない。

この点を考慮に入れれば、次のようなアーペルの主張は注目に値する。即ち、論証的討議の諸前提への超越論的語用論的な洞察の間主観的妥当性は、確かに合意を必要とするが、しかしア・プリオリに「合意され得る（konsensfähig）」（Apel 1998a, 186）という主張である。そうした洞察は「それが真であることを知らずに理解することはできない命題」（185）の形式で明示化可能である。例えば、「私は論証する、それゆえ私は無限界の理想的コミュニケーション共同体のルールを――倫理的規範も含めて――承認している」（ebd.）といったことである。それゆえ、ある種の命題の真理性に関する限り、事実的な討議においてさえ、我々は約束された究極的合意に対する一定の見通しを持っていることになる。ある種の、とはつまり、究極的に根拠付けられ得る類の、ということである。ハーバーマスに無いアーペルの理論の特徴は、何と言ってもLBの論証であり、これが合意説にどう関係してくるかを考察することも重要な課題であるように思われる。この課題は次節で扱うことにする。

ここまでの考察から、差し当たりこのように言えるだろう。無限界のIKGにおける究極的合意は、真理の意味そのものであるとともに、真理探究のための統制的理念でもある。しかも、それは長期的には構成的であったと判明するのでなくてはならない。そこで重要な意味を持つのが、論証的討議の諸規則である。統制的理念に従い、我々は論証的討議によって真理を目指す。しかし真理が長期的に到達可能であると言えるのは、我々の従っていた論証的討議の諸規則なるものが、実際に真理探究にとって構成的である場合に限られる。ハーバーマスにおいては、そこまで踏み込むことができないが、アーペルにはLB論証がある。これによってTPは、論証的討議の諸規則が、究極的合意と連関した真の構成的原理であるということを保証できるのである。言い換えるなら、この合意説は、真理基準を直接的に提示するわけではないが、しかし長期的には真理に到達し得るということは保証できるのであり、それによって基準論的な重要性を保つのである。

これに対して、形而上学的実在論は、真理をそのように説明することができない。確かに真理は我々の経験的討議のための「背景」ないし統制的理念として前提されるが、しかし厳密に言うなら、討議に対して正しい方向を示すことはできない。というのも、ヴェルマーが述べている通り、その場合の真理は歴史的世界から隔絶しているからである。したがって、この立場をとる者は遅かれ早かれ、ある二者択一を迫られることになる。即ち、（ポパーが「道徳的決断」を下したように）ただ正しい方向に向かっていると根拠もなく信じて研究を続けるか、あるいは（ヴェルマーが実際そうしたように）統制的理念を完全に捨て去り、はるかに弱い真理概念へと撤退するか、という二者択一である。もし、これらがいずれも満足のいく選択ではないというのであれば、TPによる真理の合意説の行き方が見直されるべきであろう。

第八節　フィヒテの超越論的観念論

ところで、目下の議論の目的は、ハーバーマスとアーペルの真理の合意説にも、討議倫理学の場合と同様の差異が現れていないか検討することだった。ここまでの論述によって、アーペルの合意説については超越論的観念論との類比性と、統制的理念に関するカントからの逸脱が見られることが明らかになった。しかしハーバーマスについては、超越論的観念論との関係も、またアーペルとの差異についても論じ尽くせたとは言えない。これらを解決するために、いささか議論が錯綜してしまうが、先にカントとフィヒテの超越論的観念論・経験的実在論を比較し、差異を鮮明にしておきたい。その上で、再び真理の合意説に話を戻すことにしよう。

「外的対象（物体）は単なる現象に過ぎない、したがってまた、私の表象の一種に他ならない」（*KrV*, A370）とカントは主張し、これを外的事物の現実性を証明する決め手にしようとしたのだった。しかし、外的対象が私の表象の一種であるとはどういうことだろうか。これが、外的事物についての表象もまた私が表象しているところの表象である、という意味でないことは明らかである。なぜなら、カントがここで根拠にしようとしているのは私自身の知覚、つまり自己意識の直接性だからだ。つまりカントは、外的事物についての表象は自己意識に属する、と考えているのである。「すべての可能な現象は、表象として、可能な自己意識全体に属する」（A113）のであり、「我々が関わり合うことのできるすべての対象はことごとく私の内にある、つまり私の同一の自己の規定である」（A129）。

したがって、少なくとも『純粋理性批判』第一版でのカントの論述に従うならば、外的事物の認識には原因として我々の外にある物自体が関係している、と想定する必要は全くないことになる。確かに、カントは以下のように述べて「超越論的対象」の存在を認めてはいる。「我々は、我々の外的直観について、超越論的な意味で我々の外に存在している［sein］かもしれない或る物がその原因である、ということを認めることはできる……」（A372）。しかしこの超越論的対象は、内的直観にとっても外的直観にとっても、等しく未知なものであり（vgl. ebd.）、外的な物自体として理解されるべきものではない。カントによれば、「未知の原因の現象を我々の外なる原因と見なすことによって、表象の起源を我々の外に存する全く異種的な作用因によって説明する」ことは、「混乱以外の何ものも引き起こし得ない、思い誤られた困難」である。（A387）

こうしたカントの考え方はフィヒテにも受け継がれているが、しかし後で論じる通り、カント自身の立場の一貫性には疑問の余地があり、それがフィヒテのカント理解に混乱をもたらしていると見ることもできる。この問題について論じる前に、フィヒテが同じ論点についてどのような議論を展開するかを見ていくことにしよう。

フィヒテは『知識学への第一序論』において、観念論と独断論（実在論）の対立とその優劣について詳細に論じている。フィヒテによれば、我々の表象には二種類の異なったものがある。我々の自由に依存している表象と、我々が自由に規定することができない表象、即ち「必然性の感情を伴う」（*EEWL*, GA, I/4, 186）表象である。前者は想像や意志であり、後者は例えば外的事物についての経験的認識である。理論哲学は後者の根拠を示さなくてはならない。認識の対象である物と認識を行う知性は、経験の中で分かちがたく結びついているが、哲学者はその片方を捨象することで経験の根拠を説明できる。「物を捨象するとき、彼〔哲学者〕は知性自体を残す。……知性を捨象するとき、彼は物自体を残す。……第一のやり方は観念論と呼ばれ、第二のやり方は独断論と呼ばれる」（188）。

以下では、混乱を避けるため、この意味での「独断論」を「実在論」と読み替えることにする。

カントの体系と知識学の体系は観念論的であるが、観念論も実在論も、相手を直接に論駁はできない（vgl. 191）。知性（ないし自我）と物自体のどちらを第一原理とするかは、「関心の相違」（194）であり、「人がどのような哲学を選ぶかは、彼がどのような人間であるかにかかっている」（195）。とは言え、観念論の立場からすれば、実在論には知性をうまく説明できないという欠陥がある。知性は存在であると同時に、物が「それに対して［für］」存在するところのものでもある。何かが知性に対して存在するということは、裏を返せば、知性がその何かを（像として）「眺める［zusehen］」ということでもある。[70] それゆえ、知性には二重の系列がある。「存在することの系列と眺めることの系列、つまり実在的なものの系列と観念的なものの系列」（196）である。ところが、実在論の因果律による説明は、実在的なものの系列しか扱えず、存在から表象への移行を証明できない。経験を説明する際には、二つの系列が架橋されなければならないはずだが、実在論にはそれができないのである。確かに、表象さえも一種の物であると考える一元論的な実在論者を、この議論によって論駁することはできない（vgl. 198f.）。しかし、そのような実在論者は、もはや我々の意志の自由を認めることができず、宿命論に至るであろう。フィヒテにとってそれは哲学的でない「軟弱な考え方」（199）であり、受け入れられないものである。[71]

（70）「眺める」は「見る［sehen］」とも表現される。「見る」「眼」「眼差し」「像」「光」といった視覚的な比喩は、特に後期知識学において多用されている。
（71）フィヒテ自身、青年期には宿命論的な思想に傾倒し、自由意志をいかにして救うかという問題に悩まされたが、カントの『実践理性批判』にその解決を見出して感激した、という経緯がある。

では、このような観念論は、外的事物の表象をどのように説明するのだろうか。フィヒテによれば、「我々の働きかけがなくても存在する物質的な、空間内にある世界などの、世界についての表象」も、外部の何かではなく「知性の行為から導出されなければならない」（200）。それゆえ、観念論は次のように考えることになる。知性は自己自身の本質によって規定され、一定の仕方でのみ行為し得る。つまり、知性の行為には必然的法則があるのだが、それは外部からの印象によるのではなく、自己自身による制限、つまり自己立法なのである（vgl. 200f.）。「……知性の必然的法則という前提を立てる限り、この観念論は批判的もしくは超越論的観念論と呼ばれる」（200）。

物自体の扱いに関する限り、この立場は、先述したカントの『純粋理性批判』第一版における立場を受け継いだものであると言える。というのも、この超越論的観念論は、物を捨象して知性を残したことの帰結であり、外的な物自体を必要としないからだ。

　哲学の内容には……必然的な思考の実在性以外には、どんな実在性も属していない。知性は活動的なものとしてしか考えられず、この一定の仕方で活動的なものとしてしか考えられない、と哲学は主張する。この実在性だけで哲学には全く十分である。というのも、他の実在性は決して存在しないということが、哲学から生じてくるからである。（207f.）

しかしながら、これだけでは外的事物の表象についての説明としては未だ具体性を欠いている。それゆえ、『第一序論』に後続する『第二序論』を参照することで、フィヒテの考えをより明らかにすることを試みたい。
フィヒテは、カントの哲学を実在論的に解釈しようとする同時代の傾向を批判している。カントは我々が対象から触発されると明言しており（vgl. A19/B33）、実在論的解釈者たちは、この対象とは物自体であると理解している。しかしフィヒテはそれを批判し、次のように主張する。

それでは対象とは何であろうか。悟性によって現象に付け加えられたもの、即ち一つの単なる思想である。――対象が触発する。単に考えられるに過ぎない何ものかが触発する。……それは次のことに他ならない。即ち、それは存在する限りにおいて触発する。したがって、それは触発するものとして考えられるに過ぎない。……もちろん、我々の認識はすべて触発から出発するが、対象による触発から出発するのではない。これがカントの意見であり、知識学の意見である。（*VNDWL*, GA, I/4, 241）

この一見すると支離滅裂にも見える主張は、哲学の出発点となる経験的意識についてのフィヒテの考えを反映している。フィヒテが言わんとしているのは、以下の二点である。（1）一般に何かが存在するとは、我々はそう考えざるを得ないということ以上のことを意味しない。（2）我々は、経験的意識において自らが特定の仕方で触発されている、という事実から出発するが、「何によって」という契機はそこには含まれない。フィヒテは「触発」という表現よりも、（規定されていること、という意味での）「規定」という表現をより適切だと考えており、ここではカントの記述を説明するため便宜上用いたに過ぎない。フィヒテの考えでは、意識における規定性は「絶対的に偶然的なものとして現れ、我々の認識の単に経験的なものを提供する」(242)。それは、例えば甘い、赤い、冷たいといった感情である。実在論的カント主義者たちは、この感情を物自体の作用として説明しようとする。だがそれでは、客観的な物自体がいかにして主観的な表象の原因となり得るのか、という問題は解決困難である。

これに対してフィヒテは、経験の根拠を物自体ではなく自我自体(190)に求めた。外的事物の表象は、我々にとっては「必然性の感情」(186)を伴ったものとして現れる(正確には、必然性の感情を伴う表象を我々が外的事物の表象と見なすようになる)が、それは自我が自らに法則を与え(自己立法)、その法則に従ってある特定の仕方で行為し、それによって自己自身を制限した結果であると見なされなければならない(vgl. 199–201)。しかしそれは超越論的説明なのであって、経験的自我が自らの感情をそのように説明するわけではない。

> 経験的自我は延長した質料を直観によって生み出す。この経験的自我は、感情という単に主観的なものを、この主観的なものの根拠としての質料へと思考によって読み替え、こうした綜合によってのみ客観を形成するのである。この経験的自我自身の状態をさらに分析し説明することが、この自我にその世界体系を与える。そして、この説明の法則を観察することが、哲学者にその学問を与える。ここにカントの経験的実在論がある。しかし、この実在論は超越論的観念論なのである。(243)

したがって、経験的自我が主観的な感情を延長した質料と見なすよう強いられていることについての学問が経験的実在論だということになる。そしてフィヒテは、自らの立場はカントのそれと同じものであると主張している。だが、本当にそうなのだろうか。フィヒテによる実在論的カント主義への批判は、カント本人は物自体を否定した、あるいは少なくともそうすべきであったという強い信念と結び付いている。とは言え、ここまでの議論では、未だフィヒテの物自体に対する態度は明確になっていない。そこで、さらにフィヒテが初めて物自体を清算した[72]とされる『新たな方法による知識学』から若干の議論を抜粋し、この点を確認しよう。『新方法』の序論において、フィヒテは次のように述べている。

観念論は、実際の人間の間にみられる我々の外なる物の実在性への信仰を妨げることはなく、むしろそれを混乱した思弁の一切の疑いから護って強化する。なぜなら、観念論は、こうしたもの（つまり物の実在性への信仰）が生ずるゆえんの観点や、こうした信仰がこの観点で必然的に生ずる理由を挙示するからである。（*WLnm*, GA, IV/2, 27）

したがって、『第二序論』での結論は保持されていると言える。また、観念論と実在論の対立関係についても、『第一序論』と類似した説明を行っている（vgl. 20）。即ち、知性ないし自我を第一原理とし、物自体を捨象するのが観念論であるとすると、観念論においては、外的な事物について

（72）　藤澤（一九九五）、五二一頁参照。

の表象もまた、能動的な知性を根拠として説明されなければならないことになる。「観念論者は自分の意識の外部に何も前提せず、もっぱら、自分の自我のこの自由な活動が原理であって、この原理は他の何ものからも証明されない」(22)。「私の外には何もない、いかなる物自体もない。私自身だけが私の意識の客観となり得る。これが超越論的観念論の主要格率であり、その最も深い精神である」(163)。「超越論的観念論の主要思想とは次の通りである。即ち、あらゆる意識は我々自身についての意識である」(197)。このような考え方は、『純粋理性批判』第一版のカントに近いものである。なぜなら、そこではあらゆる現象は自己意識に属するとされ、同一の自己の規定が問題になっていたからだ。フィヒテが示したのは、そのようなカントの見解を首尾一貫させるとどうなるか、ということであったと言えるだろう。

だが、カントが維持しようとしていた立場は、フィヒテが考えているよりも複雑なものだったのではないだろうか。

カントが超越論的実在論を退けたのは事実である。しかし、彼は「物自体は存在しない」とは明言していない。『プロレゴーメナ』や『純粋理性批判』第二版でのカントは、物自体に対してより寛容な態度をとるようになっている。前者においては、「両者〔空間と時間〕は物自体に属する規定ではなく、ただ物自体の感性に対する関係に属する規定に過ぎない……」(P, AA IV, 284)、「我々の感性的表象は決して物自体そのものの表象ではなくて、ただそれが我々に現象する仕方についての表象なのである」(287, Anm. 1) と述べられている。また後者においては、以下の文言が有名である。

我々はまさに〔現象と〕同一の対象を、物自体そのものとして、たとえ認識できないにしても、少なくとも思考できなくてはならない。なぜなら、もしそうでないとすると、そこに現象するものがなくて現象が存在するという、不合理な命題がそこから生じることになるからである。（*KrV*, BXXVI）

したがって、第一版から第二版の間に、カントが物自体についての見解を修正したことは間違いなさそうである。第四誤謬推理が削除されたのも、第二章で扱った統覚論における第一版と第二版の差異も、恐らくはこのことに関係がある。カントが物自体（あるいは、悟性体［Verstandeswesen］（B306））の存在を否定できなかったのは、自由や神や魂の不死といった、実践理性によって要請される超越論的理念を救うためである。しかしもちろん、理論理性はそれらを認識できない。それゆえ、カントはそれらを未知なものと位置付け、存在を肯定することはできないが、しかし否定することもできないとしたのである。だが、フィヒテはそのような複雑な立場を維持できるとは考えなかった。「超越論的観念論の主要思想とは次の通りである。即ち、あらゆる意識は我々自身についての意識である」（*WLnm*, GA, IV/2, 197）というカントと共有された前提は、フィヒテにおいては、我々は物自体と絶対我のどちらかを選択しなくてはならないという考えに媒介されて、以下のような結論へと導かれる。「私の外には何もない、いかなる物自体もない。私自身だけが私の意識の客観となり得る。これが超越論的観念論の主要格率であり、その最も深い精神である」（163）。

だがそうすると、フィヒテは超越論的理念をどのようにして確保するのだろうか。自由に関して言えば、フィヒテは理論理性と実践理性の統一を重視し、自我の絶対的活動性（即ち自由）を両者共通の最高原則とすることによってこれを確保する（vgl. *SS*, GA, I/5, 27）。しかし自我性を体系の頂点に据えれば、存在者としての神を説明することは困難にならざるを得ないことは明らかである（たとえ自我性を個体性とははっきり区別し、「我々の精神性一般」（*ZEWL*, GA, I/4, 257）として理解するとしても）。『新方法』においてフィヒテは、神と世界が「我々の理性に依存している」（*WLnm*, GA, IV/2, 97）と述べている。これは無神論論争の直接の原因ではないが[73]、現実問題としてこのような立場を維持できなかったという事情は、ベルリン期知識学において彼に絶対者を想定させるようになった一因ではあるだろう。

第九節　カントとフィヒテの差異としての「上昇」と「下降」

さらにカントとフィヒテの差異について検討を続けたいが、かなり回り道をしているので、ここで一旦真理の合意説との関連を確認しておこう。アーペルの真理の合意説は超越論的観念論・経験的実在論という二元論的構造にある程度類比的であるが、しかしＩＫＧにおける究極的合意を、統制的理念でありながら長期的には構成的であったと判明するものと見なす点でカントとは異なっている。これに前節で検討した結果を加味すれば、次のような結論が得られるように思われる。即ち、アーペルの合意説は、カントというよりもむしろフィヒテの意味での超越論的観念論に重なるものである。

そのように考えられる大きな理由は、やはりアーペルがカントとは違い、物自体を「形而上学のフィクション」と断じるパースの見解を支持する点にある。フィヒテもまた、物自体は全く存在しないと断定しているのであり、『純粋理性批判』第一版で曖昧な態度に終始し、第二版ではほぼ物自体を認めるに至ったカントとは明確に異なる立場を取っている。

アーペルの合意説をフィヒテ的と見なし得るもう一つの理由は、統制的理念についての考え方である。アーペルは統制的理念としてのＩＫＧ、およびそこにおける究極的合意を、長期的には構成的であったと判明しなければならないものと見なす。ヴェルマーが指摘するように、カントならばこれを「弁証論的仮象」と呼ぶだろう。一方、フィヒテは知識学の出発点としての自我（知的直観）と、知識学の到達点である理念としての自我（事行）という二重性を考えることによって、カントとは異なった道を歩んでいる。「理性の努力が向かう最高の目標」としての後者、つまりカントの言う統制的理念としての絶対我は「現実には決して存在しない」（*ZEWL*, GA, I/4, 266）が、それにもかかわらず、事行、即ち絶対我の自己定立は、全経験の根拠である（vgl. *WLnm*, GA, IV/2, 18ff.）。そして、哲学者は「まずもって自分の自我を〔知的直観によって〕定立し、それが一定の法則に従って行為するのを観察し、これによって世界を構成しなければならない」（28f）。「もしも観念論の前提が正しく、導出の過程で正しい推論が行われたならば、最終的な成果として、つまり最初に立てられたもののすべての条件の総体として、あらゆる必然的表象の体系、つまり経験全体が出てくるにちがいない」（*EEWL*, GA, I/4, 205）。つまり、もし全経験を構成し尽くしたなら、最終的に絶対我

（73）　直接の原因は、論文「神の世界統治に対する我々の信仰の根拠について」である。

が全経験の根拠であったことが明らかになる、というのである。それゆえ、このように言っても良いように思われる。フィヒテにおいて絶対我の事行は統制的原理としての理念であるが、しかしこの理念は、長期的には構成的であったと判明しなければならない。フィヒテが「弁証論的仮象」についてのカントの論述を、物自体が存在するという錯覚にしか妥当しないものと見なしていることも、上のような理解を正当化する材料になるだろう。

ハーバーマスの合意説でも同様のことが言えるか、と問うなら、それは難しい。確かに、合意説に関してはハーバーマスとアーペルには決定的なほどの差異は見出せない。だが、説得力という点ではアーペルの合意説の方が優れているように思われる。というのも、ハーバーマスは、統制的であり構成的でもあるような理想的発話状況の先取というアーペル／フィヒテ的な理念を掲げてはいるものの、実際には、それが構成的であるということを保証できていないからだ。ＬＢ論証に対するハーバーマスの批判は、普遍化原則の正当化という討議倫理学を根本から揺るがす問題だけでなく、理想的発話状況を反事実的に先取することの正当化という、合意説の意義を問われるような問題にも、ハーバーマス自身を巻き込むことになるのである。

以上のように、ハーバーマスとアーペルは普遍主義的で再構成的な語用論、討議倫理学、そして真理の合意説という同じような理論を展開していながら、その基本的な立場にはかなりの相違があり、それは主として出発点の違いであることが明らかになった。本節では、その出発点の差異をカントとフィヒテの差異に通じるものと位置付けたい。これにより、ＴＰのフィヒテ主義的性格は一層鮮明になるだろう。

フィヒテは『知識学の特性綱要』において、自らの思想のカントに対する差異を述べている。それは、「多様なものが意識の統一のために、ありうべき受容に対して与えられているという前提から出発する」カントと違い、フィヒテにおいては全哲学体系が根本原則である事行を前提として出発し、「普遍的なものから特殊的なものへ下降」(*GEWL*, GA, I/3, 144f.) するということである。少し詳しく見てみよう。

カントの場合、私がそれを私の諸表象として意識するか否かということよりも先に、まず直観において多様な表象が与えられている。こうしたさまざまな表象に伴う個々の経験的意識は、それ自体においてはバラバラで、主観の同一性の関係を持っていない (vgl. *KrV*, B131ff.)。それは先述の通り、„können“ の介在によるものである。

一方フィヒテの場合はどうか。『全知識学の基礎』では、意識の中に含まれる、同時に限定作用でもある限定態から表象の説明が出発する (vgl. *GWL*, GA, I/2, 328)。経験的意識にはそれ以上のものは与えられていないが、しかし哲学者による捨象が、その根拠の説明を可能にする。それによれば、まず意識そのものが、自我の第一の根源的活動つまり自己自身による定立の産物だとされる (269)。そして表象するとは、自我が主観的なものを定立し、この主観的なものに他のものを客観的なものとして反立する等々ということであり、これが経験的意識における表象系列の始まりとなる (353)。まさにカントとは逆に、無限の自我の内部で主観と客観による能動的な相互限定が無限に進行していくことによって、全表象系列が満たされていくのである。それゆえ、問題となるのはむしろ私の諸表象をどう説明するかであって、自己意識の統一はそのための出発点として必然的なものとなる。

フィヒテがこの行き方を選択するのは、次のような理由からである。

この〔カントの〕道においては、集合的な普遍、つまりこれまでの経験の全体はなるほど同様な法則の下での統一として説明され得るが、しかし無限な普遍、経験の無限への進行は決して説明され得ない。有限なものからは無限性への道は存在しないのである。しかし逆に、無限定でしかも限定不可能な無限性から、限定の能力によって有限性に至る道は確かに存在する。……人間精神の全体系を包括すべき知識学はこの道をとって、普遍的なものから特殊的なものへ下降しなければならない。（*GEWL*, GA, I/3, 144f.：傍点は引用者）(74)

それゆえ、カントと同じ精神を持った整合的な超越論的観念論の体系を構築するなら、カントにおける綜合的統一を言わば転倒させなければならない。まず表象の多様が与えられ、それらが「私は考える」を通じて統一されるという手順を転倒させるとどうなるか。それこそが、自我の事行という根源的な自己還帰性が根本原則である理由である。後期知識学において統覚の統一はカント同様に綜合的統一として説明されるが、しかしそれはあくまでも入門講義において既に分析的統一として説明されていることが前提になっているのである（vgl. *TL*, GA, II/14, 244f.）。

知識学にとって根本原則が出発点である理由はもう一つある。それは、フィヒテがカント以上に諸学問に対する哲学の役割を重く見ていたことである。カントが数学や論理学、純粋自然科学は

「学の確実な道」（*KrV*, BVII）を歩んでいると考え、それらが可能であることを空間や時間を演繹する際の根拠としていた（vgl. A25/B40f.; A30/B55）のに対し、フィヒテは論理学すらも含めたあらゆる学を根拠付ける「学一般の学」（*BWL*, GA, I/2, 117）が必要であると考えていた。なぜなら、一般に学は諸命題の全体から成っており、その中には少なくとも一個の原則となる確実な命題があり、他の諸命題に確実性を伝えなくてはならないが、しかしこの原則の確実性自体は別に根拠付けられなくてはならないからだ（vgl. 114ff.）。そのような学の学が必要であるという要請を満たすために構想されたのが知識学なのであり、また知識学の原則そのものは他の学によって根拠付けるわけにはいかないので、それ自身を根拠付ける自己関係的構造を持っていなくてはならないのである。

カントもフィヒテも結局は同じ精神を持つ超越論的観念論を展開しているとは言え、上昇と下降というアプローチの差は決して小さくない。なぜなら、統制的原理が単なる統制的原理のままであり続けるカントとは違って、フィヒテの場合は統制的原理としての絶対我は、長期的には全経験の成立にとって構成的であったと判明することになるからだ。根本原則における根源的自己還帰性

（74）『知識学の概念』においては無限への進行ということが次のように説明されている。

従来の人間的知識は、真実なものも想像されたものも、人間的知識一般というものではない。よしんばある哲学者が人間的知識を実際に包括し、かつ完全な帰納によって、その知識が彼の体系の中に含まれていることを証明し得たとしても、これによって彼が哲学一般の課題を満足せしめたとは決して言えないであろう。……人間的知識一般が尽くされるべきであるということは、人間がその現存在の今の段階においてだけでなく、それのすべての可能的でかつ思惟され得る段階においても知り得ることが無制約的かつ端的に規定されるべきであるということを意味する。（*BWL*, GA, I/2, 129）

と、そこからの下降という二つの方法論的戦略によって、人間の知の体系を汲み尽くす超越論的観念論は非常にラディカルな主張を持つことになる。それはTPに関しても同様であり、討議倫理学に関しては、言わば「集合的普遍」で満足するハーバーマスが、アーペルを原理主義と呼ぶことには、ある意味で正当な理由があると言えるだろう。もっとも、それがハーバーマス自身の立場の正当化になるわけではない。討議倫理学においても、また真理の合意説においても、ハーバーマスは中心的な役割を担う原則や理念を十分に根拠付けていないように思われるのである。

第一〇節　なぜカントは下り道を断念したのか――道徳法則の演繹再考――

「下り道」を採る場合は出発点としての自己関係性の徹底が必然的なものとなるが、「上り道」を採る場合は、„können“の介在に象徴されるように自己関係性には蓋然性が残る。これが前節までの議論であった。ところで、カントが実践哲学においても上り道を採用しているか否かについては、より慎重な検討が必要である。なぜならカントにおいて、思弁理性と実践理性の批判はパラレルに論じられてはおらず、しかも実践哲学における主著である『人倫の形而上学の基礎付け』と『実践理性批判』では、最重要の課題である道徳法則の演繹に関して「逆立ちしている」(Beck 1960, 172 (212))とまで言われる違いがあるからだ。カントは、『人倫の形而上学の基礎付け』においては自由の理念から定言命法の演繹を試みていながら、『実践理性批判』では端的に道徳法則を「理性の事実」とし、そこから自由を根拠付けようとしている。第二章では新しい方の見解である後者の議論を扱ったが、「上昇」と「下降」という観点からカントの実践哲学を捉え直すならば、前者の議論を見逃すわけにはいかないだろう。

それゆえここで、『基礎付け』における道徳法則の演繹について「下降」ないし「下り道」という観点から改めて検討し、なぜカントはこの行き方を貫徹しなかったのかについて考察したい。

カントは『基礎付け』の課題を「道徳性の最上原理の探求と確定」（GMS, AA, IV, 392）としている。そのために採られる方法は、「普通の認識から出発して認識の最上原理を決定するまで、分析的に進行する。それから再び道を引き返して、その原理の吟味と原理の源泉から、その原理が用いられている普通の認識まで、綜合的に戻」（ebd.）る、というものである。これは、フィヒテが知識学において採用している方法と極めて近しいものであると言える。

普通の理性認識から人倫の形而上学まで上昇したところで、「最高の実践的原理……の根拠は、理性的本性はそれ自身目的自体として実存する、ということである。そのように自分自身が現に存在していると、人間は必然的に表象する」（428f.）と主張され、その後、最上原理は意志の自律の原理であったことが判明する。言うまでもなくこれは定言命法として意識されることになる。

しかし「いかにしてそのような綜合的実践的命題がア・プリオリに可能なのか、また、何ゆえにそのような命題が必然的なのか」（444）という課題は人倫の形而上学の限界内では解決できないので、再び下降して今度は純粋実践理性批判へと移行することになる。そこでまず言われることは、「意志の自由が前提されるなら、ただ自由の概念を分解するだけで、意志の自由ということから人倫性がその原理もろとも帰結として出てくる」（447）ということである。しかし、自由を前提とすれば定言命法の意識が生じるとしても、なぜ理性的存在者がそれに服従しなくてはならないのかを説明することは簡単ではない。「この原理に服従すべきであると関心が私を駆り立てることはない」（449）と、カントは認める。ここにおいて、道徳法則の演繹は一旦暗礁に乗り上げる。

ここに、そこから抜け出せないように見える一種の循環論証が現れているということを、率直に告白せざるを得ない。我々は自らが目的の秩序の中で人倫的法則の下にあると考えるために、作用因の秩序の中では自らが自由であると想定し、次いで、我々が意志の自由を自らに付与したことを理由に、自らが人倫的法則に服従しているのだと考える。（450）

カントはこの循環論証をいわゆる二世界論によって解消しようとする。つまり、我々は自らを、知覚と感覚の受容に関しては感性界に数え入れるが、しかし自らの内にある純粋な能動性、つまり理性に関しては、自らを叡知界に属するものと考えざるを得ない、というのである（vgl. 451f.）。別の表現で言えば、「我々は自分を自由だと考えるときには、我々は自分を成員として悟性界〔叡知界〕に置き換え」、意志の自律を認識するが、「我々が自らを義務付けられたものとして考えるときには、我々は自らを感性界に属しながらも同時に悟性界に属するものと見なす」（453）ことになる。ところが、これによって演繹は達成されたのかというと、そうとも言い切れない。この辺りのカントの議論は複雑であり、何が足りていないのかも曖昧である。一方では、『実践理性批判』においても重要な役割を果たすことになる「法則への尊敬」が、駆動力として、すでに人倫の形而上学への移行の段階で導入されている（440）。これは純粋実践理性批判への移行の段階でも、「誰もが法則に違反することによって、身をもって法則の威信を知る」（455）というかたちで語られている。ところが、これが最終的にどのように利いてくるのかは今一つ明確でない。

他方では、二世界論の導入によって「理性の弁証論」（ebd.）が生じることになると述べられている。つまり、行為において意志の自由と自然必然性とが矛盾するように見えるというのである。この見かけ上の矛盾を解消するためには、自由と自然必然性が「同一の主体において必然的に統一しているとも考えられなければならないこと」（456）を示すことが必要である。これは思弁哲学と実践哲学の間に折り合いをつけることであり、特に実践理性が自らを叡知界に入れ込んで考える点が理性の限界を超えているのではないか、という問題の解決が必要である。これは理性が自らを実践的であると考えるために取らざるを得ない一つの立場に過ぎない、ということで一応の決着を見るが、しかしここでカントはさらに新たな問題を見出している。

それは、「どのようにして純粋理性は実践的であり得るか」、あるいは、これと同じ課題だとされるが、「いかにして自由は可能か」（458f.）ということを説明できないということである。叡知的存在の意志の自由を前提することは可能であり、それどころか必然的でもある（vgl. 461）。ところが、

いかにして、純粋理性の全ての格率が法則として普遍妥当性を持つという単なる原理が……自分一人だけで一つの駆動力を発動させたり、純粋に道徳的だと言って良い一つの関心を喚起したりするのか、……言い換えれば、いかにして純粋理性は実践的であり得るのか、ということを説明するためには、一

切の人間理性は全く無能力なのである。(ebd.)

結局、法則への尊敬はここでも重要な役割を果たすことなく終わる。カントは少なくとも『基礎付け』においては、法則への尊敬を決め手にできるとは考えていないし、純粋理性が実践的であることを示せるとも考えていないようである。『実践理性批判』ではこれらのいずれについても別の見解が示されている。即ち、純粋理性は自らが実践的であることを「行いを通じて証明する」(*KpV*, *AA*, V, 3)とされ、法則に対する尊敬は「道徳性へと向かう動機などではなく、主体的に動機と見なされた道徳性そのもの」(76)にまで高められているのである。

なぜカントは下り道を採ることで定言命法の演繹を完遂できなかったのだろうか。それは、自由を前提すれば確かに定言命法は演繹できるが、それは純粋理性が実践的であることを前提にすることと同じであり、仮定が落ちないまま残ることになるからだろう。つまり、カントは純粋理性が実践的でない可能性をどうしても排除できなかったのである。

もしもカントが純粋理性の自己関係性をフィヒテの自我の事行と同じような自己関係性として下り道の出発点に据えていたなら、そのような可能性は最初から排除されていただろう。実際、フィヒテは『知識学の原理による道徳論の体系』において、自我における主観と客観の同一性を出発点に据え、理論哲学と実践哲学を対称的なものとして説明した上で、自我性を根拠にして知的直観としての道徳法則の演繹を行っている(75)。その議論は複雑だが、少なくともフィヒテ自身は演繹が成功したと考えている。だがカントはそれをしなかった。確かに人倫の形而上学への移行の章においては理性的存在者が目的自体と見なされなくてはならないことが強調されており、それが純粋実践理性の自己関係性を示しているとする解釈（vgl. Steigleder 2002, 64）にも根拠が無いわけではない。しかし結局のところカントは思弁理性と実践理性の同一性は根本原則ではなく、証明されるべき事柄だと考えていたのである。実際、カントは『基礎付け』の序文において同書が『純粋実践理性批判』ではない理由を述べている。

この批判が完成されたものであるためには、完成の時点で、純粋実践理性が思弁理性と一体であることが一つの共通の原理の中で、明示されることができなければならない。なぜなら、やはり結局は同一の理性しかあり得ないのであり、それがただ適用される際にだけ区別されるに違いないからである。しかし本書では、まだそこまで完璧にすることができなかった。（*GMS*, AA, IV, 391）

カントにとって純粋理性の自己関係性は下降の出発点ではなく、言わば上昇の到達点だったのだ。すると、このように言えるのではないだろうか。『基礎付け』におけるカントの議論は、下り道に上り道の論理を持ち込んだ結果、袋小路に行き当たったのだと。あるいはむしろ、こう言うべ

（75）　フィヒテの演繹は非常に思弁的かつ複雑であり、ここで詳しくは扱えないが、入江幸男によれば、ここでフィヒテは一種のTAを行っている。つまり、自我が自我であるならば必然的に定言命法を意識せざるを得ない、ところで我々は自我である、ゆえに我々が自我である限り、定言命法を意識せざるを得ないという論証である。（入江　二〇〇一、五八―七二頁参照。）

きかも知れない。すでに理論哲学で上り道を採用していたために、実践哲学で下り道を採用しようとするとどうしても齟齬が発生し、それを処理し切れなくなったのだと。『実践理性批判』において議論が逆立ちしたのは、カントの体系全体を考えれば、むしろ自然な成り行きだったのかも知れない。理性の事実が最終的には理性の事行たり得ないこともまた、同じ理由で説明が可能だろう。

第一一節　超越論的語用論はどこまでフィヒテ主義的なのか

本章の議論はかなり多岐にわたるものとなってしまったが、基本的な問題意識は、ＴＰのフィヒテ的性格を、カントおよびハーバーマスとの対比を通して明らかにできるのではないか、ということにあった。前節までの検討を踏まえた上で、その問題に再び立ち返ることにしよう。ＴＰは、上で論じたようなフィヒテの「下り道」をどこまで辿っていると言えるだろうか。まず、アーペルが「人間のロゴスの妥当反省能力（したがってまた科学、哲学、倫理学）」（Apel 1979, 201 (201)）を可能にする第一哲学を志向し、ハーバーマスとは逆に「下降」を方法として採用していることは明らかである。「上から垂直に」妥当性を根拠付けるべきである、というアーペルの言い回しは象徴的であると言える。

アーペルがなぜハーバーマスの人倫性への訴えを批判するかと言えば、それは、多様が先に与えられているという発想が、ＴＰにとっての「普遍主義的道徳」とは全く相容れないものだからだ。事実的なコミュニケーションが成立する際には、常にすでに無限界の理想的コミュニケーション共同体（ＩＫＧ）が反事実的に想定されている。それはフィヒテにおいて知的直観が哲学者による反省ないし捨象を経なければ意識の事実とならないのと同様であり、我々の規範的内容を含んだ行為知は、産婆術的手続きを経なければ、言わば「討議の事実」とはならないのだと言える。

その意味で、クールマンの「短い討議」はフィヒテの言う哲学者の反省にあたる。しかし、だからと言って「短い討議」以前の日常的なコミュニケーション実践においては人倫性が規範的な拘束力を独占している、ということにはならない。ＩＫＧが営むＴＳＳの諸規則は、常に可能態として実在的な諸言語ゲームに伴っているのでなければならないのである。また、個々の発語行為のレベルでは、「遂行的な論理的自己矛盾」は我々の理性に反するものであり、討議のゲームにおける有効な指し手とは見なされない。それゆえ反対者のＰＳＷは基本的に自己忘却として処理されるが、それは、フィヒテにおいて「誤謬を確信することは絶対に不可能」であり、カントとは違って「どんな錯覚も繰り返されない」（*ZEWL, GA,* I/4, 264）ことと重ね合わせて考えることができるだろう。さらに、ハーバーマスの合意説と比べた場合、アーペルの合意説にはフィヒテ的であるという性格に加えて、基準論的な重要性を放棄しないという長所も見出された。それは即ち、論証的討議の規則についてのＬＢ論証によって、統制的理念が長期的には構成的であると判明することが保証されているということである。

ただし、ＬＢ論証が合意説の枠組の中でどのように働くのかについては、より詳細な検討が必要であろう。ここでそれを行い、従来のＴＰには見られなかった新たな説明をＬＢ論証に与えたい。その際に手掛かりとしたいのは、（1）パトナムによるアーペルの合意説への批判、そして（2）

可謬的であるはずの事実的な討議において、不可謬な「究極的」根拠付けがなされ得る、という未解決の問題である。これら二つの問題は、互いに関連し合っている。

パトナムは、TPが特に討議倫理学の根拠付けに関して、説明されるべきことを十分に説明していないと指摘している。それは、理想的討議のあらゆる参加者によって受け入れられているような、討議倫理学の諸規範と諸格率それ自体は「限りなく続けられるパース的探求の所産として正当化されるのではない」（Putnam 2002, 125（158））ということである。したがって、ここでアーペルが示すべきであるのは、当該の諸規範と諸格率が真理の必要条件であるということだけでなく、十分条件でもある、ということなのである（cf. 125–126（158））。この批判は確かに説得力がある。一見すると、アーペルは彼自身の真理論の基準論的重要性を、十分条件というよりも必要条件の特定にまで縮小してしまったように思えるからだ。

他方でアーペルは、論証的討議の前提についての超越論的語用論的な洞察は、確かに合意を必要とするが、しかしア・プリオリに合意可能であると主張する。その意味するところはこれまで断片的に述べてきたが、より詳細な説明が必要であろう。

まず、ハーバーマスとアーペルが用いている「真理基準」という用語を再定義しなければならない。それを真理の必要条件と十分条件として捉え直す必要があるのだ。一般的に言って、真理の基準とは次のようなものだろう。即ち、それによって我々が何かを真であると認定できるようなものである。何かが真理の必要条件を満たしているというだけで、それを真であると呼ぶことはできない。反対に、何かが真理の諸十分条件を一つでも満たしていれば、それは真であると認められる。

統制的理念へのアーペルの訴えは、前者の点しかカヴァーしていないように思えるのであり、パトナムが彼を批判するのはそのためである。したがって、ここで示されなくてはならないのは、TPによる説明が真理の十分条件を含んでいる、あるいは少なくとも含み得るということである。

筆者の見るところでは、真理の必要条件と十分条件を、我々の論証的討議と合意に関して同一の、つまり超越論的ないし経験的なレベルのどちらか一方に配置する必要はない。ある論証が理想的な討議において究極的に合意されることが、その論証が真であることの必要十分条件であるということは、明らかである。しかしながら、この事実は、他の十分条件は存在しないということを含意するものではない。私見によれば、経験的討議におけるＬＢを、より経済的な十分条件と見なすことができる。この考え方は、ＬＢそれ自体は理想的討議から長期的に生じるものではなく、「今ここで」（Kuhlmann 2009, 51）達成されなければならない、というクールマンの要求にも合致する。このように考えることの利点の一つは、ある論証が経験的討議において究極的に根拠付けられたにもかかわらず、理想的討議においては合意されない、といったケースを排除できることである。また、この考え方に従えば、我々はＬＢを通して、実際に真理を手にすることができる。加えて、この考え方は「ア・プリオリに合意され得る」というアーペルの言い回しの意味するところを説明できるし、さらには、パトナムの批判への回答にもなっているのである。我々は今や、真理の十分条件を手にしている。理想的討議の諸規範と諸格率は、理想的討議それ自身から結論として帰結するのではなく、真理の必要条件を満たすのに十分な、つまりア・プリオリに理想的討議において合意され得るような、真理の、経験的なＬＢから帰結するのである。

ただし、ＬＢの対象は、論証的討議の前提に再帰的ないし自己関係的に言及する論証に限られる、ということは強調されなくてはならない。例えば、「私はあなたを、論証的討議において対等な発言権を持つパートナーとして承認している」といった主張である。この主張内容を否定するような内容を主張することは遂行的矛盾へと陥るので、この論証は背後遡行不可能である。究極的に根拠付けられ得るのは、このような特殊な論証に限られる。それゆえ、ほとんど全ての命題、論証、そして事実的合意はパース的探求に対して開かれたままであり、その意味で可謬的なのである。

これに対して、形而上学的実在論に基づいた可謬主義はその限界を露呈するように思われる。彼らの立場に立って、物自体との対応が真理の十分条件である、と述べることに問題はないだろう。このとき、反証のためのあらゆる批判的吟味を生き残ることは、必要条件であるはずだ[76]。しかしながら、この場合、我々は十分条件を決して満たせないことになってしまう。気付かぬ内に満たしているというケースが考えられる、という反論はあり得るが、しかしその場合は再び「神の視点」の正当化が求められるだろう。しかも、ポパーの想定に反して、我々が真理に接近していると確信できるのは、以下の場合に限られる。即ち、批判的吟味の回数が有限であり、原理的には汲み尽くされ得るとあらかじめ知っている場合である。だがこのような想定は、言うまでもなく、永続的な批判的吟味というポパーの思想に矛盾するものである。

もちろん、以上のようにＬＢ論証の位置付けを修正したからと言って、ＬＢ論証の内容そのものが改良されたわけではない。ハーバーマスからの批判（第一章第九節参照）は、依然として生きたままである。とは言え、真理の合意説とＬＢの関係は明確になったように思われるし、パトナムやポパーといった批判者に新たな回答を提示できたと考える。

以上の議論全てを踏まえ、本章では次のように結論付けたい。ＴＰは根源的な自己関係性と「下降」という、フィヒテ知識学をカント哲学から区別する上で重要な二つの方法上の性格を、両方とも踏襲している。それゆえ、古典的哲学の言語哲学的変換というスローガンは誤りではないものの、「カントの批判的変換」（Apel 1979, 199(200)）という自己理解は正確でない。たとえそれが無自覚なものであったとしても、ＴＰは現代のフィヒテ主義なのである。もちろんこの場合、フィヒテの下降に帰せられる困難をＴＰもまた引き受けなければならないだろう。「ありうべき経験に対して多様なものが与えられているということは、証明されなければならない」（*GEWL*, GA, I/3, 145）。しかし、まず多様な言語ゲームがそれ自体で与えられているというヴィトゲンシュタインの言語観は誤りだ、という洞察から出発する以上、ＴＰは統一への上昇というカントの行き方を選択することはできない。

前章から続いた一連の比較検討によってＴＰのフィヒテ主義的性格はすでに鮮明になったと期待するが、しかし未だ不明瞭なまま残っている点がある。それは、フィヒテの知識学においては（絶対的）自我（初期）、絶対知（中期）、絶対者（後期）という名前で呼ばれる、根源的な、あるいは超越論的な審級が体系の出発点となっているが、それに対応する審級であると推測されるＩＫＧはＴＰではどのように説明され、フィヒテの絶対的審級とどのように比較され得るか、ということで

---

(76)　この理解は、特に科学的知識に関するポパーの見解を反映したものになっている。

ある。この点について次章で集中的に扱い、フィヒテ主義としてのＴＰに関する究明を完成させたい。

第四章　無限界の理想的コミュニケーション共同体とは何か

ここまで、ＴＰのフィヒテ主義的性格を、主にＬＢに関して明らかにしてきた。しかしながら、ＴＰとフィヒテの類比性を問題にするのであれば、ＬＢだけではなく、もう一つの中心的なトピック、つまり無限界の理想的コミュニケーション共同体（ＩＫＧ）という理念についても考察する必要があるように思われる。だが、そもそもＩＫＧとは何であり、なぜ必要なのだろうか。また、それはフィヒテ知識学における絶対的な審級と比較され得るようなものなのだろうか。こうした問題に答えることができなければ、ＴＰのフィヒテ主義的性格を余すところなく解明したとは言えないように思われる。

本章の議論は次のように進行する。まず第一節では、ＩＫＧの身分と役割についてのアーペルとクールマンの説明を確認し、ＩＫＧが間主観的な共同体であると考えられていながら言語の「超越論的主観」として機能しなくてはならないことを説明する。第二節以降では、ＩＫＧをカントやフィヒテの議論の枠組内で扱うことはできないのか、ということを検討してゆく。まず第二節ではカントの「目的の国」、第三節ではイェーナ期の『自然法の基礎』および『新たな方法による知識学』における他者論、そして第四節では後期の『意識の事実』における道徳的連繋の概念をそれぞれ扱う。第五節では、ＩＫＧを前期知識学における絶対我とアナロジカルに理解する可能性を探り、この解釈が中期や後期のフィヒテにまで拡張される可能性に触れる。第六節では、アーペルが多用する「主観-間主観」という表現について、ＩＫＧとＴＳＳの関係に即して考察し、ＩＫＧを行為の主観として理解することを試みる。第七節では、これまでの議論を踏まえた上で、論証的討議とその遂行について検討する。第八節では、論証的討議の主観としてのコミュニケーション共同体の身分について、共同行為という観点を交えて再考する。第九節では、その帰結が個々の発話においてどのように機能するのかを検討し、クールマンの議論の前提を見直すことで、部分的にではあるがハーバーマスからの批判に応えることを目指す。

第一節　統制的かつ（長期的には）構成的とはどういうことか

コミュニケーションに対する超越論的なアプローチにおいて最も重要な洞察の一つは、我々の経験的ないし事実的なコミュニケーションはそれ自体で与えられているのではなく、一定の超越論的な条件を満たすことによって初めて成立している、ということである。アーペルによれば、その条件とは理想的なコミュニケーションのあり方を規範的な雛形として想定することであり、実際に論証する人は誰であれ、常にすでに二つの事柄を同時に前提としている。

> それは第一に、彼自身が社会化過程を通してその成員になっている実在的コミュニケーション共同体と、第二には、彼の論拠の意味を適切に理解し、その論拠の真理性を最終的に判定することが原理上できるであろう理想的コミュニケーション共同体である。（Apel 1973b, 429（299））

我々は常に実在的なコミュニケーション共同体の内でコミュニケーションを行い、個々の実在的コミュニケーション共同体はそれ自身のゲーム規則を持っている。しかしそれは歴史的状況や利害の葛藤によって多くの偏見や不平等を含むのであり、ハーバーマスの表現を用いれば「歪められている。それに対して、ＩＫＧにおいては、「全ての成員は同等の権利を持った討議参加者として相互承認するということが前提されている」(400(268))。このような理想的な共同体は事実として存在しているわけではないが、前提として反事実的に先取される。これはハーバーマスの言う「理想的発話状況」の反事実的先取という理念に沿ったものである。(77)

我々は、真の合意と偽の合意の区別を念頭に置いて、次のような発話状況を理想的発話状況と名付ける。即ち、そこにおいてはコミュニケーションが外的な偶発的影響によって妨げられないだけでなく、コミュニケーション自身の構造から生ずる強制によっても妨げられない状況がそれである。理想的発話状況はコミュニケーションが体系的に歪められていることを排除する。(Habermas 1971, 137(164))

しかし、反事実的に先取するとはどういう意味だろうか。ハーバーマスはこれを「我々が討議を始めようと思っているどんな経験的談話においても、まずもって行わなければならない先取」((164))としている。それゆえ、事実的なコミュニケーションとしての討議に臨もうとする者は誰であれ、理想的な討議のあり方がどのようなものか予め承知していなくてはならないということで

(77)　少なくとも、一九七〇年代に展開されたハーバーマスの「普遍的語用論」に関しては、その議論の大部分がＴＰと矛盾しないものであり、アーペルも積極的に援用している。

あろう。

アーペルはこのことを超越論哲学の用語を用いて表現している。即ち、ＩＫＧを反事実的に先取するとは、それの歴史的実現を目指すことが我々にとって一つの統制的原理だという意味である。

あらゆる哲学的論証のこうした（暗黙の）〔二つのコミュニケーション共同体を想定することの〕要求から、私の見るところ、すべての人間の長期的な道徳的行為戦略のための二つの基礎的な統制的原理が導き出される。第一に、すべての営為において問題になるのは、実在的コミュニケーション共同体としての人類の生存を確保するということ。第二には、その実在的コミュニケーション共同体の内で理想的コミュニケーション共同体を実現するということである。（Apel 1973b, 431(301)）

本書の問題関心からして重要なのは第二の、ＩＫＧの実現という統制的原理である。カントにおいて統制的原理とは、「感性界の概念を、ありうべき経験を超えて拡張するための理性の構成的原理」(78)（*KrV*, A509/B537）ではなく、「その原則に従えば、いかなる経験的な限界も絶対的限界と見なされてはならないような、経験の最大限の継続と拡張の原則」（ebd.）である。ただしその際に注意すべきことは、統制的原理は単にそれを求めるなら我々は何を行わなければならないかを要請するだけであり、何がそれ自体として与えられているかを述べるものではないということである（vgl. ebd.）。それゆえ、アーペルが（パースのカント解釈を経由しているとは言え）カント本人の用語法を念頭に置いていると仮定すれば、反事実的であり、かつ先取されていなくてはならないとされる

ＩＫＧは、確かに統制的原理である。

　ところで、第一章・第三章で触れた通り、アーペルはパースのカント解釈を検討し、科学者の「解釈共同体」における「最終的な意見」としての解釈の統一を、統制的原理でありながら、「長期的に見れば結局は構成的であることが判明する」（Apel 1973b, 174(81)）ものと理解している。これは一体どういう意味だろうか。別の論文では次のように述べられている。「それの諸記号および諸行為と同様に、この共同体もまた経験可能である、ただし観察データとして外部から記述され説明され得るような経験の客観としてではなく、諸観察データの記述と説明の可能性と妥当性の概念的な諸条件についての合意の間主観的な媒体としてだが」（Apel 1973b, 198：傍点は引用者）。客観として与えられていない以上、経験可能だと言ってもそれは統制的である。しかし、その共同体における科学者たちの間主観的な合意によって初めて諸観察データの記述と説明が可能になり、また妥当とされるのであれば、これは構成的でもあると言っても差し支えないだろう。

　ＩＫＧの理念はこの解釈共同体をモデルとしているので、ＩＫＧについても同様だと考えられる。アーペルはＩＫＧを我々にとって統制的かつ（長期的には）構成的なものと理解しているのである。これは、初期のハーバーマスも同様であると言える。ハーバーマスは理想的発話状況という概念についてこう述べている。

（78）ここで言う経験の拡張とは次のような意味である。例えば数学の比例式において三つの項が与えられれば、それによって第四項も与えられる、つまり経験によらずに構成される（vgl. A179/B222）。

理想的発話状況という概念は、カントの意味での単なる統制的原理といったものではない。なぜなら、我々は言語による意思疎通の最初の行為の段階で、この理想的発話状況という想定を事実上、常にすでに行っていなければならないからだ。（Habermas 1971, 140（169））

理想的発話状況は単に統制的であるだけではなく、言語コミュニケーション一般にとって構成的でもある、というのである。ただし、ハーバーマスがこの点でアーペルに歩調を合わせるのは、あくまでも彼の初期の著作においてのみであると考えられる。なぜなら、『道徳意識とコミュニケーション行為』以降のハーバーマスは生活世界の人倫性としての原初的なコミュニケーション実践を認めており、それは道徳的ディスクルスとはっきり区別されるからだ。恐らく、そこでは理想的発話状況ではなく、その共同体で通用してきた標準的な発話状況が想定されるのであろう。

いずれにせよ、カントにとって構成的原理と統制的原理が相互に排他的である以上、アーペルはすでにパースとともに、カントの枠組から逸脱していることになる。

ところで、理想的な審級が実在的な審級に対して拘束力を持つ、というのは奇妙に思われるかもしれない。実際、アルバートは『超越論的夢想』においてその点を批判している。「認識の可能性の超越論的条件が通常の意味における実在的な条件の特徴を持つ」（Albert 1975, 61）ためには、「実在的コミュニケーション共同体への関係は欠くことができない」（ebd.）。このパース的共同体が経験可能である以上、「私はそこから以下のことを導き出して良いことになる。つまり、彼もまたそれを事実的に存在するものと見なしているということだ」（61f.）。それゆえ「彼が、この理想的な審級はあらゆる思惟者にとって事実上前提されていると考えているのか、それともそれは想定されるべきであったと考えているのか」(63) は、アルバートにとって「全く明らかでない」(ebd.)。曖昧さに対するこうした批判が容易に予想できるにもかかわらず、統制的かつ長期的には構成的な審級をどうしても設けなくてはならない理由は、アーペルのヴィトゲンシュタイン批判によって説明できる。ヴィトゲンシュタインは、互いに単なる家族的類似性しか持たないような諸言語ゲームを記述することで、語の指示内容や意味をその語の使用によって説明しようとする。しかし規則に従うことについてのヴィトゲンシュタインの見解を併せて考えるなら、言語ゲームの記述者はその都度彼が記述しようとする言語ゲームに自ら参加していなくては、その規則を正しく記述できないはずである。

したがってヴィトゲンシュタインは、彼自身がさまざまな言語ゲームを渡り歩きその上で言語ゲーム一般について哲学的に語るために、およそ考えられうる他の全ての言語ゲームに対して特別な関係を持つ一つの言語ゲームを必要としている。それは、他のすべての言語ゲームを判断するための一つのパラダイムあるいは理想的規範を備えているような、言わば「超越論的言語ゲーム」でなくてはならない (cf. Apel 1994, 103-104(40-42))。それはＩＫＧの言語ゲームである。

また、クールマンは私的言語の不可能性の考察から、「ある x が発話であるのは、それが公共的言語に属しているか、ある公共的言語に翻訳可能な場合に限られる」というテーゼを引き出し、さらにそこから「ある x が発話であるのは、それが原理的にはあらゆる可能な話者にとって、無限界のコミュニケーション共同体のあらゆる可能な成員にとって、理解可能な場合に限られる」

（Kuhlmann 1985, 167f.）という結論を導いている。

従来の経験主義的語用論におけるように、個々の事実的なコミュニケーション状況がそれ自体で与えられているという前提に立てば、言語ゲームの規則についての相対主義的な見方を採ることは避けられないが、そうすると、各言語ゲーム間の対話はもちろんのこと、ある言語ゲームが変容していくことさえも説明が困難になってしまう。ファイヤアーベントの科学論と同様に、このような帰結もまた受け入れられないものであるならば、我々は次のような考えから出発する必要がある。個々の言語ゲーム間に共通するものがあり、しかもそれは未だ実現していないものも含むあらゆる可能な諸言語ゲームを包むようなものでなくてはならない。なぜなら、いくつかの特定の言語ゲームだけが共有しているような規則は、それ以外の言語ゲームとの対話の可能性を提供しないからだ。それゆえ、「単に個々の言語ゲームが存在するだけではない。あらゆる個々の言語ゲームの内に、そしてそれらを超えて、無限界なコミュニケーション共同体の超越論的言語ゲームが存在するのである」（Apel 1976, 52, Anm. 39(256)）。

他方でＩＫＧは、我々のあらゆる事実的な論証的討議における有意味なコミュニケーションの可能性だけでなく、妥当性の根拠にもなっている。アーペルによれば、実在的な討議における妥当性要求の主観である個人が同時に「超越論的主観」としてのＩＫＧのあらゆる可能な成員を代弁できることを前提とするのでなければ、間主観的妥当性は可能でない（vgl. Apel 1979, 206(205)）。なぜなら、そうでなければ個々の妥当性要求はその言語ゲームにおいてのみ通用するような（それゆえ他の多くの言語ゲームにおいては妥当でも何でもないような）妥当性を要求していることになるからだ。[79] クールマンの表現に即して言えば、あるｘが妥当な論証（あるいは真なる命題、等々）であるのは、それがＩＫＧのあらゆる可能な成員によって妥当であると承認され得る場合に限られる、ということになるだろう。ＩＫＧは、我々のあらゆる実在的なコミュニケーションに可能性と妥当性の根拠を提供する、統制的かつ長期的には構成的な審級として要請されるものなのである。

第二節　理想的コミュニケーション共同体と「目的の国」

ＴＰが、カントの意味での超越論哲学の変換ないし批判的再構成ということで何を意味しているのかは曖昧である。しかし、もしもそれが単なるアド・ホックな援用やランダムなパズル的組み変えでなく、ある種の構造転換を意味しているならば、一体何が首尾一貫して保存され、何が刷新されているのかを説明できなければならないだろう。ここまでの考察から、保存されているものが明らかになってきている。それは超越論哲学の持つ徹底的に普遍主義的な理念と論証構造であり、しかもアーペルらの自己認識とは異なり、フィヒテ的なそれである。では、刷新されたのは何なのか。この点について考えてみる際の手掛かりは、もちろん、アーペルがハーバーマスらと共に進めてき

(79)　ローティは実際に妥当性要求をこのような限定されたものだと考えている（vgl. Rorty 1994, 978）。しかしそのような意味での妥当性を科学や哲学、あるいは法廷や議会が、真理や正義として追求しているという考えは支持できるものではない。なぜなら、科学技術の場合と同様に、現代ではさまざまな面での人間の諸行為が地球規模の影響を持つからだ。

た言語論的転回ないし語用論的転回、つまり意識哲学から言語哲学へのパラダイム転換に求められるべきだろう。そこでは、もはやデカルト的なコギトがそのまま認識論や真理論の基礎となることはできない（vgl. Apel 1976, 42f.〔197–198〕）。とは言え、「古典的超越論哲学の主観の問題構成を言語哲学のレベルでもう一度取り戻す」（Apel 1979. 200〔200〕）というアーペルの表現からもわかるように、ＴＰは初期分析哲学とは違って、言語の使用者としての主観を全面的に捨象しようとしてはいない。主観性から間主観性へ、という単純な置き換えが問題なのではなく、間主観性の中で主観を捉えなおすことが問題なのだ(80)。

このような背景の下で、本節以降の三節ではカントとフィヒテの著作の中から、ＩＫＧに類似した概念を取り上げ、それらがＩＫＧをすでに先取りするものであるか否かを検討したい。本書の見通しでは、ＩＫＧはフィヒテの絶対我や絶対者、あるいはそれに準じるものを語用論的に変換した概念になるはずである。ＴＰにとって、意識哲学的でなく語用論的なアプローチを採用するということは大前提であり、その意味でははじめから、カントやフィヒテの意識哲学的な超越論的主観には限界があると考えられている。しかし他方で、カントやフィヒテにはすでに間主観的な共同体に関する議論が見出せるのも事実である。すると、あるいはＩＫＧの理念はすでにカントやフィヒテ自身によって掲げられており、ＴＰによる変換は必要ないのではないか、という問いが生じてくる。それゆえ、ここでそれらの概念がＩＫＧとどの程度類似しており、どの点で異なるのかを明確にしておきたい。

ところで、何らかの哲学的構想の内ですでにＩＫＧのプログラムがすでに先取りされていると言えるためには、少なくとも以下の条件が満たされていなくてはならないように思われる。我々はこれを三層性条件と呼ぶことにしよう。

三層性条件：我々の認識や行為に関して、（a）個人は（b）実在的で経験的な共同体に依存し、その両者はまた（c）無限界の超越論的な共同体に依存する、という三層の構造になっていること。

これはＴＰの構想にとって最重要な条件だと言える。なぜなら、ＴＰは「方法的独我論」の克服を要求し、個人の主観的思惟は実在的コミュニケーション共同体による間主観的なコミュニケーション実践に「織り込まれていること」（Apel 1976, 50(208)）を強調する、つまり（a）は（b）に依存していると主張するのだが、それだけではなく、実在的コミュニケーションが成立するためにもすでに、実在的な共同体の雛形になるものとしてＩＫＧが前提されていなければならない、つまり（b）は（c）に依存しているとも主張するからだ[81]。しかもＴＰはこれによって主観、つまり（a）を（b）、（c）の中に還元し消失させようとしているのではなく、主観を新たに捉え直そうとして

(80)　アーペルは彼の著作の中で「主観的—間主観的」という表現を好んで用いている。
(81)　「経験的な意味では孤立したただ一人の人間……ですら、次の二つの事を前提しなくてはならないだろう。即ち、(1)……実在的なコミュニケーション共同体が存在していたに違いない、という点、(2)……無限界の理想的コミュニケーション共同体が存在し得るのでなければならない、という点である。」(Apel 1976, 73(244))。

いる。それゆえ、この三つの審級のいずれかが欠けていれば、それはすでにＩＫＧの理念にはそぐわないということになるだろう。

この条件に留意した上で最初に考察したいのは、カントの「目的の国」である。カントは先述した『基礎付け』において、それ自身が目的自体である理性的存在者たちが、共同の法則を通じて体系的に結合した「目的の国」（GMS, AA, IV, 433）という理想について語っている。これは理性的存在者たちの人格上の相違や個人的目的を度外視して、全ての目的が体系的に結び付いた一つの全体である。このとき、理性的存在者たちが全て服している法則は、「理性的存在者の各々が自分自身と他の全てを決してただ手段としてだけではなくて、むしろいつでも同時に目的自体それ自身として扱うべきである」（ebd.）という、相互の関係についての法則である。道徳性は、あらゆる行為が目的の国における法則の立法に関係することによって成立する。こうした立法行為は、各々の理性的存在者自身の内に見出されなければならず、「各々の理性的存在者の意志から発し得るのでなければならない」（434：傍点は引用者）。格率が法則の内容と必然的には一致しない場合は、意志の原理に従うことは義務となる。義務は目的の国の元首にはふさわしくないが、各々の成員には当然、全員一律に帰属する（vgl. ebd.）。

このようにして、理性的存在者たちの一つの世界（叡知界）が目的の国として可能なのであり、しかも、全ての人格が成員として自分で法則を立法することを通じて可能なのである。だから、それぞれの理性的存在者は、自分が自分の諸格率を通じていつでも普遍的な目的の国において法則を立法する一個の成

員であるかのように、行為しなければならない。(438)

　このような目的の国は、理性的存在者たちすべての定言命法が指令する規則を含む諸格率を通じて、それらの諸格率が普遍的に遵守されるとするなら、現実に存在することだろう(vgl. ebd.)。
　さて、この目的の国はどこまでＩＫＧの理念に近いのだろうか。換言すれば、ＩＫＧはどの程度、目的の国の言語哲学的変換と見なせるのだろうか。ここで直ちに気付かれることだが、カントの議論には現実的な他者や共同体に関する議論が欠落している。道徳性に関して(ａ)が(ｃ)に依存していることは明らかだが、(ｂ)に相当する審級についての言及が見られないのである。その代り、この目的の国においては、人格上の差異や個人的目的が度外視されているとは言え、なお個人がそれぞれの立法行為の主体として保持されている。目的の国は、諸個人が集まって形成するものであり、論理的な順序としては個人が先にあるということは、以下の議論との対比において予め明記される必要がある。立法行為が各々の意志から発し得るのでなければならない、という „können" の存在からも分かるように、この理想はあくまで理想であり、常に実現されているわけではない。言い換えると、諸個人はこれを想定し道徳的に行為する、という手続きを踏むことなく行為することもできる、ということである。この点はＩＫＧと大きく異なっていると言える。

第三節　理想的コミュニケーション共同体とイェーナ期フィヒテの他者論

カントの「目的の国」は、一見するとＩＫＧを先取りするものであるかのように思えたが、実際には、必ずしもそうとは言えないことが明らかになった。前章までの議論の結論は、ＴＰはフィヒテ主義だというものである。したがって、ＩＫＧについて考察する際にも、カントよりもむしろフィヒテとの関連を探ることが重要になるように思われる。もしフィヒテによる類似の議論の方がよりＩＫＧに近いなら、またしてもＴＰ論者たちの、カント主義者であるという自己認識の妥当性は減衰することになる。

フィヒテの知識学が意識哲学的で「方法的独我論」に基づいたものであったことは、衆目の一致するところであろう。とは言え、フィヒテの知識学に間主観性の問題設定が全く欠けているというわけではない。すでに最初期の知識学においても、間主観性の問題―例えば自分以外の理性的存在者を承認することの問題―は重要なテーマに挙げられている。『学者の使命』では、社会における人間の最終的な目的は「諸個体の完全な統一」（BG, GA, I/3, 40）だと述べられている。また『人間の尊厳』では、複数の自我（それどころか、ありうべき無数の自我）が所属するような間主観的かつ理想的な共同体について以下のように語られる。

> 人間たちの精神は、合一し、かつ多くの身体において唯一の精神のみを形成しようと奮闘努力する。

全ての人は、唯一の悟性であり、唯一の意志である、そして人類の偉大な唯一可能なもくろみにおける協力者として現存する。……全ての個人は唯一の大きな統一の中に包括されている。(WM, GA, I/2, 88f.)

ＩＫＧとの関連という観点から考えれば、このような共同体についての哲学的な解明と根拠付けが知識学において扱われているか否かが重要な問題となる。しかしながら、ここではまだそのような共同体が「到達すべからざる理想」(ebd. Anm.)、あるいは人間の最終目的ではあっても、使命ではないものとして語られており、哲学的な議論の対象にはなっていない。統制的かつ長期的には構成的な理念という、我々の目下の関心に照らして注目に値する議論としては、以下を挙げられるだろう。即ち、『知識学の原理による自然法の基礎』における、他の理性的存在者を承認することについての議論、そして一八一〇―一八一一年の『意識の事実』における、「万人の間の道徳的連繫」についての解明である。ＬＢに着目したこれまでの議論のほとんどは、ＴＰを初期知識学のみに関連付けていた。しかしＴＰの根本思想であるＩＫＧについて考察するためには、後期知識学との関連を探ることも重要な課題となるだろう。

『自然法の基礎』においてフィヒテは、権利概念を演繹するために、他の理性的存在者との相互承認の必然性を証明している。『道徳論の体系』や『新たな方法による知識学』においても同様の議論が見られるものの、叙述の詳細さや精密さにおいては『自然法の基礎』には及ばない。したがってまず『自然法の基礎』における相互承認論を検討することにしたい。ここでは、自己内に還帰し、自己自身を措定するする活動一般(自我性)が理性的存在者の特徴であることや、問題となっているのは特定の有限な理性的存在者が特定の他の理性的存在者を承認することであることなどが前提とされた上で、以下の三つの定理を順番に証明していくことによって最後の結論を導出している。

（第一定理）：有限な理性的存在者は、自己自身を措定することができるためには、自己に自由な実働性を帰属させなくてはならない（vgl. GNR, GA, I/3, 329）。

（第二定理）：有限な理性的存在者は、感覚界における自由な実働性を自分自身に帰属させることができるためには、それを他の理性的存在者にも帰属させなくてはならない、したがって、自己の外に他の理性的存在者をも想定しなければならない（vgl. 340）。

（第三定理）：有限な理性的存在者は、自己の外になおも別の有限な理性的存在者を想定し得るためには、自己自身が彼らと権利関係と呼ばれる特定の関係に立っている、と想定しなくてはならない（vgl. 349）。

（結論）：私は私の外なる自由な存在者をあらゆるケースにわたってそうしたもの〔私との間で互いを理性的存在者として扱い、それによって互いの自由を制限し合うような相手〕として承認しなければならない、即ち、私は私の自由を彼の自由の可能性の概念によって制限しなければならない（vgl. 358）。

この論証の画期的な点は、第二定理の証明において、他者の存在を前提とすることなしには自己意識が成立しないと論じていることにある。その際、理性的存在者に対する外部からの、自由に行為せよという「促し」が重要な役割を果たしている。即ち、「理性的存在者に対して自由な行為への促しがなされない限り、彼は自己を理性的存在者として措定することはできない」のだが、しかし、行為へのこうした促しが理性的存在者になされるならば、「彼は必然的に、自分の外なる理性的存在者をその促しの原因として措定しなければならない。ひいては、総じて自分の外なる理性的存在者を措定しなければならない」（347）。この促しの原因は決して単なる物質ではなく、知性であり、それ自身一人の理性的存在者でなければならない。なぜなら、理性的存在者がその促しに従って自己自身を自由なものとして規定するべきなら、まずその促しを理解し、把握しなくてはならないのであり、そうすることが促す側によって期待されているはずだからだ（345）。

さて、問題はこの相互承認論から引き出せる限りのものが、三層性条件を満たしているか否かである。ある理性的存在者の自己意識が成立するためには別の理性的存在者の存在が前提されなければならないということから、彼は常に特定の別の理性的存在者と実在的な共同体を形成していたのでなくてはならない、というテーゼを引き出すことには問題がないように思える。つまり、上の論証を（a）が（b）に依存することの論証として解釈することができるように思われる。さらに、個人が共同体の内で成立する際にはすでに権利概念が前提されている、という主張は、（b）が（c）を前提しつつ成立することを示唆しているようにも読める。演繹される権利概念は、普遍的に妥当する。即ち、自分と特定の他の理性的存在者の間に妥当することは、自分と交互作用の関係に入る他のどんな理性的個体とのあいだにも妥当するとされる。また「確かに私が私を個体として定立するや否や、同様に確かに私は、自分が知っているすべての理性的存在者に対し、相互的な行為のあらゆるケースにおいて、私自身をひとりの理性的存在者として承認するようにと要求する」（357）。上の論証の結論で述べられているように、この相互承認はあらゆるケースにわたって妥当するのである。

クールマンが度々持ち出す相互承認についてのテーゼと比較してみよう。私的言語が不可能であるということから引き出されるのは、我々が何らかの、偏見や興味関心によって運営されるような実在的コミュニケーション共同体に単に所属しているということだけではない。「我々は真剣に論議する者として、協力し、その際互いを、同等の権利を持ち真理能力と帰責能力のある論議パートナーとして承認し、そのように扱うように義務付けられている」（Kuhlmann 1985, 198）。このような理想化に際して、我々は確かに実在的なコミュニケーション共同体とそれに参加している者の立場から出発しなくてはならない。しかし我々は同時にＩＫＧを「反事実的に」想定しなくてはならないのであり、両者の緊張関係を解消するよう義務付けられている（212f.）。つまり、実在的なコミュニケーション共同体が我々のさまざまな偏見や興味関心を伴いつつ社会史的に成立する際、そこにはすでに道徳ないし権利概念がある程度織り込まれている。そしてこの点にこそ、（b）の（c）に対する依存関係が現れているのだ。

このように解釈するなら、フィヒテの相互承認論はＴＰのプログラムをある程度先取りしていると言えるかも知れない。だがフィヒテは、これが最初期の知識学において理想とされていた「唯一の大きな統一」の解明であるとまでは主張していない。世界市民法についての記述はあるが、それはあくまでも国家という実在的な枠組を前提したものである。また、他の理性的存在者からの促しの根拠となっているのは、ある有限な理性的存在者個人の自我性（自己内に還帰する活動）であり、かの間主観的な統一ではない。さらにフィヒテはＴＰと違って、ここで演繹される権利概念を道徳とは切り離して考えようとしている（vgl. *GNR*, GA, I/3, 359）。したがって、上で述べた（c）についての解釈は問題含みであり、ここでのフィヒテの議論は、相互承認論を部分的に先取りしているとは言えるにしても、厳密にはそれ自体で三層性条件を満足するものとは言えない。

とは言え、フィヒテが他者論を展開するのは『自然法の基礎』だけではない。中でも見逃せないのは、『新たな方法による知識学』における「理性的存在者の国」についての議論である。フィヒテによると、定言命法としての知的直観は、我々に対して、規定された絶対的当為として現象する。これは無制約的な「純粋意志」、いかなる客観も予め与えられておらず、むしろ客観を自分自身に与えるような意志の現象である（*WLnm*, GA, IV/2, 134）。この純粋意志からすべての経験的意志が導出され、純粋意志が自己自身に与える純粋客観から間接的な客観もまた導き出される（vgl. 135）。経験的意識のレベルにおいて考えるなら、私はまず私を根源的に「なすべきである」と規定されて見出す、つまり純粋意志を持っている。規定された自我はここではまだ空間的な制約を受けていないので、純粋に精神的である。すると、

そのようなものへ規定可能なものも、やはり純粋に精神的でなければならない。（こういって良ければ）精神的なものの集合、領域。そして、自我は精神的なもののこの集合の規定された部分である。規定可

能なものはいっさいの理性・自由であり、私と同類の存在者としての諸精神の国である。（141）

この諸精神の国は「理性的存在者の国」（ebd.）、あるいは「理性一般の国」、「理性の国」（175f.）とも呼ばれる。

私が見出す第一の最高のものは私である。しかし私は、他の理性的存在者をも見出さなければ、私を見出すことはできない。私は個体であるが、他の個体も思考されなければそれは何の意味も持たない。それゆえ経験は、私もまたそこに含めて考えられるような理性的存在者の国から始まる。（143）

この理性的存在者の国は叡知界であるが、しかし見出される以上は現に存在する世界である。とは言えもちろんそれは直観の形式ではなく、可想的な世界である（vgl. ebd.）。それは「規定性へと規定可能なものであり、この規定性を私は個体性として認識する。それゆえ、私は私を個体性として認識する。……私は理性の国からおのずと掴み取られる一部である」（176）。

この「理性的存在者の国」論は、『自然法の基礎』における他者論の延長上に位置付けることができる。つまり、『自然法の基礎』では（a）と（b）の関係についての記述が中心であり、（c）の次元についての記述が乏しかったが、それがここで補足されている。またカントの「目的の国」との大きな相違として、「理性的存在者の国」は個人の人格よりも原初的なものと考えられており、論理的に先行する点が挙げられる。以上の二つの議論を併せて考えるなら、フィヒテは言語やコミュニケーションによる媒介についてほとんど考えていないにもかかわらず、イェーナ期においてすでに、ＩＫＧを含む三層構造の枠組をある程度先取していたと見なすこともできそうである。

第四節　理想的コミュニケーション共同体と「万人の道徳的連繫」

より詳細に共同体の概念を扱ったフィヒテの著作としては、一八一〇―一八一一年の『意識の事実』を挙げることができる。ここでの議論についても、前述の三層性条件を念頭に置きつつ検討しておこう。

フィヒテはこの著作においても、他の存在者との相互承認について論じている。ただし、この著作は知識学の入門講義にあたるものであり、上昇の体系が論じられているという点には注意する必要がある。ここでは、我々の「意識の事実」として端的に与えられたものから、より高次の根拠へと上昇するかたちで議論が進められる。まず初めに、空間的・時間的に規定された個々の意識は、決してバラバラなものではなく、唯一の自我に統一されていなくてはならないことが詳細に述べられる。これにより、自我は唯一の自由な生であるということが明らかになる（vgl. *TB*, GA, II/12, 21-66）。ところが、私の外に私と同類の存在者がいる、ということもまた我々の意識の事実として与えられている。

ここでは、あの唯一なる生が、本質的に互いに同等であるとされるいくつかの生へと公然と分裂する。

> したがって、いくつかの生が確証されるなら、あの一なる生はいくつかの形式のうちで反復され、何回も措定されることになるわけである。(67)

このようにして反復された生は、それぞれが自らを唯一の自我として直観するが、しかし一方で自らを諸個体の共同体の内の一個体として思惟する。この時点ではまだ、その思惟は全ての反復にあっても内容的には全く同じであり続ける(vgl. 69ff.; 83f.)。したがって、諸個体がそれぞれ現実に行為し、それぞれにとっての絶対的自由によって自らをさらに規定することによって、散らばった一者がそれぞれ個別的な一点に収斂しなくてはならない(vgl. 90; 97f.)。しかもその際、他者の自由の産物を廃棄してはならないという「禁令」によって、自由は自己自身を制限しなくてはならない。これが人倫法則である(vgl. 92f.)。これによって万人の間の道徳的連繫が樹立される。

> 物理的な点では分離はあり続けるが、それどころかむしろそこで初めて分離が確証されさえするが、それでもやはり万人全てが道徳的な点では一であって、自由の同じ使用を万人に禁じる法則によって包括されているのである。……万人は、たとえ感覚界では分離されたままであっても、道徳的連繫によって一である……。(96)

このような道徳的連繫の下にある諸自我をある種の共同体として考えることは可能だろう。しかしこの共同体は実在的なのだろうか、それとも理想的ないし超越論的なものなのだろうか。他の諸自我が存在しているという思惟は我々の意識の事実であり、したがって実在的なものである。（a）は（b）に依存している。この共同体が道徳的連繫の下にあるという事態は、唯一の生が反復と収斂によって個体化する際に、個々の自我によって人倫法則が直観されることに起因する。つまり、この道徳的連繫は唯一の生に依存している。この唯一の生は、ＩＫＧとアナロジカルに理解できるような（c）なのだろうか。

フィヒテによれば、生はそれ自身のうちで根拠付けられ、絶対的であるわけではない。この生の活動を通じて達成されるべき何らかの究極目的があり、生はその目的のために現存在するのである。生は究極目的の直観可能性であり、その現象であるとされる（vgl. *TB*, GA, II/12, 111ff.）。「これまで生とみなしてきたものは、その絶対的存在からするなら、直観、像、現象である」（131）。ここで言われる究極目的とは神ないし絶対者に他ならないが、その存在については「それは絶対者である」「それは直観ではない」としか言えない（vgl. ebd.）。このように説明されることによって、上昇の系列が汲み尽くされたことになる。

フィヒテは一八一二年の『知識学』において次のように述べている。「絶対者がともかく在る、まさにそのゆえに絶対者の外にはその像が現に在る。これが知識学の出発点となる絶対に肯定的な命題であり、知識学の本来的魂である」（*WL1812*, GA, II/13, 58）。絶対者の存在そのものは我々には与えられておらず、与えられているのはその像・現象ないし図式のみである、というのが初期知識学からの大きな変更点となっている。より正確には、絶対的な自己還帰性の背後に絶対者を想定するようになったのが一八〇一年以降の知識学である。

以上の事から、ここで（ｃ）に該当するはずのものは、絶対者の像としての唯一の生であるということになる。しかしこれは間主観的な共同体というよりは、文字通り一つの生である。したがって、『意識の事実』における道徳的連繋についての解明は、ＴＰのプログラムを完全に先取りするものとは言えないことになる。

ここまで見てきたように、ＴＰのフィヒテに対する根本的な相違点ははっきりしている。（１）ＴＰは意識哲学的なアプローチではなく、語用論的なアプローチを採用すること、そして（２）ＴＰにおいては超越論的ないし絶対的な審級が、主観的なものでなく間主観的なものとして構想されているということである。ヘスレがＴＰを「間主観性のフィヒテ主義」と呼ぶのはまさにこの理由による。ＴＰをフィヒテ知識学の解釈として理解しようとするならば、これは重大な欠陥となるだろう。なぜなら、知識学の全体系の出発点に位置付けられている絶対我ないし絶対者の身分に、大きな変更が加えられていることになるからだ。しかしもちろん、アーペルもクールマンも語用論的なフィヒテ解釈を提供しようと意図していたわけではない。彼らが行おうとしているのは、古典的超越論哲学の語用論的変換なのであり、無意識的であるにせよ、フィヒテ知識学の語用論的変換なのである。それゆえ我々はこれらの相違点をＴＰの欠陥ではなく、むしろＴＰの現代哲学におけるポテンシャルを示すものとして理解したい。

本章におけるここまでの比較論の目的は、フィヒテの超越論的な審級について検討し、それらをＩＫＧとある程度アナロジカルに理解する可能性を確保することだった。ここまでの考察によって、その可能性が明らかになっていることを期待したい。

次節からはＩＫＧの理念そのものの再検討を行うことにする。まずＩＫＧの理念をフィヒテにおける絶対的審級の読み替えと見なすならば、どのような解釈が可能かを考察する。その後、ＩＫＧとＴＳＳそのものについて現代的な観点から再検討を加える。その中でハーバーマスからの批判に対するクールマンの回答の不十分さと、議論の拡張による解決の方向性が明らかとなるだろう。

第五節　絶対我は理想的コミュニケーション共同体に変換され得るか

前節までの議論ではフィヒテの実践哲学に焦点を当てたが、カントと違ってフィヒテの場合は理論哲学と実践哲学は概ね対称的であると言って良い。そして前期知識学において超越論的で無限界の審級を問題にするなら、言うまでもなくそれは絶対我になるだろう。したがって、「理性的存在者の国」をＩＫＧとある程度アナロジカルに理解できるのであれば、理論哲学における同等の審級に関してもそうなのではないか、という問いが生じる。実際ＩＫＧは、初期フィヒテにおける絶対我（絶対的主観）とある程度アナロジカルに理解できるように思われる。しかしイェーナ期知識学の理論哲学部門には他者論や共同体論が見当たらないため、このアナロジーを説明するためには別の手掛かりが必要になる。ここでは、再びアーペルのヴィトゲンシュタイン批判からの帰結を参照するのが良いだろう。

アーペルによれば、規則に従うということは公共的な事態であり、それは少なくとも現存する言語ゲームと結び付く必要があるのだが、しかし現存のコミュニケーション共同体に新しい規則を導入することが原理上は可能でなくてはならない。社会によってまだ理解されていない発明者や革新者たちが私的な言語ゲームを行っていると想定することは許されない以上、彼らの規則の意味を判断したり統制したりする審級としてＩＫＧが要請されなくてはならない（cf. Apel 1975, 103）。このことを次のように解釈しても問題ないだろう。我々は、常に根底にＩＫＧを前提することによって初めて、他文化や新たな語彙と出会うことができるのであり、またそれによって我々自身のありようを（再）発見する（そして更新ないし拡張する）ことができるのだと。

批判的合理主義者やネオ・プラグマティストが「ＩＫＧに対しても「他者」が存在し得るのではないか」と懸念するとき、彼らは経験の範囲内で最大化された実在的コミュニケーション共同体とＩＫＧの間の「超越論的差異」（Apel 1979, 203（203））を見逃しているのであり、実際にはＩＫＧを前提した上で前者について語っているのである。このような超越論的差異を、我々はフィヒテの知識学にも――例えば『全知識学の基礎』における、第一原則の絶対我とその中で非我による反立を受ける自我の区別に――見出すことができる。フィヒテによれば、絶対我の中の可分的な自我と非我は実在的だが、しかし絶対我は実在的ではない。したがって、絶対我に対して反立されるときには、非我は全くの無でしかない（vgl. *GWL*, GA, I/2, 271）。

このような超越論的差異を考慮に入れるなら、次のような強くフィヒテに引き付ける解釈も不可能ではないように思われてくる。即ち、ＩＫＧがＴＳＳを行うことによって自己自身を定立し（第一根本命題）、自己に対して他のコミュニケーション共同体一般の存在を反立し（第二根本命題）、そのことによって自己自身の中に、実在的コミュニケーション共同体一般と他のコミュニケーション共同体一般とを可分的に定立する（第三根本命題）、そしてこの両者が相互に制限し合った結果生じたのが、我々が実際に経験している実在的な諸コミュニケーション共同体の諸言語ゲームに他ならない、という解釈である。このような解釈はアーペルやクールマンの本来の構想から少なからず逸脱しているので、想定される反論に対して予め回答を用意しておく必要があるだろう。

例えば、「自我からコミュニケーション共同体への置き換えによって、自我が持つ自己還帰性という重要な特性が失われるのではないか」という懸念が考えられる。しかしこれは当たらない。なぜなら、コミュニケーションを行ったことのないコミュニケーション共同体や、誰にもプレイされない言語ゲームというものがあり得ない以上、ＩＫＧは自らが行うＴＳＳによって初めて成立し、ＴＳＳはＩＫＧが存在することによって初めて行われると考えるしかないのであり、そこには「事行」の構造が保存されているからだ。先述のようにフィヒテは事行について次のように述べている。「自我は「働くもの」であると同時に、活動の「産物」である。能動的なものと能動性によって生み出されるもの、「行い」と「事」とが唯一同一である」(259)。ＴＰの場合はＴＳＳが活動ないし行いであり、ＩＫＧがその産物ということになる。この自己還帰性は個々の実在的コミュニケーション共同体とその諸言語ゲームとの間にも成立していると考えられるし、さらには、すでに説明したように個々の発話とその言語行為との間にも行為知として成立している。

また、「ＩＫＧをある種の超越論的主観と見なすのであれば、それはカントの純粋統覚とアナロジカルに理解することもできるはずであり、フィヒテに引き付けて解釈することには必然性が無い」という反論もあり得るし、ダミアーニによって実際に提出されている（vgl. Damiani 2009, 85）。

これに対しては、再び上昇と下降というアプローチの違いが強調されなくてはならない。カントの純粋統覚は、直観に与えられた多様には「私が考える」が伴い得るのでなければならない、というものだが、その「私」は多様な自己意識を演繹的に生み出す出発点というよりは、むしろ多様な自己意識の帰納的な統一によって到達される到達点になっている。TPの方法は下降であり、カントの方法にはそぐわない。

さらに、「共同体の概念が含意する数多性は、絶対我の単一性と相容れない」という指摘もあり得るだろう。三層性条件との関連で言えば、この指摘が最も重要だと言える。なぜなら、この指摘が妥当なものであることを我々は認めざるを得ないからだ。ＩＫＧはパース的な科学者の共同体をモデルとしており、我々の妥当性要求を評価し、理想的な合意によって命題内容に間主観的妥当性を付与する審級と想定されている。それゆえ本質的にダイアローグ的な性格を有しているはずである。したがって、絶対我をＩＫＧと類比的に考える際に一番のネックとなるのは、それが持つ言わばモノローグ的な性格であると言える。

とは言え、この指摘はＩＫＧの超越論性ないし絶対性を否定するものではない。むしろこの指摘こそがまさに、間主観性の言語哲学の時代においては、絶対我がＩＫＧによって読み替えられなければならないということを示唆しているのではないだろうか。

ここまでは前期フィヒテの絶対我を念頭に置いてＩＫＧを検討してきたが、ＩＫＧを後期知識学における絶対者の現象の読み替えとして理解するとどうなるのか、という問いも当然生じ得る。これに関連して、いくつかの新たな課題が浮かび上がってくるように思われる。例えば、産物としてのＩＫＧに対応する、活動としてのＴＳＳはどのように後期知識学に関連付けられ得るか、そして、絶対者の存在そのものについて、ＴＰはどのような解明を提供できるか、等である。すでに述べたように、ＴＰとフィヒテのアナロジーを巡る従来の議論は、もっぱら初期知識学における自我の自己還帰性や、知の根拠付けといったテーマに集中しており、後期知識学についてはあまり論じられてこなかった。アーペル自身もまた、後期知識学でのフィヒテについて「（原事実としての神の「絶対的自我」の）形而上学という前提から自分を解放することができなかった[82]」と述べ、その議論内容に触れることを避けている。しかし、ＴＰにとってＩＫＧは、初期フィヒテにおける「人の統一」のような単なる理想ではなく、ＬＢの前提として哲学的議論の対象になるものなのだから（言い換えるなら、単に統制的原理であるだけなく、構成的でもあるのだから）、その概念の詳細な解明は重要な課題の一つである。そして、仮に後期知識学との関連においてＩＫＧの本質が探究され得るのであれば、フィヒテのアプローチが形而上学的であったという理由だけでそれを避けるべきではない。なぜなら、形而上学的な方法の克服はフィヒテ自身の課題ではなく、それを現代的に解釈し得る立場にある我々の課題だからだ。

また、年代は遡るが、中期フィヒテについても触れておく必要があるだろう。『一八〇一／一八〇二年の知識学の叙述』では、初めて絶対者の概念が取り入れられるが、「知識学は絶対者から出発することはできき」（*WL1801/02*, GA, II/6, 144）ないため、実際の叙述はむしろ「絶対知」を巡って進

（82） Apel［1980］, p. 274.

行する。この意味での「知」は経験的な知識と同一視できるようなものではない。「それは一般に「の知［Wissen von］」でもなく、「ある知［ein Wissen］（量的で、関係における）」でもなくて、むしろ「知［das Wissen］（絶対的に質的）」（145）、知そのものであり、あらゆる現実的な知の形式である。

このような知がどこから現れるのかについては、以下のように言われる。「あらゆる知の彼岸において自由と存在が会合し、互いに貫徹し……同一化することが、今や初めて、まさに知としての、絶対的な「そのもの［Tale］」としての知を与えるのである」（148）。

そしてここからフィヒテは、大胆な主張を提示する。

> 君が存在を自由から導出しようと、あるいは自由を導出しようと、それは常に同一のものを同一のものから、一つを一つから導出することであるに過ぎず、異なって見られただけである。なぜなら自由ないし知は存在そのものであり、また存在は知そのものであって、他の存在は全く存しないからである。……これが超越論的観念論の真の精神である。一切の存在は知である……。（164）

ここでは、イェーナ期の事行の説明における「能動的なもの」と「能動性の産物」、あるいは「主観的なもの」と「客観的なもの」が、それぞれ「自由ないし知（知る）」と「存在」に言い換えられている。

この主張を一言で言えば、「存在するとは知られていることである」となるだろう（入江 二〇一〇、二九―三二頁参照)。これは確かに観念論的な立場だと言える。するとＩＫＧの理念とはそもそも相容れないのか、というと、そんなことはない。むしろＴＰもフィヒテの意味での超越論的観念論に極めて近い立場をとっていると考えられるし、ＩＫＧを絶対知と関連付けることも可能である。例えばアーペルは、真理や実在は科学者の共同体の最終的な意見であるというパースの「真理の合意説」を受け継いでいる。それゆえＴＰは少なくとも、「真であるとは、ＩＫＧにおいて最終的に合意されていることである」という立場を取っていることになる。

また、クールマンは私的言語の批判を通じてＩＫＧの必要性を論じているが、その際二つの根拠を挙げている。一つは、「その言語を話していると信じている」ことと「その言語を現実に話している」ことの区別が付かなくなる、というヴィトゲンシュタインから援用されたものだが、もう一つは次のような独自のものである。問われている言語ｘは認識不可能である、あるいは、いつの日かその実在性についての妥当性要求が遂行され得る可能性は排除されている、ということを示すことができれば、ｘが存在しないことを示したことになる（vgl. Kuhlmann 1985, 147)。なぜなら、「あるｘは、原理的にあらゆる話者にとって、つまり無限界のコミュニケーション共同体のあらゆる成員にとって、理解可能な場合にのみ一つの言語的発話である」（167f.）からだ。つまり、ＴＰは「発話であるとは、ＩＫＧによって原理的に理解され得るということである」という立場であり、同時に、ここでのクールマンの議論からは、「存在するとは、いつの日かその実在性についての妥当性要求が遂行され得るということである」というテーゼも引き出せる。パースによれば実在とは最終的な意見なのだから、「存在するとは、その実在性がＩＫＧにおいて最終的に合意されることである」と言い換えても良いだろう。これはある種の観念論的立場であると言えるのではないだろうか。

このように考えると、なぜＴＰでは背後遡行不可能性を示すことがＬＢと同一視されているのかも容易に理解できる。それは、背後遡行不可能ゆえに有意味な懐疑的発話を向けることが原理上できないと確定しているものは、ＩＫＧの討議において異論が提出され得ないので、最終的には合意に至ると見なし得るからである。ただし無論のこと、これは現実における時間的な進行の話ではない。クールマンはストラウドによるＴＡ批判に反論して次のように指摘している。ストラウドは、あるものの認識不可能性から、それの実在不可能性は帰結しないと主張する。その際、ストラウドは世界を、自らは参加しない観察者の立場から見ているが、しかし以下のことを忘れている。即ち、もし一般に認識不可能性や、我々はそう考えざるを得ない、ないしそれは我々の思惟の必然的な前提条件である、といったことが問題になる場合、それは参加していないつもりの観察者にも該当するということだ（vgl. Kuhlmann 1985, 152f.）。

ここまでの考察によって、ＴＰは観念論的という意味でもフィヒテに近く、ＩＫＧがフィヒテの「絶対我」「絶対知」「絶対者の像」と比較し得る審級であることが明らかになってきた。次節では、このＩＫＧと、アーペルがいう「主観―間主観的」という表現の関係を検討する。

第六節　方法的独我論と主観─間主観

第一章でも述べたように、ＴＰは近代の意識哲学によって採用されていた「方法的独我論」の克服をスローガンの一つとして掲げている。方法的独我論とは、「「自我」として自らを理解することも含め、自分の意識における所与の理解を、自らがすでにコミュニケーション共同体の中で社会化されていると――原理的には――想定することなく、達成できるという信念」（Apel 1975, 91（18））であり、デカルトからフッサールに至るまで採用されていたとアーペルは考えている。この方法的独我論に対して、アーペルはヴィトゲンシュタインの表現を引きつつ次のように主張する。

> 事実上孤独な思惟者でさえ、彼の論証を提示［explizieren］したり吟味したりできるのは、ただ彼が、批判的な「魂の自己自身との会話」（プラトン）の中で潜在的な論議共同体による対話を内面化する能力を有する場合に限られる。これによって、孤独な思惟の妥当性は、言語化された命題を―原理的には無限界の―論証共同体において正統化することに原理的に依存している、ということがわかる。ある規則に「一人だけで」従い、ある「私的言語」の枠内で彼の思惟に妥当性を与えることなどできない。規則に従い、妥当性を与えるということは、むしろ原理的に公共的なものなのだ。（Apel 1973b, 399（267））

このとき、（言語によって表現される限りでの思惟を含めた）個々のコミュニケーション実践は、実在的コミュニケーション共同体の中で行われるが、それら実在的コミュニケーション共同体は、いずれもＩＫＧを範型としてのみ成立するとされる。このように、個人ないし「自我（私）」を、コミュニケーションの言わば単独では議決権を持たないような参加者として捉え直すことにより、方法的独我論も克服されることになる。

では、こうした転回によって今や個人の主観的な自我は完全に等閑視され、認識活動をめぐる諸問題は間主観的な共同体のレベルへとそっくり移ったのか、と言うと、それは違う。むしろ、ＴＰは自我を、社会化され共同体に依存するが、還元はできないものとして捉え直したのである。アーペルは認識の根拠付けに関して、言語による論議を前提せずに「認識―明証性への訴え」を有意味に語ることは不可能だと認めるが、その一方で、個々の討議参加者が自らにとって標準的な真理基準として提出する認識―明証性を前提しないような根拠付け討議も無内容だと強調する（vgl. Apel 1976, 51(209–210)）。

> むしろ認識の妥当性の根拠付けとしての根拠付けは、常に、個々の能力ある（認識の超越論的主観一般の自律的な代表者としての）認識主観にとって可能な意識の明証と、そのコンテクストにおいて客観的妥当性の主観的証言としての認識の明証が間主観的妥当性へともたらされなければならないような論証的討議の、ア・プリオリに間主観的な規則に、同時に基づいていなくてはならない。（Apel 1976, 51(209)：傍点は引用者）

こうして個々の認識主観の役割が見直されたわけだが、議論を展開する上ではコミュニケーション共同体への参加者としての個人に焦点を当てることは可能だし、実際、アーペルが展開する議論の多くは、どちらかと言えば個人に焦点を当てたものだと言える。その一方で、アーペルやクールマンの著作を見渡す限りでは、他方の側面、つまりコミュニケーション共同体に焦点を当てた議論が、十分に尽くされていないように思われる。無論、方法的独我論の克服という喫緊の課題を前にして、個人の「自我」を社会的に構成されたものとして捉え直すことが優先されてきたという事情はあるだろう。しかし、その課題についてはある程度の認識を共有している英語圏の哲学者たち（例えばローティ）との対決においてさえ、個人に焦点を当てた議論に頼る傾向が、特にクールマンには顕著に見られる。この点については節を改めて後述する。

ところでアーペルは、TPが探求すべき目標として、論証的討議における妥当な合意、延いてはコミュニケーションにおける意志疎通一般を可能にする「主観—間主観的」（z. B. Apel 1970, 314(309); Apel 1976, 46(201); Apel 1979, 201(201)）な条件（あるいは妥当性、等々）という表現を繰り返し用いている。これが何を意味するのかについて、アーペルやクールマンは明確な定義を与えていないが、明らかなことは、ただ主観的なだけではなく、同時に間主観的でもなければならないということである。そして、例えば「間主観的妥当性」という語は概ね「論証的討議において普遍的に承認されていること」ないし「コミュニケーション共同体によって普遍的に承認されていること」といった意味で使われている。この点を考慮すれば、ここで言う間主観的とは「コミュニケーション共同体の」、あるいは「コミュニケーション共同体による」、等々といった意味だとわかる。

だが、主観と対置されるものが客観でなく間主観である理由は何か。その答えを推し量るためには、第一章の図2を思い起こす必要がある。そこでは、初期分析哲学や経験的語用論が依拠する「科学の論理」において客観へと還元された認識主観（記号使用者）が、記号の解釈共同体を形成する共同主観として取り戻されていた。そして、パースによれば真理とは科学者の共同体の最終的な意見である。ゆえに、このように言えるだろう。例えばカントの著作にもしばしば現れる「客観的」妥当性という概念は、コミュニケーション共同体による合意形成という次元を捨象したものである。したがって、これは「間主観的」妥当性ないし条件と読み替えられなければならない。そのような妥当性や条件の探究は、「いかにして思惟の主観的な諸条件が客観的妥当性を持つことになるのか」（*KrV*, B122）というカントの問いに対応したものと見なし得る。そしてＩＫＧは、認識に間主観的妥当性を付与する審級として理解できる。

しかしながら、ＴＰはカント主義ではなくフィヒテ主義である。そしてフィヒテにとっての出発点において重要なことは、能動的なものと能動性の産物、「行い」と「事」、主観的なものと客観的なもの、あるいは自由と存在が唯一同一であるということだった。それゆえ、ＴＰにおいてもまた出発点において同様の唯一同一性を考えることができるのではなかろうか。つまり、主観的なものと間主観的なものの唯一同一性である。フィヒテは絶対我を「主観―客観」（*GWL*, GA, I/2, 161 Anm.）と呼んでいた。我々は、ＩＫＧないしＴＳＳを「主観―間主観」と呼べるのかもしれない。

とは言え、これは今のところ単に、複数のアナロジーを組み合わせた結果生まれた仮説に過ぎない。アーペルもクールマンも、主観と間主観が同一であるとか、ＩＫＧは主観―間主観そのものものであるといった議論は全くしていない。それゆえ、これが意味するところ、あるいは意味するべきところを説明する必要があるだろう。
フィヒテは『道徳論の体系』（一七九八年）において主観と客観の同一性について以下のように述べている。

主観的なものと客観的なものがまったく分離されておらず完全に一つであるような点……、我々の体系はそのような点を設定し、この点から出発する。自我性、理性、知性——あるいは他にどう呼んでも良い——がこの点である。（SS, GA, I/5, 21）

それゆえこの点、即ち「主観—客観」は、自我や理性と呼ばれているものである。カントであれば、思弁理性と実践理性の同一性は到達点であり、純粋理性が実践的であることが証明されるまでは要請でしかない。しかしフィヒテの場合はその同一性こそが下り道の出発点となる。
我々の仮説における主観—間主観もまた、そのようなものと考えることができるはずである。ＩＫＧそのものはどちらかと言えば静的な概念であり、能動性の産物ではあっても能動的なものとしては理解しにくい。そこで、前節での解釈を引き継いで、ＩＫＧは産物であり、能動的なものはＴＳＳであると考えてみよう。ヴィトゲンシュタインにとって言語ゲームは観察の対象であり、そこには必ずしも能動的な契機は含意されていないと思われるが、我々はＴＳＳを存在というよりはむしろ活動として理解したい。このような理解の下では、次のように言える。ＩＫＧはＩＫＧであることによってＴＳＳを行い、ＴＳＳを行うことによってまさにＩＫＧである。それゆえ両者は唯一同一であり、この両者が分離していないような点に名前が必要なら、（もちろん他の論者とは意味が異なってくるだろうが）「コミュニケーション的理性」、あるいは「討議的理性」と呼べるだろう。[83] 例えばケットナーが、遂行的な論理的自己矛盾を犯すことは我々の理性的な在り方を損なう（vgl. Kettner 1993, 188）と言うときに考えていたものは、こうした理性だろう。このように理解して良ければ、ヘスレが「ＴＰはフィヒテと違い、理性を間主観性として理解する」（vgl. Hösle 1986, 245）と述べていることは必ずしも正確でないことになる。

そして、思い起こして欲しいのは、これが第二章第三節で述べたアーペルの言語観と重なるということである。そこではヴィトゲンシュタインの用語を借りて、語ることについての語り、あるいは、まさにその語りについて語ること、という風に事行を表現した。本節では、それをＩＫＧとＴＳＳによって言い換えたのである。

しかしＩＫＧとＴＳＳが一つであると言っても、それだけではあまりにも抽象的かつ複雑で、主題化することは困難である。我々が実際に検討できるのはＩＫＧやＴＳＳを前提してなされる実在的なコミュニケーション、もしくは実在的な言語ゲームだけだろう。この点については再びフィヒテを参照しよう。

> 自我における主観と客観のこの絶対的同一性は推論され得るに過ぎず、現実的意識の事実のようなものとしては直接的に証示され得ない。現実的意識が、例えただ我々自身についての意識であるとしても、

それが生起する際に分離が結果として生じる。私が、意識するものとしての私をこの意識の対象としての私から区別する限りにおいてのみ、私は私自身を意識している。（SS, GA, I/5, 21）

フィヒテに歩調を併せつつ解釈するなら、討議的理性における主観と間主観の同一性は、あくまでも言説の二重構造に対する厳密な反省によって推論されるものであり、現実のコミュニケーションにおいて事実としてそうなっているわけではない。理性そのものがコミュニケーションなのではないし、理性が人格としてコミュニケーションするわけでもない。我々が言語化して考察できるのは、あくまで実在的コミュニケーション共同体と実在的言語ゲームである。

ところで、ＩＫＧ（あるいは実在的コミュニケーション共同体）が間主観的、ないし産物であるのは良いとしても、ＴＳＳ（あるいは実在的言語ゲーム）が主観的で能動的であるとはどういうことなのか。主観的ないし能動的と言われるものは個人の行為ではないのだろうか。この問いに対しては、必ずしもそうではないと答えられる。共同行為という次元が考えられるからだ。とは言っても、ＴＳＳは現実に行われているゲームそのものではない。我々が行うのは実在的な論証的討議のゲームであり、そのとき我々は論議共同体としての実在的コミュニケーション共同体を形成しているのである。しかし論証的討議というゲームを一つの行為として考える前に、そもそも論証的討議とは何かを検討する必要がある。

（83）　これらの理性について扱われている著作としては、Apel/ Kettner（Hg.）（1996）がある。

第七節　論証的討議と追遂行

そもそも論証的討議（以下、論議）とは何か。日常的な直観としてはそのような営みがあると認められるとしても、哲学的な分析のレベルにおいて、それはどのような特徴を持つ営みだと言えるのか。ごく一般的に言えば、それは「間主観的合意を前提とした真理追求」（Apel 1973b, 405(273)）である。その点で、討議は単なる冗談の言い合いであるとか、互いに挨拶を交わすといったコミュニケーションとは区別される。では、その間主観的合意を目指すコミュニケーションとは、より詳しく規定するならばどのようなものなのか。この問い自体が、超越論的語用論にとって大きな課題の一つである。アーペルは次のように述べている。

実際、超越論的語用論においては、論証的討議というよく知られた概念の抽象的な［begrifflichen］諸前提の意味の解明が問題なのである。しかしながらそのような解明を実行するためには、……論証―行為において（即ち、議論のうち遂行的に明示化され得る部分において）「常にすでに」陰伏的に承認されている、あらんかぎりすべての規範的諸制約への超越論的反省によって、何をおいてもまず、論証的討議のよく定義された概念を明らかにしなければならない、つまり、明示的にしなければならないのである。（Apel 1979, 212(211)）

これはもちろん、論議とは何かという問いへの回答そのものではないが、しかし、どのようにしてその問いに答えるつもりなのか、という方針は示されている。それは陰伏的に承認されている規範への反省であり、つまり我々が普段の討議において暗黙の裡に承認していた規範を再構成するという方法である。クールマンの議論も、内容に関しては改良の余地があるとは言え、方法論的にはアーペルに従っていると言える。では、そうした再構成からは一体何が出てくるのだろうか。我々が暗黙の裡に承認していた規範とは何だろうか。

この点に関して、アーペルはハーバーマスの普遍的語用論（ないしコミュニケーション的行為の理論）の成果を積極的に受け入れる。というのも、普遍的語用論の課題は「ありうべき合意の普遍的制約を同定し追構成すること」(Habermas 1976, 353) であり、まさにここで求められているものだからだ。(84) アーペルによれば、「「普遍的語用論」の主要な原理――例えば、言説の「二重構造』の原理、合意を目指す発話行為の四つの妥当要求（了解可能性、誠実性、真理性、正当性）の原理、理想的発話状況の反事実的先取の原理」(Apel 1979, 203 (203)) は、同時に超越論的語用論の原理としても請求される。したがって超越論的語用論の立場からは、討議とは何かという問いに対して、「合意を目指して行われるコミュニケーションであり、かつ参加者が理想的発話状況を反事実的に先取しながら、互いに妥当性要求を掲げつつ発話するものである」と答えることができる。

しかしここまでの説明は、カントの言う事実問題に過ぎない。なぜこのように言えるのか、その

（84）先述の通り、ハーバーマスとアーペルの対立が顕在化するのは一九八〇年代に入ってからのことである。

権原を示す必要があるだろう。

アーペルによれば、ＩＫＧのゲーム規則としての道徳的規範を受け入れるということは経験的事実ではなく、むしろカントの言う「理性の事実」の性格を持つ（vgl. Apel 416f.（285-286））。そしてその事実性は、超越論的反省によって再構成（追遂行、あるいは追認）されなくてはならない。アーペルはここでフィヒテを高く評価するが、それは、フィヒテの自我の事行とは、理性の事実を追遂行することによりそれが必然的なものであったことを確認する（アーペルはこれを「事実性を解消する」と表現している）ものだと考えたからである。


こうして理性は自己自身を取得したり再構成したりすることによって、単に現存しているだけの形而上学的事実への独断的依拠を避けることができるし、他方では、根拠付けられない決断主義的定立の恣意性をも避けられるはずである。（420（289））

とは言え同時に、アーペルは後期フィヒテが特に形而上学的であったことを問題視してもいる。それゆえ、このアプローチもＴＰの枠組へと変換されなくてはならない。アーペル自身はここで説明を加えていないが、我々は主観―間主観という視点からこの問題を次のように説明できるだろう。

現実のコミュニケーションにおいてＩＫＧの、より正確にはＴＳＳのゲーム規則が理性の事実として与えられているとしても、それは間主観的妥当性へともたらされなくてはならない。それは、我々が実際に論議を遂行することによって（超越論的）反省的に達成される。なぜなら、我々の主観的な行為遂行と、その間主観的な産物は唯一同一だからだ。ＴＳＳのゲーム規則を間主観的に承認するとは、まさに論議を行うことに他ならない。逆に言えばこうである。我々は実際に論議を行う。そしてまさにそのことによってＴＳＳのゲーム規則を間主観的に承認するのである。その意味では遂行と追遂行は同一であると言える。

このように考えるなら、上述した論議の規定の権利問題は、実際に論議を行うよう要請することで答えられるということになる。次節では、我々が論議という行為を遂行するとはどういうことかを考察し、クールマンの議論の補強を目指す。

第八節　共同行為としての論証的討議

クールマンの「行為知」概念に対するハーバーマスの批判は、陰伏的なノウハウを産婆術的方法によって明示的なノウザットとして記述することは可謬的である、というものだった。これに対するクールマンの回答は、行為知には批判対象となり得る弱い周辺部分だけではなく、そうした批判のためにもすでに必要な、堅固な核心部分がある、というものだった。しかし、これはさほど説得力のある主張とは言えない。

結局、のちにクールマンはこうした弁明を補強するものとして、反対者との間でトリヴィアルな条件を確認することから始め、段階的に行為知を追構成していくことで、討議の重要な条件に関する合意形成へと至る「短い討議」という方法（vgl. Kuhlmann 2009, 60ff.）を提案している（第一章第九節参照）。これは従来の産婆術的方法を精緻化したものである。しかしこれも根本的な問題解決になっているとは考えにくい。問題は、産婆術的な方法が十分に精緻化されていなかったことにあるのではないはずだ。むしろ、問題はクールマンがある種の個人主義的な発想で行為知を捉えていることにあるのではないだろうか。

アーペルは、近代認識論における、主観的意識の明証のみに依拠した根拠付け戦略に関して次のように強調している。

> そのような戦略はほとんど上手くいく見込みがないように私には思われる。なぜなら、そのような認識の明証は、たとえそれが欠くべからざるものであるとしても、その都度の個々の明証―意識に制限されているからであり、また、意識理論としての伝統的認識論の思考方法をもってしては、いかにして個々の意識にとっての認識―明証、つまり表象の結合としての判断についての明証が、言語的に定式化された発話の間主観的妥当性へと変換され得るのかを、示すことができないからである。（Apel 1976, 43）

したがって、もし直観的な行為知がある種の明証として存在するとしても、それだけでは、その知を記述した発話が間主観的妥当性を有するとは言えないということになるだろう。

一見すると、クールマンの議論もアーペルの考え方に沿っているようかのように映る。即ち、討議の規則について懐疑的な発話者は遂行的矛盾を犯すことになるという事実は、反対者が提出する行為知についての主観的な証言に基づいて討議を行い、その証言の間主観的妥当性を吟味するという手続きを経て確定する。上で扱った「産婆術的な」手続きはこれを遂行するものである、という具合である。

だがしかし、そのとき以下のことが前提されていないだろうか。それは、提題者の側には、討議の規則とはどのようなものかについての行為知がすでにある、ということだ。これが当たっているなら、厳密に言えば、提題者に与えられた課題は反対者の行為知が自らの行為知と一致することを示すことだけである。換言すれば、互いの主観的な行為知が実は一致しており、間主観的な知であったことを示すということだ。しかし、反対者が主観的証言に協力的であるとは限らない。その場合、一体いかにして、主観的証言を期待できない他人の行為知を覗き見ることができるというのだろうか。

アーペルは、自然科学に影響された二〇世紀の英語圏の哲学に典型的に見られる方法としての「説明」と、精神科学ないし解釈学の方法としての「理解」を区別し、後者を捨象することを抽象の誤謬として批判する。その上で、ＴＰは命題を定式化するときの認識主観の「行動」を外側から説明しようとせず、「内側から理解しようとする」（Apel 1976, 50）と述べている[85]。それゆえアーペル

（85）アーペルには、フォン・ウリクト（von Wright, G. H., 1916–2003）の『説明と理解』を契機とする論争についての著作がある。本書ではこの問題を深く掘り下げることはできないが、アーペルが解釈学から少なからぬ影響を受けていることが伺える。

ならば、「反対者の行為知を内側から理解する」と言うだろう。しかしこれではまだ答えになっていない。問題は、一体いかにしてその「理解」が可能になるのか、ということだからだ。そして、クールマンがそれに上手く答えているとは言えない。

結局のところ、行為知が個人の知であることを前提した上で、その主観的な知をいかにして実在的コミュニケーション共同体の他の成員と共有するか、という問いの立て方では、ハーバーマスの批判を乗り越えられないのである。仮に、クールマンの「短い討議」が行為知を再構成する力に優れた装置であったとしても、方法的独我論的な暗黙の前提を採用している限り、根本的な解決にはならないように思われる。

むしろＴＰにとって必要なことは、論議の行為知は単なる個人の知ではなく、実在的コミュニケーション共同体の成員たちに共有されている、と考えることであり、さらに言えば、行為知をコミュニケーション共同体も持ち得る知として捉え直すことではないだろうか。言い換えれば、論議を単に個人が個人的な行為知を持ちつつ参加するものと考えるのではなく、ある種の共同行為と考えるべきではないだろうか。

従来の産婆術的対話では、行為知が陰伏的であるということに加えて、行為知が提題者にとって他人の知であることによって、言わば二重の可謬性を解決しなくてはならなかった。だがハーバーマス自身が主張したように（vgl. Habermas 1983, 77f.（110–111））、論議は一人でモノローグ的に行うものではないという点を突き詰めれば、少なくとも後者の意味での「可謬性」は解消され得るように思われる。では、コミュニケーション共同体はいかなる行為を（共同で）遂行するのかと言えば、それはもちろん、合意を目指して行われるコミュニケーションであり、かつ参加者が理想的発話状況を反事実的に先取しながら、互いに妥当性要求を掲げつつ発話するものとしての論議に他ならない。こうしたアプローチが、ＴＰの従来の議論には欠けていたように思われる。

そもそも論議は一人で行うものではないのだから、関連する行為知も個人の知ではないと考えることは突飛な発想ではない。自問自答という言葉があるが、アーペルによれば「実際に孤独な思索者すら、自分の論証を展開したり吟味したりできるのは、彼が批判的な「魂の自己対話」（プラトン）において、潜在的な論証共同体の対話を内面化することができる場合に限られる」（Apel 1973b, 399（267））。もちろん、現実の討議は多くの主張や吟味、批判や動議の提出といった、個人によるミクロな諸行為から構成されているが、全体としては一つの共同行為と言える。また、それら個々のミクロな行為も討議への寄与としてなされている以上、個人の行為でしかないとは言えないだろう。もしこのように考えて良いとすれば、クールマンの行為知概念を修正ないし拡張して、個人が持つ行為知の他に、あるいはその部分として、討議の参加者たちが共有する行為知というものを考えることもできるだろう。未だ見通しの段階ではあるが、これは手詰まりの解決に最も近そうな選択肢であるように思われる。というのも、行為知がすでに（たとえ陰伏的なノウハウ＝可能態としてであれ）共有されているならば、産婆術的な手続きによる擦り合わせはそもそも必要なくなるか、あるいはそれが楽観的過ぎるとしても、原理的には一定の結論に至るということが担保されることになるからだ。クールマンが必要としていたのは、まさにこの一定の結論に至ることの担保だった。

もっとも、仮に討議を何らかの共同行為と見なす場合でも、共有された行為知を想定することは必然でない。つまり、個々の参加者が、主張などによって討議に寄与する際にはそれぞれが寄与する部分についての個人的な行為知を持つだけである、というケースを想定するならば、行為知の共有を考える必要がないようにも思われる。実際、近年英語圏の哲学において盛んに研究されている共同行為論では、共同行為に際しての我々の意図は、個人の意図の集合に過ぎないとする個人主義ないし還元主義が優勢である(86)。

もし共同行為としての討議に還元主義的な考え方が適用されるべきであるならば、我々が討議という共同行為を行う場合でも、その行為知は個人に還元されるべきだということになり、結局クールマンのやり方に立ち戻るしかなくなるだろう。共同行為が成立しているという前提から出発する共同行為論とは違い、ここでは、個々の行為者が個人的に、しかしそれぞれ同一の行為知を持っている、という出発点を設定することはできない。むしろ、それはまさにクールマンが示そうとしていることであり、言わば議論の到達点なのである。

だが一方で、共同行為論の内部に、還元主義を全面化することは共同行為論の射程を狭めてしまうという批判もある（eg. Schweikard 2008）。例えばサッカーにおいてチームが得点するという行為は、意図を諸個人に還元可能な「連携行為［joint action］」（例えば一緒にテーブルを運ぶ、一緒に散歩に行く等）ではなく、チームという一つの主体による「集団行為［group action］」と見なされるべきである（cf. Schweikard 2008, 103）。我々は論議を、このような集団行為と見なすべきではないだろうか。

このとき、（a）チームが（b）得点する、という主語と述語のそれぞれに関して疑義が生じ得るので説明しておこう。

まず（b）を先に確認しておくが、確かに、チームが得点するときに起こっている事態には、ある特定の選手が相手ゴールにボールを蹴り込む、という言わばミクロな記述を与えることも可能で

（86）例えば、この分野を代表する論者の一人であるブラットマン（Bratman, Michael E., 1945–）はそうした立場をとっている。彼は、我々がある共同行為Jを意図するということについて、「基本テーゼ」と名付けられた以下のような条件のセットを提示する。

（i）共同行為の一部を担うことへの意図
（ii）それらを結合することへの意図
（iii）各々の下位計画を互いに噛み合わせることへの意図
（iv）関連する意図は共同で効力を発揮するという信念
（v）意図が間人格的に相互依存するという信念
［この意図の間人格的な相互依存性をＤＥＰと呼ぶ］
（vi）（i）-（iv）とＤＥＰについての相互知識

これらの条件を満たせば、共同行為への意図を個人の意図に還元したかたちで、当の行為を説明できるというわけである。

本書の問題意識に照らして考えると、（vi）が気になるところだが、ブラットマンは、相互知識の概念について深く立ち入るつもりはないとして先行研究への参照を指示するに止めている（cf. Bratman 2009, pp. 51–54）。そして、ブラットマンが参照する相互知識論はいずれも還元主義的である。具体的にはルイス（Lewis, David, 1941–2001）やシファー（Schiffer, Stephen, 1940–）らの名が挙げられている。

ある。しかし、チームがそれによって意図しているのが得点することであり、何をしているのかと問われれば、（奇妙ではあるが）「私たちは得点しているのだ」と観察によらずに即座に答えるのであれば、それは得点することなのである。[87]

（a）に関して言えば、チームが得点することが得点者の個人的な行為と同一ではないことは明らかである。得点者個人はチームの一員なのであって、チームそのものではないからだ。とは言え、個人の得点は、チームの得点という行為の部分であるとは言えそうである。ただし、チームの得点ではなく個人の得点でしかない、とは言えない。仮に、「エゴイスト」と呼ばれるタイプの攻撃的選手がシュートを決めるときの意図は、何よりもまず自分が点を取るということにあったとしてもである。形式面を見ればそのゴールがチームの得点として加算されないということはあり得ないし、得点が決まった際には、他のプレイヤーたちも含めてチームの全員が「私たちが得点したのだ」と考えるはずである。それはつまり、（再び奇妙ではあるが）「私たちは得点している」という意図とともにそのゴールが決められたことを意味している。

かと言って、得点に直接（基準が曖昧であることは許容するとして）関わった個人的な諸行為の和が、単純にそのまま共同行為としてのチームの得点と同一であるとは言えない。ブラットマンの基準（ただし連携行為の基準だが）を適用するなら、次のようになる。各選手の意図が相互に依存し合っており、また各選手が自分たちの行為を結合することによって共同行為を遂行しようと意図しており、その意図は共同で初めて効力を発揮するといったこと、これら全てについての相互知識が各選手間に成立していなければならないのである。[88]このときブラットマンは相互知識ということで、最終的には個人に還元可能な知を考えているが、しかしそのような仕方で知の共有を説明することは困難である。なぜなら、その場合は知が共有されているということもまた個人による想定にとどまるため、ある種の独我論に帰着するからだ（入江 二〇〇六、一―四頁参照）。したがって、チームの得点が共同行為であることを認めるのならば、それは集団行為として考えられるべきである。

ところで、「意図を相互関係にある［interrelated］諸個人に帰すこと」と、「そのような集団が比喩的な意味でなく意図の主体であり得ると述べること」（Schweikard 2008, 99）は全く別の話である。行為知についても同じことが言える。つまり、（Ⅰ）論議の個々の参加者がそれぞれ個人的に行為知を持っており、それらの行為知が間主観的に統一される、ということと、（Ⅱ）論議において一つの行為知が実在的コミュニケーション共同体によって共有されている、ということは全く別の話である。クールマンが取ろうとしている戦略は、産婆術的手続きの精緻化によって、あくまでも

(87) 水槽に飲み水をくみ上げる男という、アンスコムの有名な例が理解の助けになるだろう。「ある男が（意志的に）腕を動かし、ポンプを操作し、水槽に飲み水をくみ上げ、その居住者たちを毒殺している場合、彼は四つの行為を為していると言うべきであろうか」（Anscombe 1957, 45,（87））。アンスコムの答えは否である。彼がそこの居住者の毒殺を意図している限り、それだけが彼の唯一のはっきりした行為である。

というのは、ポンプの取っ手を握って手を動かすことは、この状況においてはポンプを操作することであり、そしてそれはまたこの状況において水槽に飲み水を補給することであり、またこの状況においては、そこの居住者を毒殺することなのである。したがって、四つの記述を持つ一つの行為が存在するのであり、その記述の各々はより広い状況に依存し、各記述は後続する記述と目的―手段の関係になっているのである。（46（88））

(88) 以上の考察については、柏端（二〇〇七）、第六章をも参照。

（Ⅰ）を示そうとするものである。しかしながら、上で見たようにこれはある種の方法的独我論に帰着するように思われる。むしろ、クールマンは（Ⅱ）を出発点とすべきではないだろうか。

カントとフィヒテの統覚論と比較してみよう。カントにおいては表象の多様がまず与えられ、それらの各々に「私は考える」が伴うことが可能でなければならないとされる。それに対してフィヒテでは、「私は考える」は可能態である無規定的な反省性として現に伴っていなくてはならず、それは反省によっていつでも「私が」へと変換可能である。

カント主義的に考えるなら、行為知が共有されることは可能でなければならないということになる。しかしこれによって、現に共有されているか否かについては何も述べられていない。論議を共同行為と考える以上、これは、行為知は行為にとって構成的であるというクールマン自身の見解と矛盾する。行為知は現に伴っていなくてはならないのである。ただし、クールマンは行為知の多くの部分が陰伏的で「暗がり」（Kuhlmann 2009, 59）にあることを認める。これを明るみに出すための手続きが「短い討議」なのである。すると、クールマンはある意味で、行為知は可能態として必然的に伴っている、と考えているとも言える。だからこそ、「短い討議」が上手くいくと想定しているのであろう。これは、フィヒテの統覚についての考え方と同じである。

それゆえ、まず参加者各々の行為知の多様が先に与えられており、それが綜合的に統一される、というカント的な行き方を模索することは、ＴＰにとっては間違った方向性である。むしろ、（Ⅱ）の行き方、つまり実在的コミュニケーション共同体において一つの知が共有されているということを議論の出発点とするべきであろう。また、ＴＰの議論には共同行為論と呼べるものはほとんど見当たらないが、（Ⅱ）の方針をはっきり打ち出すのであれば、当然それは必要になってくるだろう。本節の議論はそれに数え入れられるほどのものではなかったが、少なくともその必要性は示せたのではないかと期待する。

第九節　討議への寄与としての個々の発話をどう考えるか

論議は共同行為であり、しかも意図や行為知が個人に還元され得ない集団行為である、と認めた場合、討議の中で行われる個人の発話、例えば主張（仮に（p）としよう）をどう考えるのか、ということが問題になる。発話は個人単位でなされるものである、というのはごく常識的な直観であり、それに個人の知としての行為知が伴っていると考えることもまた、ごく自然なことだからだ。

まず始めに確認しておくべきことは、主張（p）はあくまでも論議という共同行為への寄与、ないしその一部分として遂行されるということである。主張というものを、妥当性要求を掲げることと理解する限り、論議の一部でない主張を考えることは不可能である。

このとき、共同体の行為知は、自分たちは論議を行う、という内容を含んでいるだけではない。論議を遂行するとは、理性の事実として与えられたＩＫＧの道徳的規範ないしＴＳＳのゲーム規則を追遂行し、間主観的に承認することに他ならない。つまり、少なくとも実在的コミュニケーション共同体が論議に際して持つ共有知としての行為知は、論議の理想的なあり方を含んでいるはずである。だからこそ、我々は、実在的な論議が歪められ、論議の理想的なあり方から程遠いものになってしまっていることを知ることができるのである。討議の理想的なあり方とは、実在的な論議共同体である我々が、長期的にはそれと一致しなくてはならないものであり、再びアーペルの表現を用いるなら、統制的かつ長期的には構成的なものなのである。カントの言う、道徳法則への「尊敬」（*KpV*, AA, V, 73）の感情は、ここでは理想と現実の乖離という形で立ち現れてくる。

それでは、論議の理想的なあり方についての知とは何か。それは即ち、「論証的討議」とは、「合意を目指して行われるコミュニケーションであり、参加者が理想的発話状況を反事実的に先取しつつ、互いに妥当性要求を掲げながら発話するもの」、ということである。実在的コミュニケーション共同体はこれを少なくとも陰伏的な行為知、つまり可能態として共有していることになる。

次に、論議はいくつもの主張（反論も主張に数えられる）が綜合的に統一されて形成されるものではない。結果としてそのような見方をすることもできるが、フィヒテの表現を借りるなら、綜合的統一は分析的統一の模造に過ぎない（vgl. *TL*, GA, II/14, 245）。むしろ、一つの論議が行われているとき、それを分析すればいくつもの主張が見出せるのである。このように考えることにはそれなりの利点がある。例えば、一つの主張が複数の発話から成っているという状態を容易に説明できることである。これを発話の方を基本的単位にして説明する場合、どのような基準で発話と発話を綜合して一つの主張と見なすのか、という問いに答えるのが難しいように思われる。なぜなら、もしその時点で主張を同定できていたとすれば、組み合わせる発話を決定することは分析的統一だが、分析的統一は綜合的統一を前提にしてのみ可能であると考えている以上（vgl. *KrV*, B133）、論点先取であるように思えるからだ。

「論議の規則は私には妥当しない」（¬ q）という命題を真剣に論証する場合

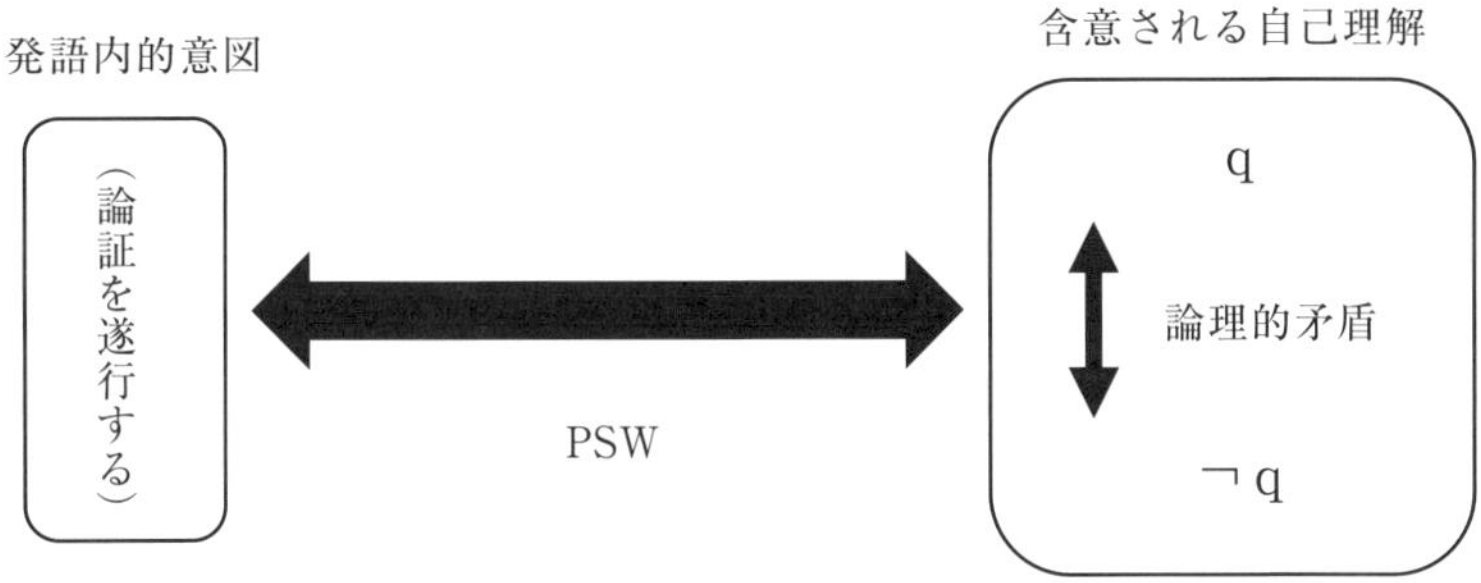

図 3′　遂行的な論理的自己矛盾（改変版）

そして、重要な点だが、論議における行為知の基本的単位を共同行為の行為知としても、個々の主張（p）のPSWについては問題なく扱うことができる。ケットナーの言う、遂行的な論理的自己矛盾について再度確認してみよう。

ケットナーが用いていた例は「私は論証していない」という命題内容だが、クールマンは「論議の規則は私には妥当しない」（Kuhkmann 1985, 83）という例を用いており、目下の説明にはこちらの方が使い易いので、替えることにする。まずケットナーの議論をこの例で再構成してみよう。論証を遂行することはまさに論議の規則を承認することであるから、その発語内的意図は（q）を含意する。他方で命題内容は（¬q）であるから、発話者は、もしこの発話を真剣に実行するつもりなら、形式論理学的に矛盾した自己理解をすることになる。それゆえ、この発語内的意図とそのような自己理解の間には、「遂行的な論理的自己矛盾」（Kettner 1993, 207）が生じることになる。

ここで言われている発語内的意図の代わりに行為知を当てはめても、この図式の内容は成立する。さて、このとき行為知が個人の知ではなく、論議という共同行為の行為知だったとすればどうだろうか。論議のある参加者が「論議の規則は私には妥当しない」（┐q）と発話しようとしている。しかし我々は論議を行っているのであり、論議の中でなされる主張の発話は共同行為としての論議の一部である。そして、論議を行う我々（実在的コミュニケーション共同体）は、まさにその行為を遂行することによってTSSのゲーム規則を間主観的に承認している。つまり、我々には論議の規則が妥当する。それゆえ、

（1）もし発話者がその命題内容を真剣に主張し、かつ自分を実在的コミュニケーション共同体としての我々に属すると理解しているなら、（q）と（┐q）の両方を自己理解において保持しようとしていることになる。この形式論理学的矛盾は、我々の行為知との間に生じるPSWであり、遂行的な論理的自己矛盾の一種であると言える。

（2）もし発話者がその命題内容を真剣に主張し、かつ自分を実在的コミュニケーション共同体としての我々に属さないと理解しているなら、その発話は少なくとも我々の論議においてなされたものではない。それゆえその発話は、この論議の中では、妥当性要求についての判断を下す以前に無視して良いものと見なされる。

（3）もし発話者が自分を実在的コミュニケーション共同体としての我々に属さないと理解していながら、その発話は我々の論議の一部であると考えているなら、それは自己忘却であり、（1）か（2）のどちらかに帰着する。

（4）もし発話者が自分を実在的コミュニケーション共同体としての我々に属すると理解していながら、その発話は我々の論議の一部ではないと考えているなら、それもまた自己忘却であり、（1）か（2）のどちらかに帰着する。

（1）の例としては、アーペルやハーバーマスが言うように病的な状態を挙げるしかないだろう。一時的な興奮によって支離滅裂な発話をしているだけで、いつもは論議の明敏な参加者である、という可能性もあるが、それは命題内容の真剣な主張とは見なさなくても良いだろう。（2）の例は、多くの批判者がこれに該当するとTPが考えてきたものである。（3）、（4）は論議が共同行為であることを認めた上で（q）を発話する立場だが、基本的には（1）、（2）に準じるものと見なせるだろう。

以上のことから、論議の行為知は個人が各々持つものではなく、実在的コミュニケーション共同体としての我々が持つ共有知であり、なおかつ論議の理想と現実双方についての知を含んでいる、と見なすことは、クールマンの見解を修正する必要はあるものの、TPのPSWに訴える論証戦略とは整合性を保っており有力な選択肢であるように思われる。それはまた、道徳法則の意識としての自己関係性Bは、純粋理性という事実と経験的に制約された理性という事実の間の乖離を意識することに他ならない、というフィヒテ的に読まれたベックの「理性の事実」解釈（第二章第七節参照）とも整合的である。以下では、この方針を採ることによって、ハーバーマスらの批判に対してどのように答えることができるかを検討する。

クールマンの分類による批判（3）は、「ＬＢはそもそも不可能である。なぜなら可謬主義者は従来のＬＢ論証では論駁されないからだ」というものだった。この種の批判でももっとも有名で有力でもあるのがハーバーマスによる批判であり、それは、ＬＢ論証が産婆術的手続きに基づいていることに着目し、陰伏的なノウハウと明示的なノウザットの同一視を問題視するものである。ここで再度ハーバーマスによるＬＢ論証の解釈を押さえておこう。

（a）語用論的前提（制約の候補）に対して異議を唱える懐疑論者をして、直観的に知られている前提に注意を促す、

（b）この先理論的な知に明示的な形式を与え、懐疑論者がこの記述のもとで彼の直観を再認識できるようにする、そして

（c）明示化された前提条件（制約）は代替不可能だという提題者によって提出された主張を、反対事例に即して検証する（vgl. Habermas 1983, 107（154–155））。

このとき、先理論的なノウハウをノウザットとするための記述は可謬的である。したがってＬＢ論証は上手くいかないというのが、この批判の眼目である。これを可謬性（Ａ）と呼ぼう。ところで、ここで提題者はもう一つの可謬性にも直面している。それは、他人の行為知を再構成することの可謬性である。仮に、ある行為知が陰伏的なレベルで与えられているなら、それを明示化することは常に可能であるとしてみよう。しかしそのときでも、相手が懐疑論者、つまり主観的証言をす

ることに非協力的な他人である場合には、行為知の同定自体に失敗している可能性がつきまとう。これを可謬性（B）と呼ぶことにしよう。

ハーバーマスが指摘している可謬性は可謬性（A）だが、可謬性（B）を指摘する批判者もいる。それはローティである。ローティはアーペルとハーバーマスを（というのも、ハーバーマスも文脈によってはPSWに訴える議論を展開するので）批判して次のように主張する。

アーペルとハーバーマスは彼らの論敵の遂行的自己矛盾性を咎める。しかし、種々の行為によって違反されると称される諸前提は、常に行為者［Agenten］によって取り消され得るのだ。彼はひょっとすると、彼が何を為すのかについて、彼を咎める人々が提案するような記述とは違った記述を提案するかも知れない。彼はひょっとすると、彼が何を前提し何を前提していないかについて、彼の告発者よりも自分の方が良く知っていると言うかも知れない。（Rorty 1994, 977f.）

ＴＰはこれらの可謬性に反論しなくてはならないし、実際にクールマンを中心として反論してきた。可謬性（A）に対するクールマンの最初の回答は、「陰伏的なノウハウには、理論的な再構成に先立ってすでにノウザットへと自己変換している部分がある」（vgl. Kuhlmann 1981, 12）というものだった。そこに含まれるのは、例えば学問的に論議する能力である。それはただ主張し、質問し、異議を唱えるといったことだけではなく、その際に明示的に遂行文を形成できるとか、質問があった際には事後的に自らの発話の遂行的な地位について、例えばそれは真剣で根拠のある主張だった、という具合に申し立てを行えることも含まれる（vgl. ebd.）。言語能力のある人は、理論的再構成を試みるためにも、すでにこうした自己変換をできるのでなくてはならないのである。クールマンは後にこの回答が「手詰まり」を招くことを認め、議論の修正を図った。その結果生まれたのが「短い討議」なのだが、これが上手くいかないことはすでに述べた通りである。しかしながら、この間の事情については注意深く検討する必要がある。

クールマンが考える「手詰まり」状況について再度確認しておこう。

懐疑論者は究極的根拠付けを行う者を責めて次のように言う。反省的な究極的根拠付けの議論は、論証することの諸規則と諸前提についての、容易に異議を唱えることができるような直観に依存していると。これによって彼は勝利を収めたかのように見える。というのも、もし彼が一般に有意味な懐疑ないし異議申し立てが可能だと示すことができれば、それで彼は勝利したことになるからだ。……しかし一方で、ことはさほど明快ではない。というのも、今度は提題者が反対者と全く同等の権利をもって、……彼がそもそもすでに一つの有効な（カウントされる）指し手を行った、ということに異議を唱えることができるからだ。……それは、ある種の手詰まりをもたらす。（Kuhlmann 2009, 45）

つまり、反対者がノウハウの記述は可謬的だと主張しようとするのに対し、提題者はそれを有意味な発話として主張することはできないと反論し、堂々巡りになるというのである。すると明らかに、クールマンがここで深刻に受け止めているのは可謬性（A）ではない。それについての見解、つまり行為知の自己変換という思想は、彼の最新の議論においても保持されているのである。問題は、反対者が上記のような発話を行う際に何を前提しているのかについて、両者の意見が食い違ったまま調停不可能な状態になるということである。これをケットナーの表現を用いて、論議か「論議風のお喋り」(Kettner 1993, 202) か、についての水掛け論と解釈することもできるだろう。このとき問題になっているのは可謬性（A）ではなく、むしろ可謬性（B）なのである。

可謬性（B）の解消は、行為知が個人の特権的な知であることを前提とする限り、どれほど産婆術的方法を精緻化しようと困難であり続けるように思われる。しかしながら、その前提そのものは妥当なのだろうか。陰伏的にではあれ、個人が特権的な知を持つことは、第一に方法的独我論の克服を主張するＴＰの基本的な考え方にそぐわないし、第二にはＴＰのフィヒテ主義的な性格とも齟齬をきたすものであるように思われる。クールマン自身、カントの理性の事実についての議論に独我論的性格を見出して批判し、カントの実践哲学はほとんど超越論哲学とは見なせないと評している（vgl. Kuhlmann 1992, 101）。理性の事実としての定言命法の意識はフィヒテで言えば知的直観に相当し、それはＴＰにおいて行為知となっている。それゆえ、クールマン自身が行為知を独我論的に捉えていることは、ＴＰの超越論哲学的性格を損なっているとすら言えるのである。

可謬性（Ｂ）はまた、フィヒテにとっても困難な問題であったと考えられる。例えばある論者の指摘によれば、根源的な知の無媒介性［Unmittelbarkeit］と共有不可能性［Unmitteilbarkeit］の間の連関はＴＰにおいてははっきり認識されていないが、フィヒテはそれを認識していた（vgl. Gerten 1997, 183）。つまり、知的直観ないし行為知は陰伏的な個人の知であるために、他人に伝達することができないというのである。この問題をＴＰが認識していないというのは明らかに過小評価だが、フィヒテにとってこれが重要な問題であったことは間違いないだろう。なぜならフィヒテは知的直観を説明する際には、読者ないし聴講者に自己意識を反省し、自らの知的直観を確かめるよう促すのが常であり、知的直観を明示的な知として証明できるとは考えていなかったからだ。例えば『知識学への第二序論』の前半部はそのような議論になっている。

しかしながら我々の解釈によれば、こと論議に関する限り、行為知は実在的コミュニケーション共同体の共有知と考えられるべきである。この考え方からすれば、そもそも可謬性（Ｂ）は問題にならない。なぜなら、提題者にとって反対者の行為知は、自分の行為知と文字通り同一だからであり、また、ＩＫＧの実現が統制的原理である以上、我々は現実において実在的コミュニケーション共同体を可能な限り最大化する努力への義務を課せられているからだ[89]。

問題はむしろ、可能態としての陰伏的な行為知を反省によって明示化することにあるのだが、そちらに関してはクールマンの議論をそのまま用いることに大きな支障はない。論議の行為知が共有されている以上、もしも反対者が提題者の追及を逃れ得るとすれば、それは、反対者の言語行為が、共同行為としての論議の規則から切り離されている場合に限られるだろう。だが反対者の主張という言語行為は討議のための手段、討議への寄与として考えられるべきものであり、その意味で、論議の規則から切り離されたものではあり得ない。反対者の行為知は、ただ個人の主観的な知でしかないわけではない。その発話行為が論議を目的とする行為である以上、論議の規則に従うことが意図されているべきであるし、その行為の遂行はまさに論議の規則を承認することである。そして、反対者が一人で規則に従うことはできない。規則に従うということは公共的なことであり、間主観的な論議の中でのみ、それができているか否かが決定され得る。

以上のようにして、クールマンの議論の前提に若干の修正を加えてTP全体の方向性と合致させることにより、ハーバーマスからの批判に対する新たな応答が可能となる。ハーバーマスはTPがフィヒテ的な意識哲学に回帰しているという旨の批判的な指摘を行っていたが、フィヒテ的であること自体は疑いが無い。ただし、それが意識哲学に直結すると考えるのは少々短絡的に過ぎる。自己還帰性ないし自己関係性を徹底し、普遍的なものから特殊的なものへと下降する超越論的な言語哲学も可能性としてはあり得るのであり、TPこそがその実例である。それゆえ現代においてもフィヒテ主義は可能である。そして、それがカント主義を継承しつつも批判し、補完するという役割を果たし得る限りにおいて、必要ですらあると思われるのである。

---

(89)　これは論点先取に見えるかも知れないし、実際、ある意味では論点先取であろう。しかし、言語ゲームの規則というものは元来そのようなものなのである。論議と「論議風のお喋り」の間の水掛け論は、いわゆる「ヴィトゲンシュタインのパラドックス」の一変種であるとも言える。しかし残念ながら、本書でこの点について詳細に論じることはできなかった。他日を期したい。

結論

超越論的語用論はカント主義ではなく、現代のフィヒテ主義と理解されるべきである、というのが本書の主旨であった。このことは二つの肯定的な含意を持っている。つまり、これまではあくまで批判的なニュアンスをもって指摘されてきた超越論的語用論のフィヒテ主義的な傾向が、実はハーバーマスらの強力な批判に対する新たな応答を可能にするものであり、討議倫理の根拠付けを含むいくつかの点では、むしろハーバーマスよりも説得力のある議論を展開できる、というのが一点目である。

周知のとおり、現代哲学においてハーバーマスの思想は多くの支持者を得るに至っており、大きな影響力を持っている。その一方で、アーペルやその後継者たちが熱心に探究している超越論的語用論についてはさほど関心が集まっておらず、専ら批判対象として参照されるにとどまっている。それは、英語圏の哲学においてローティらが強く主張し、ハーバーマス自身も支持している「言語論的（語用論的／プラグマティズム的）転回は、同時に哲学の自然化（あるいは脱超越論化）でなくてはならない」という考えと決して無関係ではないだろう。超越論的語用論の思想は、それ自身が語用論の知見を取り入れた言語哲学でありながら、現在の分析哲学の主要な潮流からは一線を画す立場になっており、それゆえに多くの支持を得られない状況が続いているのである。超越論的語用論にとって、最も多くの主題を共有するハーバーマスとの対決は、単に皮相的でない理解の獲得のためにも重要な意義を持っている。

すでにアーペルもクールマンもその対決に取り組んでいたが、両者の論争は必ずしもうまく噛み合っていなかった。それは、超越論的語用論が現代の言語哲学において非常に独特な言語観を根本思想として持っており、十分な説明の無いままそれを前提として議論を進めていたからである。またハーバーマスも、そうした言語観そのものの根本的差異に言及しておらず、その批判は踏み込みを欠いていたと言わざるを得ない。両者の論争が内容豊かなものとなるためには、まず両者の根本的言語思想の差異を明らかにし、互いの批判を互いにとって理解可能なものとする必要があった。本書のねらいの一つは、この点をカントとフィヒテの対立との類比関係において説明することにあった。

『道徳行為とコミュニケーション的行為』以降のハーバーマスの議論の弱点の一つは、コミュニケーション的行為がなされる場として、道徳性以前の生活世界の人倫性という次元を考えるようになったために、「普遍主義的道徳の擁護」という自らの目標を達成することがより困難になっている点にある。アーペルやクールマンの議論は、道徳に関してハーバーマスよりも強い普遍性を要求するものであり、ハーバーマスはそれを「原理主義」と呼んで反発するが、それは実際当たっている。しかしそれだけに、ハーバーマスよりも立場が首尾一貫しているとは言えるだろう。ハーバーマスの議論は、少しずつ立場が変わっていっていることもあるだろうが、「普遍的語用論」や「普遍主義的道徳」を標榜するにしては、議論と議論の間の整合性を欠くように思わせる点が少なくないのである。

このような両者の対立は、まさにカントとフィヒテの対立になぞらえることができる。というのも、フィヒテはカントが経験の説明において多様から出発して普遍へと上昇することに不満を抱き、そのような方法ではこれまでの経験を「集合的普遍」によって説明することしかできず、経験の無限の進行を説明できないと考えた。その結果フィヒテが採った道が、絶対的な第一原則から特殊的なものへ下降するという下り道である。その際、フィヒテは同時にカントの到達点である統覚の綜合的統一をも逆転させ、自我の絶対的同一性を出発点とした。両者は（少なくともフィヒテの言い分によれば）、超越論的観念論という同じ体系を展開しており、フィヒテの体系はカントの体系と同一の精神を持っている。しかしそこで取られている方針はほとんど正反対であり、これによりフィヒテはカントよりも普遍主義的傾向を強く持つことになったのだと言える。このことを逆に言えば、カントの体系はより普遍主義的な方針で展開することもできたであろう、ということだ。そして、このことがアーペルとハーバーマスの対立にも当てはまる、と本書は主張したのである。

超越論的語用論のフィヒテ主義的性格に対するもう一つの肯定的な含意は、序論でも述べた通り、フィヒテの再評価につながる可能性があるということである。カントやヘーゲルに比べて特に英語圏での立ち遅れが目立っていたフィヒテ研究の分野も、近年、ロックモアとブレジールの主導によって活況を呈しつつある。現在はフィヒテのテクストと思想内容の理解を進める研究が中心となっているが、今後、現代の諸理論との交流が活発化することも期待される。それが現実のものとなるとき、現代のフィヒテ主義は可能であるばかりか、注目こそされていないものの、有力な学説の一つとしてすでに存在している、という事実を強調することには大きな意義があるように思われる。とは言え、本書がそうした役割を十分に果たせたとは言い難く、多くの問題が未解決のまま残ってしまったのも事実である。最後に、現時点で筆者に思いつく限りでの、今後の課題を列挙することにする。

（1）本書では、超越論的語用論への批判を一部しか扱っておらず、クールマンによる主な批判の分類を紹介するにとどめたが、当然ながら、具体的な論争の各々にまで踏み込んで検討することは可能である。特に批判的合理主義との間には長期間にわたる論争があり、その展開を追うことは重要な課題の一つである。

（2）討議倫理学に関してはほとんど扱えなかった。アーペルやクールマンにも討議倫理学に関する著作が少なからずあり、現代の諸問題に対する彼らの思想のアクチュアリティを示す上では、特に討議倫理学を巡る議論の検討が重要になってくると思われる。

（3）超越論的語用論を現代の英語圏の言語哲学や認識論と対峙させることは、本書の動機から言っても重要な課題だが、本書でそれを実行するには至らなかった。特に、ブランダムの規範的語用論との比較と対決は、現代におけるフィヒテ主義の再評価という観点からしても重要である。

（4）第四章で主張した内容の多くはアーペルやクールマンが述べていないことであり、それを擁護する論証が十分であったとは言い難い。共同行為論に関して言えば、ライモ・トゥオメラ（Tuomela, Raimo, 1940–）やマーガレット・ギルバート（Gilbert, Margaret, 1942–）の理論を吟味することによって、より内容を充実させることができるはずである。

（5）カントやフィヒテの哲学については膨大な先行研究があり、中には本書のテーマと密接に関わるものもあったはずだが、それを十分に追えたとは言い難い。また、カントとフィヒテの哲学そのものについての理解と解釈は、より深化させる必要がある。

（6）アーペルやクールマン以外の超越論的語用論者の議論を、ほとんど扱えなかった。例えばディートリッヒ・ベーラー（Böhler, Dietrich, 1942–）やニケらの議論である。ケットナーについても、本書で言及できたのは議論の一部である。

以上の列挙からもわかるように、本書において筆者が成し遂げたことは決して多くなく、むしろ未解決の課題が山積みという状況である。これらに関しては、今後の研究活動の指針としていきたい。

第一章でも述べたように、日本における超越論的語用論の研究は、一九八〇年代から九〇年代初頭をピークとして、停滞する時期が続いた。しかし近年、久高將晃ら新世代の研究者によって再び議論が動き出している。そうした現状に関して言えば、本書は、少なくとも新たな話題を提供するという形で、そしてもし上手くいっているとすれば従来の議論を改良するという形で、貢献を果たし得たものと自負する次第である。

あとがき

本書は、筆者が二〇一四年度に大阪大学大学院文学研究科に提出し、学位を授与された博士学位申請論文に加筆修正を加えたものである。審査の労を取って頂いた大阪大学大学院の入江幸男教授、舟場保之准教授、須藤訓任教授、上智大学の大橋容一郎教授の諸先生方に、まずは厚く御礼を申し上げたい。

本書は基本的に、学位論文執筆の過程で書き下ろしたものであるが、多くの箇所で、筆者がこれまでに発表した以下の諸論考と内容が重複している。

（1）「事行としての自己関係性――フィヒテ知識学の言語哲学的変換に向けて――」、『フィヒテ研究』、第一九号、日本フィヒテ協会、二〇一一年、所収、八五―九八頁。

（2）「討議の規則知は誰の知か」、『待兼山論叢』、第四五号、哲学篇、大阪大学文学会、二〇一一年、所収、五一―六四頁。

（3）「超越論的論証・遂行的矛盾・直観主義論理」、『メタフュシカ』、第四三号、大阪大学大学院文学研究科哲学講座、二〇一二年、所収、六三―七四頁。

（4）「「理性の事行」の（不）可能性――道徳法則の意識をめぐるカントとフィヒテの差異――」、『倫理学研究』、第四三号、関西倫理学会、二〇一三年、所収、八〇―九〇頁。

（5）"What is the Unlimited Communication Community? Transcendental Pragmatics as Contemporary Fichteanism," in: Tom Rockmore/Daniel Breazeale（eds.）, *Fichte and Transcendental Philosophy*, Hampshire/New York: Palgrave Macmillan, 2014, pp. 273–292.

（6）「水面下のフィヒテ主義——「非正統的」カント解釈から超越論的語用論へ——」、『理想』、第六九七号、理想社、二〇一六年、所収、二九—四二頁。

（7）"Consequences of the Transcendental-Pragmatic Consensus Theory of Truth," in: Halla Kim/Steven Hoeltzel（eds.）, *Transcendental Inquiry. Its History, Methods and Critiques*, Cham: Palgrave Macmillan, 2016, pp. 263–283.

ただし、いずれも再録ではなく、前後との兼ね合いを考慮して手を加え、文の入れ替え等を行っている。具体的には次の通りである。序論の一部は（6）と重複している。第一章第六節は（3）と、第九節は（2）と重複している。第二章第二節と第三節の一部は（1）と、第六節は（1）、（6）と、第七節以降は（4）と重複している。第三章第四節から第七節までは（7）と、第九節の一部は（1）と重複している。第四章第二節から第五節までは（5）と、第八節と第九節の一部は（2）と重複している。本書の刊行にあたり、文章の再使用を許可頂いたPalgrave Macmillan社および理想社に御礼を申し上げたい。

このように、本書は筆者による過去数年間の研究成果の集成という性格も持っている。議論の内容に直接関係するわけではないが、ここに、本書が成立するまでの研究経過を簡潔に記録しておくことにする。

筆者が超越論的語用論に強い興味を持ったのは、舟場准教授にご紹介頂いた、本書でもしばしば引用しているアーペルの論文「超越論的語用論の観点に照らした哲学的な究極的根拠付けの問題」（訳書での邦題は「知識の根本的基礎付け――超越論的遂行論と批判的合理主義――」）を通じてのことである。当時の筆者には説得的に思えた「ミュンヒハウゼンのトリレンマ」をめぐるアルバートの議論を、超越論哲学的かつ語用論的な観点から論駁する同論文の内容は、実証主義論争といったコンテクストについてほとんど無知であった筆者にとって、衝撃的なほどに斬新であった。

その後、主著『哲学の変換』等を通じて超越論的語用論の全体像の把握に努めたのち、日本独自の編集による邦訳論文集『超越論哲学と分析哲学』（産業図書）に収録されている超越論的論証をめぐる論争、特にブープナーの見解に関心を惹かれた。小松（一九八六）等でも指摘されているように、「自己関係性」を重要視するその見解は、超越論的語用論の立場と類似しているように思われたからだ。当初、筆者はこの「自己関係性」が、ブープナーの考えるようにカントにおいても重要な役割を担っているものと想定し、『純粋理性批判』の「超越論的論理学」にその実例を求めようとしたが、捗々しい成果は得られなかった。そこで、入江教授からアドバイスを頂いたこともあり、むしろフィヒテとの関連を探るべきではないかという考えに転じたのである。というのも、本論でも再三述べたように、フィヒテは自己関係性（フィヒテ自身の表現では、「自己還帰性」）を自らの哲学体系の根本原則と位置付けているからだ。

とは言え、英語圏の哲学者たちはもちろんのこと、超越論的語用論者の間にさえ、フィヒテの哲学は独我論的な意識哲学であり現代ではもはや通用しない、という印象が根強く残っている。例えばDamiani（2009）のような最近の研究も、フィヒテとの関連付けを拒否している。だが、イェーナ期のフィヒテの著作を検討してみると、フィヒテ知識学は本来カント哲学の修正ないし補完を志向したものであり、自己関係性の徹底こそがその帰結であること、また、それは必ずしも方法的独我論と不可分であるとは限らないということは、明らかであるように思われた。アーペル自身、一方ではフィヒテを敬遠しつつも、他方ではその自我論を評価している。

結果として筆者は、超越論的語用論がフィヒテ主義的であるとすれば、それは超越論的語用論にとってむしろ肯定的な特徴であるだろう、という見通しを持つに至ったのである。「肯定的な」とは、この観点を採用することによって、超越論的語用論が直面している問題、即ち論証的討議の条件についての「行為知」をめぐるハーバーマスとの論争に、一定の前進がもたらされるということである。筆者はそれを、共同行為と共有知という新たな議論領域に言及することで果たそうとした。このとき筆者が念頭に置いているのは、イェーナ期よりもむしろベルリン期（中・後期）のフィヒテとの関連であるが、そちらに目を向けるよう示唆して下さったのは大橋教授であった。

以上が筆者の研究経過のあらましである。より具体的な問題設定や、未解決に終わった課題等については、序論と結論をご覧頂きたい。

本書は筆者にとって、過去一〇年間の研究活動の総括でもあるが、その過程では幸運にも多くの資金援助を得ることができた。それらなくしては、ここまで研究活動を続けることは到底不可能であっただろう。特に、二度にわたるドイツへの留学によって学んだものは大きかったが、それらは、大阪大学「学生海外短期研究留学助成」、および Baden-Bürttemberg 財団奨学金"Plus"によって可能になったものである。両団体、そして特別研究員として採用して頂いた日本学術振興会には、厚く御礼を申し上げる次第である。また、筆者の研究に対して二〇一二年度の研究奨励賞を授与して下さった日本フィヒテ協会にも、御礼を申し上げたい。フィヒテ知識学そのものの研究ではなく、かつ未熟な内容にもかかわらず評価して頂けたことが、筆者にとってどれほどの励ましとなったかを言い表すことは難しい。

大阪大学大学院の舟場保之准教授・入江幸男教授には、学部学生時代から大学院修了に至るまで研究指導の労をとって頂き、甚謝の念に堪えない。お二人からは、文献の精読と同様、あるいはそれ以上に、先入見なく問題に取り組み、自ら考えること、そして相互に尊重し合う関係の中で批判的に討議することの重要性を学ばせて頂いた。皆で夢中になって意見を戦わせた論文作成演習の授業は、不肖としか言いようのない学生であった筆者にとって、何物にも代え難い教材であった。また、本書の議論の大部分は、お二人からご教授頂いた学識を前提として組み立てられたものである。

琉球大学の久高將晃准教授には、国内に数少ない超越論的語用論の研究者というご縁から親しく接して頂き、折に触れて激励やアドバイスを頂戴してきた。本書についても、学位申請論文の段階で通読頂き、問題点をご指摘頂いた。残念ながら、最終のバージョンでもその批判のすべてに答えられたわけではないが、今後の研究に生かすことでご恩に報いたいと考えている。

上智大学の大橋容一郎教授には、博士学位申請論文の審査に加わって頂いたばかりでなく、日本学術振興会特別研究員としての筆者の受け入れ研究者にもなって頂いた。初めて日本フィヒテ協会の大会で口頭発表を行った際に、大橋教授に頂いた上述のアドバイスは、筆者にとって忘れ難いものである。

アーヘン工科大学の Wolfgang Kuhlmann 名誉教授は、留学の受け入れ教員となり、超越論的語用論の根本思想について懇切丁寧にご指導下さったのみならず、研究合宿にも同行させて下さり、名だたる研究者の方々と交流する機会を与えて下さった。また、ルプレヒト・カール大学ハイデルベルクの Anton Koch 教授も、留学を受け入れて下さり、ご多忙中にもかかわらず各種の手続きに時間を割いて下さった。他にも、Matthias Kettner, Marcus Willaschek, Halla Kim の各先生方とは、留学先や学会の席などで親しく意見交換させて頂き、筆者の研究内容にもコメントを頂いた。

上智大学でのフィヒテ読書会を通じて、杉田孝夫、美濃部仁、湯浅正彦、鈴木伸国の各先生方からは現在に至るまで多くの事を学ばせて頂いている。また、岡田勝明、長澤邦彦、寺田俊郎、中川明才、大河内泰樹、松本大理の諸先生方にも、さまざまな場でお世話になってきた。

以上、諸先生方に厚く御礼を申し上げると共に、今後とも変わらぬ御指導・御鞭撻の程をお願い申し上げる次第である。ここに書き切れなかった方々についても、失礼を心からお詫び申し上げると共に、感謝の意を表したい。

本書の出版にあたっては、大阪大学出版会、特に担当頂いた川上展代さんには多大なるご尽力を頂いた。心からの感謝を申し上げる次第である。

より個人的には、学生時代を通じて最も長い時間議論を交わした学友である原田淳平さん、同様に親しく議論を交わしてきた朱喜哲さん、藤野幸彦さん、久保啓文さん、仲宗根勝仁さん、原井亮太さん、そして長岡技術科学大学の重田謙特任准教授に、また、上智大学での活動で特にお世話になっている須賀佳苗さんと辻麻衣子さんにも、感謝を申し上げたい。
最後に、経済的に不安定な時期を一貫して支えてくれた父母をはじめ、家族一同の理解に感謝の意を表したい。

（付記）本書の一部（上記（6）（7）との重複部分）は、平成二六年度〜平成二八年度科学研究費補助金（特別研究員奨励費、課題番号26-5156）の助成を受けたものである。

―― (2010),『分析哲学とフィヒテ哲学』、平成 19-21 年度科学研究費補助金 基盤研究（C）研究成果報告書 研究課題番号 19520021.
大河内泰樹（2015）「「ドイツ観念論」とは何か？――あるいは「ドイツ観念論」はなぜそう呼ばれるべきではないのか？」、『ニュクス』(2)、堀之内出版、所収、8-25 頁。
柏端 達也（2007),『自己欺瞞と自己犠牲』、第 1 版第 2 刷、勁草書房、2012 年。
加藤 尚武（1985),「哲学の言葉と自己関係性」、大森荘蔵ほか 編、『新・岩波講座 哲学 1 いま哲学とは』、岩波書店、所収、154-183 頁。
北川 東子（1983),「アーペルの規範的言語哲学」、『哲学論叢』（13)、大阪大学文学部哲学哲学史第二講座（刊)、所収、23-41 頁。
木下 喬 (1983),「アーペルの超越論的語用論」、『富山大学人文学部紀要』(8)、所収、二五-三九頁（pp. 376-390)。
小松 恵一（1984),「超越論的論証の帰趨――カントとストローソンを中心として――」、『思索』（17)、東北大学哲学研究会（刊)、所収、99-119 頁。
―― (1986),「超越論的論証と超越論哲学」、『現代思想』14(11)、所収、171-183 頁。
永井 成男（1974),「学問分類の方法論上の一考察」、『科学基礎論研究』 12(1)、科学基礎論学会（刊)、所収、25-30 頁。
中岡 成文（1996),『ハーバーマス――コミュニケーション行為』、講談社。
宮原 勇（1993),「現代ドイツの言語遂行論的哲学 ハーバーマスとアーペル」、河上倫逸 編、『歴史と社会』(14)（特集 ゲルマニスティクの最前線)、リブロポート、所収、303-333 頁。
藤澤 賢一郎（1995),「ベルリン大学哲学講義 I 解説」、『フィヒテ全集 第一九巻』、哲書房、所収、556-644 頁。
湯浅 正彦（1989),「「自己関係性」について――超越論的議論の問題――」、『超越論哲学とは何か 現代カント研究 I』、理想社、所収、8-44 頁。

Action", in Psarros/ Schmid/ Schulte-Ostermann (eds.) (2008), pp. 89-117.

Steigleder, Klaus (2002), *Kants Moralphilosophie. Die Selbstbezüglichkeit reiner praktischer Vernunft*, Stuttgart/ Weimar: J. B. Metzler.

Stern, Robert (ed.) (1999), *Transcendental Arguments: Problems and Prospects*, Oxford: Clarendon Press.

—— (2000), *Transcendental Arguments and Scepticism*, Oxford: Clarendon Press.

Strawson, P. F. (1959), *Individuals*, London: Methuen & co.ltd. (P. F. ストローソン著、中村秀吉訳、『個体と主語』、みすず書房、1978 年。)

Stroud, Barry (1968), "Transcendental Arguments", in his: *Understanding Human Knowledge*, reprinted [2005], Oxford University Press, New York, 2005, pp. 9-25. (バリー・ストラウド著、田山令史 訳、「超越論的議論」、『現代思想』、22(4)、1994 年、所収、101-113 頁。)

Wellmer, Albrecht (1986), *Ethik und Dialog*, 2. Aufl [1999], Frankfurt am Main: Suhrkamp. (アルブレヒト・ヴェルマー著、加藤泰史 監訳、御子柴善之・舟場保之・松本大理・庄司信 訳、『倫理学と対話』、法政大学出版局、2013 年。)

Wildfeuer, Armin G. (1999), *Praktische Vernunft und System. Entwicklungsgeschichtliche Untersuchungen zur ursprünglichen Kant-Rezeption Johann Gottlieb Fichtes*, Stuttgart-Bad Cannstatt: Frohmann-Holzboog.

Willaschek, Marcus (1991), *Praktische Vernunft. Handlungstheorie und Moralbegründung bei Kant*, Stuttgart/ Weimar: J. B. Metzler.

Wittgenstein, Ludwig (1921), *Tractatus logico-philosophicus*, ed. Suhrkamp, 34. Aufl. [2013], Frankfurt am Main: Suhrkamp. (ルートヴィヒ・ウィトゲンシュタイン著、奥雅博 訳、「論理哲学論考」、『ウィトゲンシュタイン全集 1』、第 12 版、大修館書店、2001 年、所収、3-120 頁。)

—— (1953), *Philosophische Untersuchungen*, Joachim Schulte (Hrsg.), Frankfurt am Main: Suhrkamp, 2003. (ルートヴィヒ・ウィトゲンシュタイン著、藤本隆志 訳、『ウィトゲンシュタイン全集 8 哲学探究』、第 14 刷、大修館書店、2002 年。)

井上 義彦 (1989), 「カントにおける自己関係性と物自体のアポリア」、『長崎大学教養部紀要 人文科学篇』、30(1)、所収、1-30 頁。

入江 幸男 (2001), 『ドイツ観念論の実践哲学研究』、弘文堂。

—— (2006)「知を共有するとはどういうことか」、『メタフュシカ』(37)、大阪大学大学院文学研究科哲学講座 (刊)、所収、1-15 頁。

London and New York: Routledge.
Prauss, Gerold（Hg.）（1973）, *Kant. Zur Deutung seiner Theorie von Erkenne und Handeln*, Köln, Kiepenheuer & Witsch.
Psarros, N./ Schmid, H. B./ Schulte-Ostermann, K.（eds.）（2008）, *Concepts of Sharedness*, Frankfurt am Main: ontos.
Putnam, Hilary（1999）, *The Threefold Cord: Mind, Body, and World*, New York: Columbia University Press.（ヒラリー・パトナム著、野本和幸 監訳、関口浩喜・渡辺大地・入江さつき・岩沢宏和 訳、『心・身体・世界』、法政大学出版局、2005年。）
——（2002）, *The Collapse of the Fact/Value Dichotomy and Other Essays*, Cambridge, Massachusetts and London: Harvard University Press.（ヒラリー・パトナム著、藤田晋吾・中村正利 訳、『事実／価値二分法の崩壊』、新装版、法政大学出版局、2011年。）
Rähme, Borris（2010）, *Wahrheit, Begründbarkeit und Fallibilität*, Frankfurt am Main/ Paris/ Lancaster/ New Brunswick: Ontos.
Reed, Delbert（2007）, *The Origins of Analytic Philosophy: Kant and Frege*, paperback ed. [2010], London/ New York: Continuum.
Rockmore, Tom（2006）, *In Kant's Wake: Philosophy in the Twentieth Century*, Oxford: Blackwell Publishing.（トム・ロックモア著、牧野英二 監訳、『カントの航跡のなかで　二十世紀の哲学』、法政大学出版局、2008年。）
Rorty, Richard（1979）, "Transcendental Arguments, Self-Reference and Pragmatism", in: Bieri/ Horstmann/ Kröger（eds.）（1979）, pp. 77-103.（リチャード・ローティ著、富田恭彦・望月俊孝 訳、「超越論的論証・自己関係・プラグマティズム」。『超越論哲学と分析哲学―デイヴィドソン的反表象主義と近代観念説の論理』、所収、23-67頁。）
——（1994）, „Sind Aussagen universelle Geltugsansprüche?“, in: *Deutsche Zeitschrift für Philosophie*, 42(6), S. 975-988.
Schaper, Eva/ Vossenkuhl, Wilhelm（Hg.）（1984）, *Bedingungen der Möglichkeit*, Stuttgart: Klett-Cotta.
Schönrich, Gerhard（1994）, *Bei Gelegenheit Diskurs*, Frankfurt am Main: Suhrkamp.（ゲアハルト・シェーンリッヒ著、加藤泰史 監訳、『カントと討議倫理学の問題―討議倫理学の限界と究極的基礎づけの価値／代償について』、晃洋書房、2010年。）
Schweikard, David E.（2008）, "Limiting Reductionalism in the Theory of Collective

Kellerwessel, W./ Cramm, W.-J./ Krause, D./ Jupfer, H.-C.（Hg.）（2005）, *Diskurs und Reflexion*, Würzburg, Königshausenn & Neumann.

Kettner, Matthias（1993）, „Ansatz zu einer Taxonomie performativer Selbstwidersprüche“, in Dorschel/ Kettner/ Kuhlmann/ Niquet（Hg.）（1993）, S. 187-211.

Kudaka, Masaaki（2005）, „Ist das Fallibilismusprinzip widersprüchlich? Über den Einwand der Transzendentalpragmatik gegen den Fallibilismus“, in: Kellerwessel/ Cramm/ Krause/ Jupfer（Hg.）（2005）, S. 345-352.

Kuhlmann, Wolfgang（1981）, „ Reflexive Letztbegründung. Zur Theorie von der Unhintergehbarkeit der Argumentationssituation“, in: *Zeitschrift für Philosophische Forschung*, 35（1）, S. 3-26.

——（1985）, *Reflexive Letztbegründung*, Freiburg/ München: Karl Alber.

——（Hg.）（1986）, *Moralität und Sittlichkeit*, Frankfurt am Main: Suhrkamp.

——（1992）, *Kant und die Transzendentalpragmatik*, Würzburg: Königshausen & Neumann.

——（2007）, *Beiträge zur Diskursethik*, Würzburg: Königshausen & Neumann.

——（2009）, *Unhintergehbarkeit*, Würzburg, Königshausen & Neumann.

Kuhlmann, Wolfgang/ Böhler, Dietrich（Hg.）（1982）, *Kommunikation und Reflexion*, Frankfurt am Main: Suhrkamp.

Lenk, Hans（Hg.）,（1979）, *Handlungstheorien – interdisziplinär*, Bd. 2, 2. Halbband, München: Wilhelm.

Lütterfelds, Wilhelm（1989）, *Fichte und Wittgenstein*, Klett-Cotta, Stuttgart.

Morris, Charles W.（1938）, “Foundations of the Theory of Signs”, in *International Encyclopedia of Unified of Science*, 1（2）, Chicago: University of Chicago Press, 1938.（Ｃｈ. Ｗ. モリス著、内田種臣・小林昭世 訳、『記号理論の基礎』、勁草書房、1988年。）

Niquet, Marcel（1991）, *Transzendentale Argumente*, Frankfurt am Main: Suhrkamp.

Øfsti, Audun（1994）, *Abwandlungen. Essays zur Sprachphilosophie und Wissenschaftstheorie*, Würzburg: Königshausen & Neumann.

Popper, Karl R.（1945）, *The Open Society and Its Enemies*, one-volume ed.［2002］, London/ New York: Routledge.（カール・R・ポパー著、小河原誠・内田詔夫 訳、『開かれた社会とその敵』、第1巻・第2巻、未来社、1980年。）

——（1972）, *Objective Knowledge*, rev. ed.［1981］, Oxford, Clarendon Press.

——（1983）, *Realism and the Aim of Science*, Bartley, W. W. III,（ed.）, rep.［1992］,

理と正当化：哲学論文集』、法政大学出版局、2016 年。）
——（2005）„Zur Architektonik der Diskursdifferenzierung“, in Habermas（2009）, S. 435-459.
——（2009）, *Philosophische Texte Bd. 3; Diskursethik*, Frankfurt am Main: Suhrkamp.
Habermas, Jürgen/ Luhmann, Niklas（1971）, *Theorie der Gesellschaft oder Sozialtechnologie*, Frankfurt am Main: Suhrkamp.（ユルゲン・ハーバーマス／ニクラス・ルーマン著、佐藤嘉一・山口節郎・藤澤賢一郎 訳、『批判理論と社会システム理論——ハーバーマス＝ルーマン論争』、第 1 版第 8 刷、木鐸社、2015 年。）
Heimsoeth, Heinz（1971）, „Persönlichkeitsbewußtsein und Ding an sich in der Kantischen Philosophie“, in ders., *Studien zur Philosophie Immanuel Kants*, Bd. 1, zweite, durchgesehene Aufgabe［1971］, Bonn: Bouvier.（「カント哲学における人格性意識と物自体」、H・ハイムゼート著、須田朗・宮武昭 訳、『カント哲学の形成と形而上学的基礎』、未来社、1981 年。）
Henrich, Dieter（1973）, „Der Begriff der sittlichen Einsicht und Kants Lehre von Faktum der Vernunft“, in Prauss（1973）, S. 223-254.（甲斐実道 訳、「道徳的洞察の概念と理性の事実についてのカントの理論」、ディーター・ヘンリッヒ著、門脇卓爾 監訳、『カント哲学の体系形式』、理想社、1979 年、所収、15-68 頁。）
Hegel, G. W. F.（1802）, „Verhältnis des Skeptizismus zur Philosophie. Darstellung seiner verschiedenen Modifikationen und Vergleichung des neuesten mit dem alten“, in: *Werke in 20 Bänden,* Bd. 2［1970］, Frankfurt am Mein: Suhrkamp.（G. W. F. ヘーゲル著、加藤尚武ほか 訳、『懐疑主義と哲学との関係』、未来社、1991 年。）
Horwich, Paul（1998）, *Truth*, second edition, Ofrord: Clarendon Press.（ポール・ホーリッジ著、入江幸男・原田淳平 訳、『真理』、勁草書房、2016 年。）
Hösle, Vittorio（1986）, “Die Transzendentalpragmatik als Fichteanismus der Intersubjektivität”, in: *Zeitschrift für philosophische Forschung*, 40（2）, S. 235-252.
Kaulbach, Friedrich（1968）, *Philosophie der Beschreibung*, Köln: Böhlau.
——（1974）, *Ethik und Metaethik*, Darmstadt: Wissenschaftliche Buchgesellschaft.
——（1978）, *Das Prinzip Handlung in der Philosophie Kants*, Berlin/ New York: Walter de Gruyter.
——（1979）, Kants Theorie des Handelns, in Lenk（Hg.）（1979）, S. 643-669.（小島威彦 訳、「カントの行為の理論」、カウルバッハ著、小島威彦・山下善明 訳、『カントの行為の理論』、明星大学出版部、1981 年、所収、9-65 頁。）

形而上学の克服」、ルドルフ・カルナップ著、永井成男・内田種臣 編、『カルナップ哲学論集』、紀伊国屋書店、2000 年、所収、10-33 頁。)

Damiani, Alberto Mario (2009), *Handlungswissen*, Freiburg/ München: Karl Alber.

Dorschel, Andreas/ Kettner, Matthias/ Kuhlmann, Wolfgang/ Niquet, Marcel (Hg.) (1993), *Transzendentalpragmatik*, Frankfurt am Main: Suhrkamp.

Dummett, Michael (1978), *Truth and Other Enigmas*, Cambridge: Harvard University Press. (マイケル・ダメット著、藤田晋吾 訳、『真理という謎』、第 2 版第 4 刷、勁草書房、2012 年。)

Gerten, Michael (1997), „Fichtes Wissenschaftslehre vor der aktuellen Diskussion um die Letztbegründung", in: *Fichte-Studien*, 13, S. 173-189.

Habermas, Jürgen (1970/ 71) „Vorlesungen zu einer sprachtheoritheoretischen Grundlegung der Soziologie", in: Habermas (1984), S. 11-126. (ユルゲン・ハーバマス著、森元孝・千川剛史 訳、『意識論から言語論へ　社会学の言語論的基礎に関する講義』、第 2 刷、マルジュ社、1994 年。)

—— (1971) „Vorbereitende Bemerkungen zu einer Theorie der kommunikativen Kompetenz", in Habermas/ Luhmann (1971), S. 101-141. (「コミュニケーション能力の理論のための予備的考察」、『批判理論と社会システム理論――ハーバーマス＝ルーマン論争』、所収、125-181 頁。)

—— (1972), „Wahrheitstheorien", in: Habermas (1984), S. 127-183.

—— (1976), „Was heißt Universalpragmatik?", in Apel (Hg.) (1976), S. 174-272.

—— (1983), *Moralbewußtsein und kommunikatives Handeln*, Frankfurt am Main: Suhrkamp. (ユルゲン・ハーバマス著、三島憲一・中野敏男・木前利秋 訳、『道徳意識とコミュニケーション的行為』、岩波書店、2000 年。)

—— (1984), *Vorstudien und Ergänzungen zur Theorie des kommunikativen Handelns*, 3. Aufl. [1989], Frankfuht am Main: Suhrkamp.

—— (1986), „Moralität und Sittlichkeit", in: Kuhlmann (Hg.) (1986), S. 16-37.

—— (1991), *Erläuterungen zur Diskursethik*, Frankfurt am Main: Suhrkamp. (ユルゲン・ハーバーマス著、清水多吉・朝倉輝一 訳、『討議倫理』、法政大学出版局、2005 年。)

—— (1992), *Autonomy and Solidarity*, Dews, Peter (ed. And intr.), rev. and enl. ed., London: Verso.

—— (1999), *Wahrheit und Rechtfertigung*, erweiterte Ausg., Frankfurt am Main, Suhrkamp. (ユルゲン・ハーバーマス著、三島憲一・大竹弘二・木前利秋・鈴木直 訳、『真

念は存在するか」、坂本百大 監訳、『オースティン哲学論文集』、勁草書房、1991 年、所収、32-68 頁。）

——（1962）, *How to do Things with Words*, ed. by J. O. Urmson/ Marina Sbisà（eds.）, 2. ed., Cambridge/ Massachusetts: Harvard University Press, 1975.（坂本百大 訳、『言語と行為』、第 14 刷、大修館書店、2005 年。）

Baumgartner, Hans Michael（1982）, „Geltung durch Antiyipation? Eine kritische Anfrage zur Möglichkeit einer hermeneutisch orientierten und pragmatisch unterlegten Transformation der Kantischen Transzendentalphilosophie“, in: Kuhlmann, Wolfgang/ Böhler, Dietrich（Hg.）（1982）, S. 46-53.

——（1984）, „Zur methodischen Struktur der Transzendentalphilosophie Immanuel Kants“, in Schaper/ Vossenkuhl（Hg.）（1984）, S. 80-87.（ハンス・ミヒャエル・バウムガルトナー著、藤澤賢一郎 訳、「カントの超越論哲学の方法的構造について」、『超越論哲学と分析哲学』、所収、109-125 頁。）

Beck, Lewis White（1960）, *A commentary on Kant' s Critique of Practical Reason*, Chicago/ London: The University of Chicago Press.（L. W ベック著、藤田昇吾 訳、『カント『実践理性批判』の注解』、新地書房、1985 年。）

Berlich, Alfred（1982）, „Elentik des Diskurses KarlßOtto Apels Ansatz einer Transzendentalpragmatischen Letztbegründung “, in: Kuhlmann/ Böhler（1982）, S. 251-287.

Bieri, P. / Horstmann, R. -P. / Krüger, L.（eds.）（1979）, *Transcendental Arguments and Science*, Dordrecht: D. Reidel.

Bubner, Rüdiger（1975）, “Kant, Transcendental Arguments and the Problem of Deduction”, in *The Review of Metaphysics*, 28, 1975, pp. 3-21.（リューディガー・ブープナー著、富田恭彦・望月俊孝 訳、「カント・超越論的論証・演繹の問題」、『超越論哲学と分析哲学』、所収、3-21 頁。）

——（1982）, „ Selbstbezüglichkeit als Struktur transzendentaler Argumente “, in Kuhlmann/ Böhler（Hg.）（1982）, S. 304-332.（「超越論的論述の構造としての自己関係性」、リュディガー・ブプナー著、加藤尚武・竹田純郎 訳、『現代哲学の戦略』、勁草書房、1986 年、所収、81-125 頁。）

Cabrera, Isabel（1999）, “Bibliography of Works on Transcendental Arguments”, in: Stern（ed.）（1999）, pp. 307-321.

Carnap, Rudolf（1931/ 32）, „Überwindung der Metaphysik durch logische Analyse der Sprache“, in *Erkenntnis*, 2, S. 219-241.（内田種臣 訳、「言語の論理的分析による

—— (1976), „Das Problem der philosophischen Letztbegründung im Lichte einer transzendentalen Sprachpragmatik", in Apel (1998), S. 33-79. (カール＝オットー・アーペル著、宗像恵・伊藤邦武 訳、「知識の根本的基礎付け——超越論的遂行論と批判的合理主義——」、竹市明弘編、『哲学の変貌』、岩波書店、2000 年、所収、185-266 頁。)

—— (Hg.) (1976), *Sprachpragmatik und Philosophie*, Frankfurt am Main: Suhrkamp.

—— (1979), „Warum transzendentale Sprachpragmatik?", in Apel (1998), S. 195-220. (カール・オットー・アーペル著、北尾宏之・中岡成文 訳、「なぜ超越論的言語遂行論なのか」、竹市明弘 編、『超越論哲学と分析哲学』、産業図書、1992 年、所収、197-225 頁。)

—— (1988), *Diskurs und Verantwortung*, Frankfurt am Main: Suhrkamp.

—— (1990), „Normative Begründung der »Kritischen Theorie« durch Rekurs auf lebensweltliche Sittlichkeit?", in Apel (1998), S. 649-699. (カール＝オットー・アーペル著、久高將晃 訳、「生活世界の人倫性に依拠することで「批判理論」は規範的に根拠づけられるのか？　ハーバーマスと共にハーバーマスに反対して考える超越論的語用論に定位した〔第一の〕試み」、舟場保之・久高將晃 訳、『超越論的語用論とは何か？ハーバーマスと共にハーバーマスに反対して考える三つの試み』、梓出版社、2013 年、所収、3-53 頁。)

—— (1994), *Selected Essays*, vol 1, trans. and intr. by Eduardo Mendieta, New Jersey, Humanities Press.

—— (1998a), *Auseinandersetzungen in Erprobung des Transzendentalpragmatischen Ansatzes*, Frankfurt am Main: Suhrkamp.

—— (1998b), *From a Transcendental-semiotic Point of View*, Papastephanou, Marianna (eds.), Manchester and New York: Manchester University Press.

—— (2001), "Pragmatism as Sense-Critical Realism Based on a Regulative Idea of Truth: In Defense of a Peircean Theory of Reality and Truth", in: *Transactions of the Charles S. Peirce Society*, 37(4), pp. 443-474.

—— (2011), *Paradigmen der Ersten Philosophie*, Frankfurt am Main: Suhrkamp.

Apel, Karl-Otto/ Kettner, Matthias (1996), *Die eine Vernunft und die vielen Rationalitäten*, Frankfurt am Main: Suhrkamp.

Austin, John L. (1939), "Are There A Priori Concepts?", in: *Philosophical Papers*, J. O. Urmson/ G. J. Warnock (eds.), 2. ed., London: Oxford University Press, 1970, pp. 32-54. (ジョン・ラングショー・オースティン著　神野慧一郎 訳、「先験的概

文献一覧

Albert, Hans (1968), *Traktat über kritische Vernunft*, 5. Aufl. [1991], Tübingen: Mohr. (萩原能久 訳、『批判的理性論考』、御茶の水書房、1985 年。)

—— (1975), *Transzendentale Träumereien. Karl-Otto Apels Sprachspiele und sein hermeneutischer Gott*, Hamburg: Hofmann und Campe.

Anscombe, G. E. M. (1957), *Intention*, 2. ed., rep. [2000], Cambridge/ London: Harvard University Press. (G. E. M. アンスコム著、菅豊彦 訳、『インテンション』、第五刷、産業図書、2008 年。)

Apel, Karl-Otto (1963), *Die Idee der Sprache in der Tradition des Humanismus von Dante bis Vico*, 3. Aufl. [1980], Bonn: Bouvier.

—— (1965), „Die Entfaltung der »sprachanalytischen« Philosophie und das Problem der » Geisteswissenschaften«, in Apel (1973b), S. 28-95. (カール＝オットー・アーペル著、丸山高司 訳、「「言語分析的」哲学の展開と「精神科学」の問題」、竹市明弘 編、『分析哲学の根本問題』、晃洋書房、1985 年、所収、2-86 頁。)

—— (1970), „Sprache als Thema und Medium der transzendentalen Reflexion", in Apel (1973b), S. 311-329. (カール・オットー・アーペル著、今泉元司・安彦一恵訳、「超越論的遂行論と言語の問題：超越論的反省の主題と媒体としての言語—言語哲学の現況について—」、竹市明弘 編、『言語哲学の根本問題』、晃洋書房、1979 年、所収、305-333 頁。)

—— (1973a), *Transformation der Philosophie*, Bd. 1, Frankfurt am Main: Suhrkamp. (カール＝オットー・アーペル著、磯江景孜ほか 訳、『哲学の変換』、二玄社、1986 年。ただし抄訳。)

—— (1973b), *Transformation der Philosophie*, Bd. 2, 6. Aufl. [1999], Frankfurt am Main: Suhrkamp. (『哲学の変換』。)

—— (1974), „Zur Idee einer transzendentalen Sprachpragmatik", in Apel (2011), S. 21-53.

—— (1975), "The Transcendental Conception of Language-Communication and the Idea of a First Philosophy", in Apel (1994),

な行

は行

ら行

た行

索　引

あ行

か行

さ行

《著者紹介》

嘉目道人（よしめ・みちひと）

1979年生まれ。大阪大学大学院文学研究科博士後期課程修了。日本学術振興会特別研究員PD。論文「事行としての自己関係性—フィヒテ知識学の言語哲学的変換に向けて—」（『フィヒテ研究』第19号、2011年）にて日本フィヒテ協会研究奨励賞受賞。ほか、論文に“What is the Unlimited Communication Community? Transcendental Pragmatics as Contemporary Fichteanism”（*Fichte and Transcendental Philosophy*, Palgrave Macmillan, 2014），「「理性の事行」の（不）可能性—道徳法則の意識をめぐるカントとフィヒテの差異——」（『倫理学研究』第43号、2013年）などがある。

超越論的語用論の再検討
—現代のフィヒテ主義は可能か—

2017年3月31日　初版第1刷発行　［検印廃止］

著　者　嘉目道人

発行所　大阪大学出版会
代表者　三成　賢次

〒565-0871　大阪府吹田市山田丘2-7
大阪大学ウエストフロント
TEL　06-6877-1614
FAX　06-6877-1617
URL：http://www.osaka-up.or.jp

印刷・製本　尼崎印刷株式会社

ISBN 978-4-87259-585-7 C3010